Rainer Gievers

Das Praxisbuch Google Home

Anleitung für Einsteiger

www.das-praxisbuch.de

Vorwort

Bis vor etwa 10 Jahren waren sprachgesteuerte Systeme eine Utopie, die man nur in Science Fiction-Filmen bewundern konnte. Wer hätte damals gedacht, dass heute auf fast jedem Handy Assistenten installiert sind, die nicht nur Sprachbefehle entgegen nehmen, sondern auch sinnvolle Antworten geben!

Google integriert zwar schon seit vielen Jahren mit dem Google Assistant eine Sprachsteuerung auf den Android-Handys, das Unternehmen ist aber erst vor Kurzem in den Bereich der Heimautomation eingestiegen. Dabei unterstützt Google vorwiegend die eigenen, teilweise kostenpflichtigen Dienste, ist aber auch für Drittanbieter offen. So können Sie beispielsweise Musik auch von Spotify und Spielfilme bei Netflix abspielen, statt die Dienste YouTube Music oder Google Play Spielfilme & Serien zu nutzen.

Den Einstieg macht Google in seine Sprachsteuerung und den hauseigenen Home-Geräten zwar recht einfach, wenn Sie aber die volle Funktionsvielfalt ausnutzen möchten, wird es schnell kompliziert. Das liegt zum einen daran, dass Google in regelmäßigen Abständen neue Funktionen integriert, zum anderen reagiert die Google-Sprachsteuerung auf den Kontext (von Ihnen aktivierte Features sowie frühere Interaktionen). Das viel gelobte Internet ist dabei als Hilfestellung nach unseren eigenen Erfahrungen nicht besonders hilfreich, weil viele Anleitungen nach wenigen Monaten wieder veraltet sind. Wir haben deshalb vor, dieses Buch regelmäßig zu in aktualisierter Form neu herauszugeben.

Naturgemäß ist die Google-Sprachsteuerung auf das Android-Ökosystem hin optimiert. Das heißt, Nutzer eines iPhones müssen diverse Google-Apps auf ihrem Handy nachinstallieren, während auf einem Android-Handy vieles schon vorhanden ist. Einige der in diesem Buch beschriebenen Google-Apps dürften zudem auf dem Android-Handy bereits genutzt werden. Damit Sie als iPhone-Nutzer trotzdem zurecht kommen, gehen wir daher auch auf dessen Besonderheiten ein.

Sollten Sie nach der Lektüre dieses Buchs trotzdem noch einige Fragen haben, können Sie sie an *info@das-praxisbuch.de* senden. Gleiches gilt auch, falls Sie Ungenauigkeiten oder Fehler entdecken. Vielen Dank!

Rainer Gievers, im Juli 2019

1. Auflage 07.07.2019 / 1. Korrektur 12.07.2019

Hinweis

Produkfotos, Bildschirmabbildungen vom Hersteller, Rainer Gievers.

Erschienen im Gicom Verlag.

ISBN 978-3-964690-49-4

Aufbau der Kapitel

- Damit Sie erkennen, welche Bildschirmkopie zu welchem Erläuterungstext gehört, sind die Texte mit Zahlen (❶,❷,❸) durchnummeriert.
- Webadressen, Menübezeichnungen und verwiesene Kapitel sind *kursiv* gesetzt.
- Auch Verzeichnis- und Dateinamen, sowie Webadressen sind in Kursivschrift gesetzt.

In den Rahmen sind weiterführende Infos zum jeweiligen Thema untergebracht.

1. Inhaltsverzeichnis

2. Einführung

Der englische Begriff »Smart Home« lässt sich mit »intelligentes Zuhause« übersetzen. Darunter versteht man die Vernetzung, Fernsteuerung und Automatisierung von Geräten im Haus. Ziel ist die Erhöhung der Wohn- und Lebensqualität, sowie der Sicherheit und die effiziente Energienutzung[1].

Einige einfache Beispiele für die Automatisierung im Smart Home:

- Zeitgesteuert werden die Rolladen hoch- und runtergelassen.
- Die Heizung wird abhängig von der Innenraumtemperatur geregelt.
- Bewegungssensoren schalten das Licht vor der Haustür an/aus.
- Brand- beziehungsweise Bewegungsmelder im Wohnraum informieren die Bewohner über das Handy beziehungsweise Smart Home-Gerät über Vorfälle.

Die Vernetzung der verschiedenen Geräte im Smart Home bezeichnet man auch als Heimautomation.

2.1 Smart Home-Systeme

Ein Smart Home-System besteht immer aus der Zentrale und den damit gekoppelten Geräten. Mit einer App auf Ihrem Handy greifen Sie auf die Zentrale zu und steuern damit die angeschlossenen Geräte beziehungsweise erhalten deren Statusmeldungen. Die Zentrale wird häufig auch als Hub oder Gateway bezeichnet.

Einige populäre Hersteller für Smart Home-Systeme sind:

- Bosch Smart Home-System[2]
- innogy SmartHome System[3]
- Homee[4]
- Gigaset elements[5]
- eQ-3 HomeMatic IP[6]
- Develo Home Control[7]
- QIVICON[8]

Die Anbindung der verschiedenen Smart Home-Geräte, Sensoren und Schalter an die Zentrale erfolgt in der Regel per Funk. Weil sich hier einige Standards herausgebildet haben, können Sie meistens Produkte verschiedener Drittanbieter verwenden. Eine Ausnahme davon sind allerdings innogy SmartHome und eQ-3 HomeMatic, die als geschlossenes System nur Komponenten des jeweiligen Herstellers oder von lizenzierten Kooperationspartnern unterstützen.

Auf dem Markt sind auch Systeme verfügbar, die nur einen Teilaspekt des Smart Homes bedienen, wovon das Bekannteste wohl Philips Hue[9] ist, mit dem Sie ausschließlich Lampen steuern.

1 https://de.wikipedia.org/wiki/Smart_Home
2 https://www.bosch-smarthome.com
3 https://iam.innogy.com/fuer-zuhause/smarthome
4 https://hom.ee
5 https://www.gigaset.com/de_de/smart-home
6 https://www.homematic-ip.com
7 https://www.devolo.de/smart-home.html
8 https://www.qivicon.com/de
9 https://www2.meethue.com/de-de

2.2 Smart Home-Systeme von Internetkonzernen

Die im vorherigen Kapitel aufgeführten Hersteller wie Bosch sind aufgrund ihrer langjährigen Tätigkeit in der Industrieautomatisierung prädestiniert dazu, auch Produkte für die Heimautomation anzubieten. Als Konkurrenten und Partner drängen nun aber seit einigen Jahren aus einer anderen Richtung Internet- und Computerkonzerne in den Markt:

- Amazon mit den Echo-Geräten
- Google mit Nest/Home
- Apple mit Homekit
- Samsung mit SmartThings
- Microsoft mit Cortana

Von den aufgeführten Herstellern spielen auf dem Markt aktuell nur Amazon und Google eine Rolle, was mit frühem Markteinstieg, ausgereiften Produkten und enormen Marketingaufwendungen zusammenhängt. In diesem Buch erwähnen wir neben deshalb Google ab und zu auch Amazon, wenn wir versuchen, die Leistungsfähigkeit der Google-Produkte einzuordnen.

Für Google und die anderen Internetkonzerne steht weniger der Hardwareverkauf im Vordergrund, als vielmehr der Vertrieb von digitalen Inhalten wie Musik, Spielfilmen oder Ebooks. Deshalb sind deren Systeme auch offen für andere Hersteller. Wenn Sie ein Smart Home mit Google Home aufbauen, werden Sie deshalb früher oder später auf kompatible Sensoren, Schalter und Lampen von Drittanbietern zurückgreifen. Auch die etablierten Smart Home-Hersteller wie Bosch werden damit zum Partner, deren Produkte sich in das Google-System einbinden und steuern lassen. Auf diesem Weg hat jeder etwas davon: Google verkauft seine Digitalprodukte, der Kunde erhält ein bequemes Smart Home-System und Bosch & Co.

2.3 Google Nest

Auf den ersten Blick ist es ungewöhnlich, dass Google auch Geräte für die Heimautomatisierung anbietet. Das Unternehmen ist ja sonst eher für die gleichnamige Suchmaschine und vielleicht noch durch das Android-Betriebssystem bekannt, welches auf vielen Handys läuft.

Für Google stellt die Heimautomatisierung eine weitere Vermarktungsmöglichkeit für die eigenen Dienstleistungen dar. So wird es viele Anwender geben, die gerne Musik in den eigenen vier Wänden hören möchten und dafür eine Musikflatrate von Google Play Musik buchen. Ein weiteres Beispiel sind die Nest-Überwachungskameras, die alle Aufzeichnungen auf Google-Servern speichern, dafür aber ein kostenpflichtiges Abo voraussetzen.

Nest wurde 2010 in den USA gegründet. Erstes Produkt war ein Heizungsthermostat, danach folgten weitere wie Rauch- und Kohlenmonoxidmelder und Überwachungskameras. Nach der Übernahme durch Google im Jahr 2014 agierte Nest noch viele Jahre weitgehend selbstständig.

Seit 2018 vermarktete Google unter der Marke »Google Home« verschiedene »smarte« Lautsprecher mit Sprachsteuerung. Weil sich die Funktionen der Nest- und Google-Geräte überschneiden und die unterschiedlichen Produktbezeichnungen offenbar Kunden verwirrte, wurden Mitte 2019 alle Google Home-Produkte der Nest-Sparte zugeschlagen. Für Sie ist das wichtig zu wissen, denn während neu vorgestellte Geräte wie der »Google Nest Hub« direkt unter dem neuen Namen auf den Markt kommen, werden die älteren Geräte, darunter der »Google Home Mini« oder »Google Home Max«, zunächst ohne Umbenennung weiter vertrieben.

2.4 Smart Home mit Google

Die derzeit von Google angebotenen Produkte Home Mini, Home, Home Max und Nest Hub eignen sich kaum als Smart Home-Zentrale. Zwar vertreibt das Unternehmen als direkt verbindbares Zubehör einen Rauchmelder (Nest Protect), eine Türklingel (Nest Hello) und diverse Kameras, weitere Geräte und Sensoren lassen sich dagegen nur indirekt koppeln.

Möchten Sie zum Beispiel Lichter oder Steckdosen schalten, dann müssen Sie zu einem der im Kapitel *2.1 Smart Home-Systeme* beschriebenen Komponenten greifen, die Sie dann zum Beispiel mit Ihrem Google Home Mini koppeln.

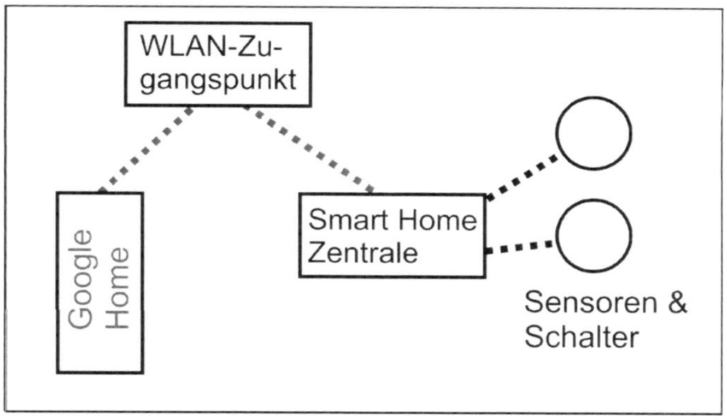

Die Einbindung von Smart Home-Zentralen anderer Hersteller erfolgt bei Google indirekt über eine Schnittstelle. Der Datenaustausch erfolgt dann über das Internet, weshalb sowohl das Google Home-Gerät als auch die Smart Home-Zentrale über WLAN einen Internetzugriff haben müssen.

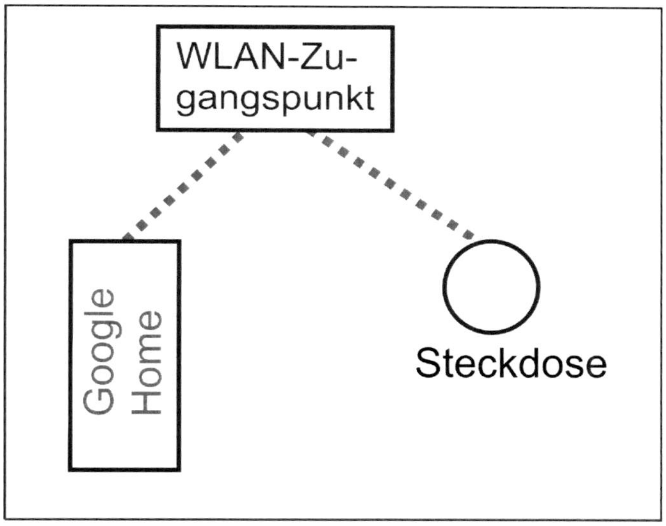

Im Handel angebotene intelligente Steckdosen, Schalter, Sensoren, Überwachungskameras, usw. die sich über Google Home steuern lassen, enthalten einen kleinen Computer, der ebenfalls eine Internetverbindung zum Datenaustausch voraussetzt.

3. Einstieg

Damit Sie die Heimautomation von Google nutzen können, benötigen Sie ein Smart Home-Gerät. Google hat davon mehrere im Angebot, welche unterschiedliche Anforderungen abdecken und in diesem Kapitel ausführlich vorgestellt werden.

Beachten Sie, dass die nachfolgend aufgeführten Preise auf dem Stand von Juni 2019 sind. Ab und zu gibt es Sonderaktionen im Handel, bei denen Sie wesentlich bessere Preise erhalten, beispielsweise beim Kauf von zwei Geräten auf einmal.

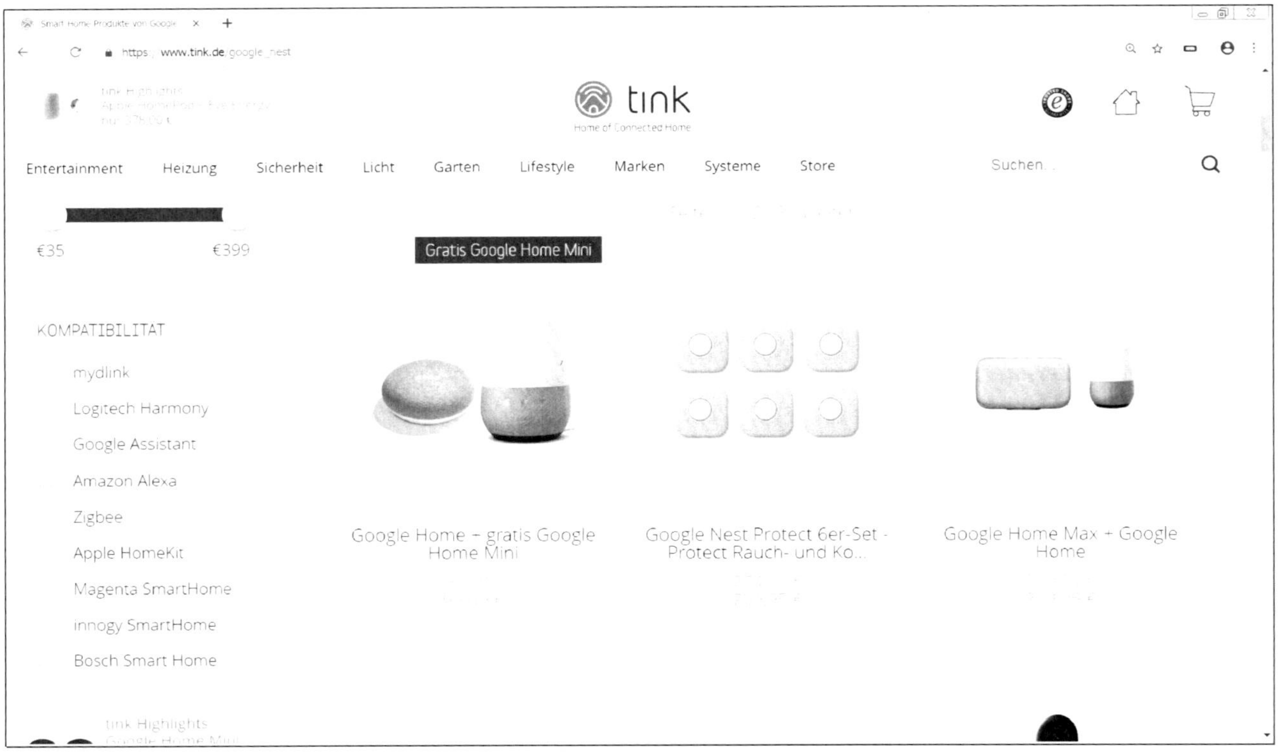

Augen offen halten lohnt sich: Durch Aktionen des Handels mit Sonder- und Paketangeboten lässt sich bei den Google-Home-Geräten häufig Geld sparen (Bildschirmfoto von der Tink-Website, www.tink.de)

3.1 Google Home Mini

Google Home Mini. Foto: Mack Male[10]

Wenn Sie nur wenig Geld ausgeben möchten, dann greifen Sie zu einem Google Home Mini. Mit Abmessungen von gerade einmal 9,8 Zentimeter nimmt es kaum Platz auf dem Tisch oder Schrank weg. Einige Aktionen lassen sich alternativ zur Sprachsteuerung auch über die berührungsempfindliche Oberseite durchführen, aber dazu kommen wir noch.

Für gelegentliche Musikwiedergabe ist der Google Home Mini nach unserer eigenen Erfahrung vollkommen ausreichend. Selbst Bässe kommen recht gut rüber. Gegen Hifi-Systeme hat der Home Mini natürlich keine Chance, zumal die Audioausgabe nur mono erfolgt.

Wie alle anderen Google Home-Geräte unterstützt der Google Home Mini auch die Bluetooth-Kopplung – sofern Sie also eine hochwertige Bluetooth-Box besitzen, können Sie sie damit verbinden und den besseren Klang genießen.

Die Wahrscheinlichkeit ist hoch, dass im Herbst ein Nachfolgegerät vorgestellt wird, denn im Juli (zum Redaktionsschluss dieses Buchs) bot der Handel den Home Mini für nur 19 statt 39 Euro an.

10 https://www.flickr.com/photos/mastermaq/26718059977 (CC BY-SA 2.0)

3.2 Google Home

Google Home im Größenvergleich mit einem Home Mini.

Im Vergleich zum Google Home Mini hat der rund 14 Zentimeter hohe Google Home durch seine zwei verbauten Lautsprecher einen wesentlich besseren Klang. Auch bei diesem Gerät informieren vier LEDs auf der Oberseite über den Betriebszustand beziehungsweise die Befehlsverarbeitung. Wie beim Home Mini sind einige Funktionen über die berührungsempfindliche Oberseite verfügbar.

3.3 Google Home Max

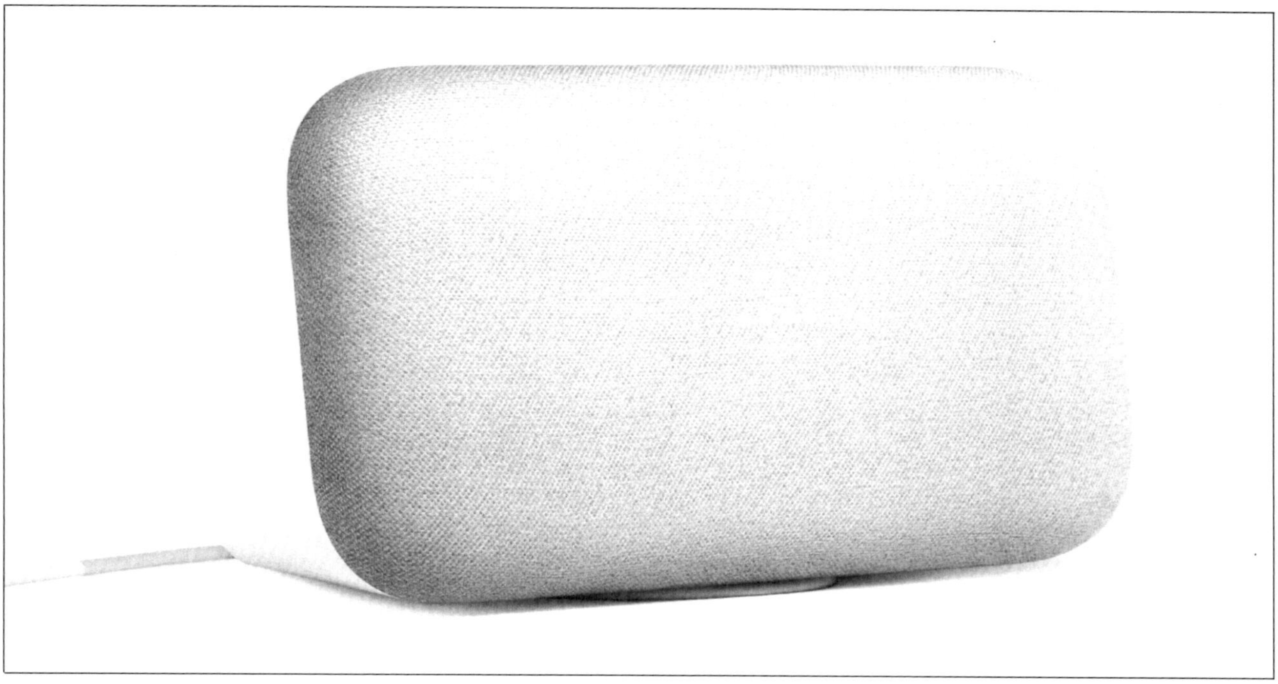

Foto: Google[11]

Für rund 300 Euro bietet der eckige Home Max vier Lautsprecher, die für einen ansprechenden Klang sorgen. Über ein 3,5 mm-Klinkenkabel kann der Home Max auch als externe Lautsprecherbox an Plattenspieler, Handy oder Radio angeschlossen werden. Ein extra Verstärker ist dabei nicht nötig. Viel Sinn macht das allerdings nicht, denn, wie im Kapitel *7 Musik* beschrieben, betreibt Google einen eigenen Musikdienst und unterstützt auch den Konkurrenten Spotify. Der ebenfalls vorhandene USB-C-Anschluss unterstützt den Betrieb eines USB-C-Netzwerk-Adapters, was für die meisten Anwender keinen Sinn macht.

Das Gerät erkennt automatisch, ob es quer oder hochkant steht. Im Querformat erfolgt die Musikwiedergabe in Stereo, im Hochformat wird er zum Mono-Lautsprecher. Gekoppelt mit einem zweiten Home Max ergibt sich zudem eine raumfüllende Stereowiedergabe.

Ein weiteres Feature ist »Raum-EQ«: Abhängig vom Aufstellort passt der Home Max automatisch die Klangparameter (Equalizer) an.

11 Bildschirmausschnitt von https://store.google.com/de/product/google_home_max

3.4 Google Nest Hub

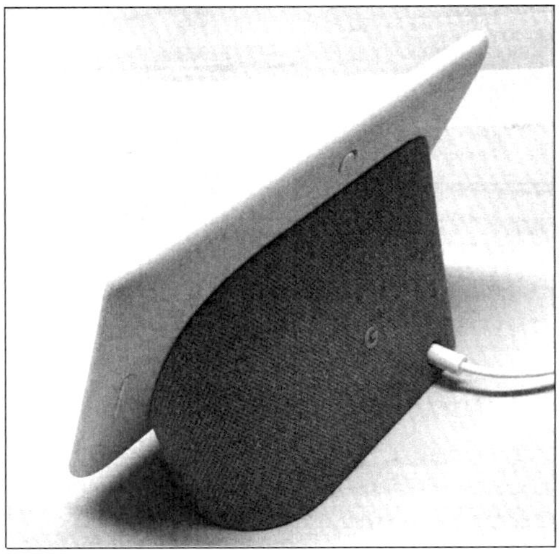

Vorder- und Seitenansicht des Google Nest Hub

Für 129 Euro erhält man den Nest Hub, das erste Gerät seit der Zusammenführung der Sparten Google Home und Google Nest. Der Nest Hub besitzt ein 7-Zoll-Display, verzichtet aber auf eine eingebaute Kamera. Wahlweise erfolgt die Bedienung mit der gewohnten Sprachsteuerung oder durch Antippen des Touchdisplays.

Das Display dient der Wiedergabe von Videos aus dem hauseigenen Amazon Prime Video, zeigt aber auch solche aus YouTube und den Online-Mediatheken verschiedener TV-Sender an. Leider verschenkt der Hersteller einiges an Potenzial, denn der Google-Sprachassistent auf einem Android-Handy bietet mehr Möglichkeiten als der Nest Hub. Anzeige von Ergebnissen der Google-Suchmaschine, wenn der Sprachassistent mal nicht weiter weiß? Fehlanzeige! Auch einen Webbrowser, wie ihn das Konkurrenzgerät Amazon Show standardmäßig mitbringt, gibt es nicht.

Nicht überzeugen kann der Klang, der am ehesten mit dem Home Mini vergleichbar ist.

3.5 Google Nest Hub Max

Derzeit nur in den USA erhältlich[12] ist das große Schwestermodell Nest Hub Max mit 10 Zoll-Display, Stereolautsprechern und Kamera. Es ist unklar, wann das Gerät auf den europäischen Markt kommt, dürfte dann aber um die 230 Euro kosten.

12 https://www.giga.de/unternehmen/google/news/google-nest-hub-smart-display-deutschland-kaufen

3.6 Weitere Smart Home-Geräte

Google lizenziert seinen Sprachassistenten Google Assistant an andere Hersteller. Dazu gehört auch das chinesische Unternehmen Lenovo, von dem zwei »Smart Display«-Modelle, einmal mit 10 Zoll-Display (239 Euro) und 8 Zoll-Display (179 Euro) erhältlich sind[13]. Beide enthalten auch eine Kamera und können, je nach Platzsituation, sowohl liegend als auch aufrecht betrieben werden.

Foto: Lenovo

Weitere smarte Lautsprecher mit Google Assistant:

- Panasonic SC-GA10
- JBL Audio: Link 10, Link 20, Link 500
- Sony: SRS-XB501G, LF-S50G
- Harman-Kardon: Citation 100, Citation 500, Citation One
- LG Electronics WK7
- Onkyo G3

Diese Liste ist nicht vollständig, zumal jeden Monat weitere Produkte auf den Markt kommen.

3.7 Funktionsübersicht Google Home-Geräte

Modell	**Home Mini**	**Home**	**Home Max**	**Nest Hub**
Größe (BxHxT) cm	9,8 x 4,2 (rund)	9,6 x 14,3 (rund)	33,7 x 19,0 x 15,4	17,9 x 11,8 x 6,7
Lautsprecher	2 Zoll	2 Zoll Hochton & 2 x 2 Zoll Tiefton	2 x 4,5 Zoll Hochton & 2 x 7 Zoll Tiefton	k.A.
Display	-	-	-	7 Zoll (17,8 cm)
Preis (UVP)	59,00	99,00	299,00	129,00

13 https://www.lenovo.com/de/de/smart-display

4. Erste Einrichtung

Sie haben Ihr neues Google Nest Hub, Google Home Mini oder anderes Google-Gerät ausgepackt vor sich stehen? Dann geht es jetzt an die einmalig nötige Einrichtung, die über eine Handy-App erfolgt. Halten Sie also Ihr Android- oder iPhone-Handy bereit!

4.1 WLAN

Ihr Google Home-Gerät ist nur bei einer funktionierenden Internetverbindung über WLAN nutzbar, weshalb Sie ihm einmalig das WLAN-Kennwort mitteilen müssen. Diesen merkt sich das Home-Gerät, das heißt, Sie können das Home-Gerät bequem an Ihrem Schreibtisch einrichten, dann vom Netzteil trennen und am Wunschort aufstellen. Dort muss natürlich ebenfalls WLAN-Empfang vorhanden sein. Dies können Sie einfach mit dem Handy überprüfen.

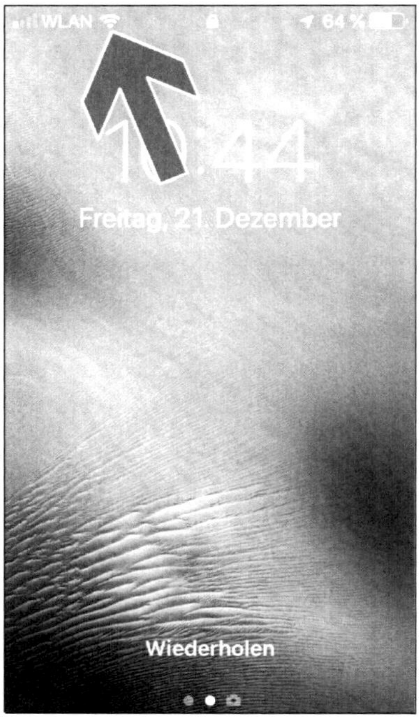

Auf allen Handys wird der WLAN-Empfang mit Balken angezeigt (Pfeil), was Ihnen bei der Suche nach einem optimalen Aufstellort für Ihr Google Home-Gerät hilft.

Ist bereits absehbar, dass sich am WLAN-Zugangspunkt etwas ändert, beispielsweise weil Sie den WLAN-Router austauschen, dann sollten Sie mit der Google Home-Einrichtung erst warten. Sie müssen sonst das Home-Gerät zurücksetzen und die umständliche Konfiguration erneut durchführen. Gleiches gilt auch, wenn sich das WLAN-Kennwort ändert.

Zwar läuft die Kommunikation zwischen Home-Gerät und Google über eine verschlüsselte Verbindung ab, trotzdem sollten Sie keinen unverschlüsselten WLAN-Zugangspunkt verwenden.

Viele WLAN-Router unterstützten einen sogenannten Gastzugang, der direkte Netzwerkverbindungen zwischen den damit verbundenen Geräten verhindert. Selbstverständlich lässt sich Ihr Home-Gerät auch daran betreiben, denn ein Datenaustausch findet immer nur zwischen dem Google-Server im Internet und dem jeweiligen Home-Gerät statt.

4.2 Google-Konto

Für die Nutzung Ihres Google-Smart Home-Geräts benötigen Sie ein sogenanntes Google-Konto. Dieses dient dazu, alle persönlichen Daten des Nutzers, die im Zusammenhang mit den Google-Diensten anfallen, an einem zentralen Ort zu speichern.

Sofern Sie ein Handy mit Android-Betriebssystem nutzen, ist übrigens die Wahrscheinlichkeit sehr hoch, dass Sie bereits ein Google-Konto haben. Ohne Google-Konto ist beispielsweise die Installation von Apps auf Ihrem Android-Handy nicht möglich.

Mit dem eigenen Google-Konto erhalten Sie auch gleich eine eigene E-Mail-Adresse im Format *IhrName@gmail.com*. Sie verwenden diese dann zusammen mit dem selbstgewählten Passwort zur Anmeldung bei den Google-Diensten. Ob Sie die Google-E-Mail-Adresse auch im Alltag statt Ihrer vielleicht schon vorhandenen E-Mail-Adresse verwenden, ist Ihnen überlassen.

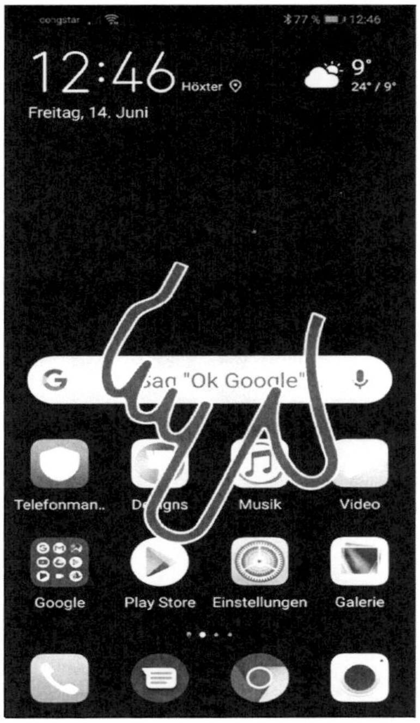

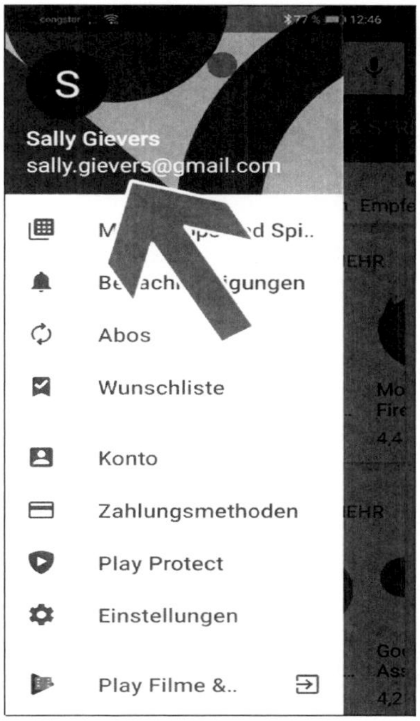

So erfahren Sie, als Android-Handy-Nutzer, wie Ihr Google-Konto lautet:

❶ Rufen Sie eine Google-Anwendung, im Beispiel *Play Store,* auf.

❷ Aktivieren Sie das Ausklappmenü durch Antippen der ≡-Schaltleiste.

❸ Der Name Ihres Google-Kontos wird angezeigt (Pfeil).

4.3 Installation auf dem Android-Handy

Für die Verwaltung Ihres Google-Home-Geräts benötigen Sie die Home-App, welche Sie nun installieren.

❶ Rufen Sie den *Play Store* auf dem Handy auf.

❷ Tippen Sie ins Eingabefeld und geben Sie »*Google Home*« ein.

❸ Den Vorschlag *Google Home* tippen Sie an.

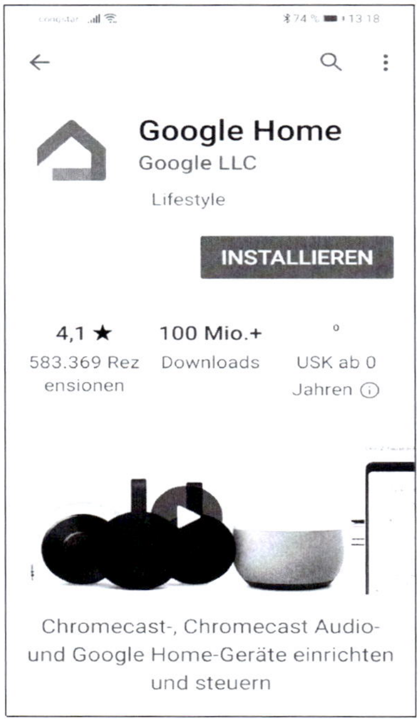

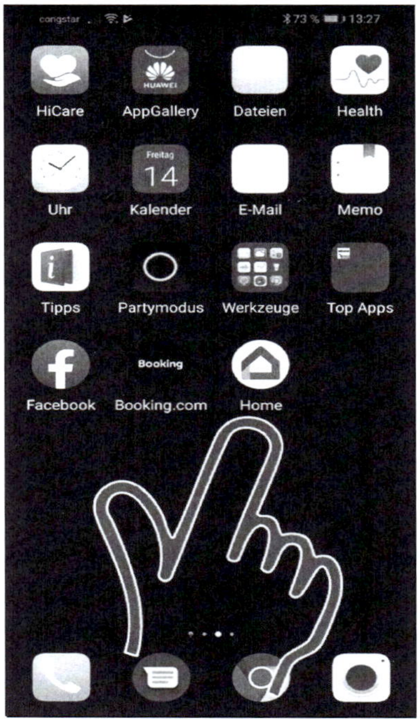

❶ Betätigen Sie *INSTALLIEREN*. Sie können nun die Play Store-App verlassen, denn die Installation automatisch erfolgt im Hintergrund.

❷ Nach einigen Sekunden erscheint die *Home*-Anwendung im Startbildschirm beziehungsweise Hauptmenü. Tippen Sie sie an.

❸ Gehen Sie auf *Jetzt starten.*

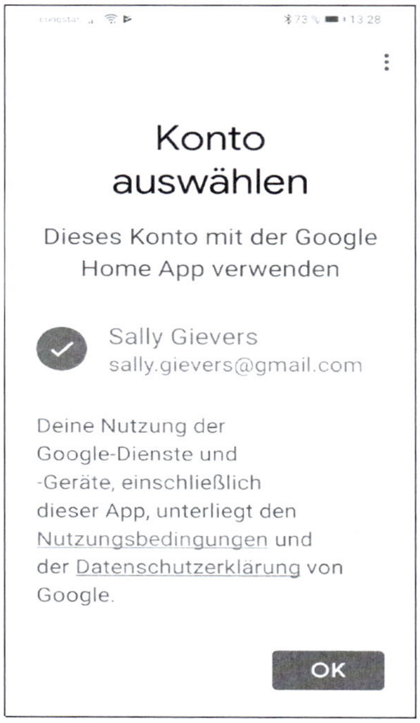

❶ Da Sie bereits auf Ihrem Handy ein Google-Konto nutzen, brauchen Sie kein neues anlegen, sondern können einfach mit *OK* das Bestehende verwenden.

❷❸ Betätigen Sie *Weiter* und schließen Sie das Popup mit *ZULASSEN.*

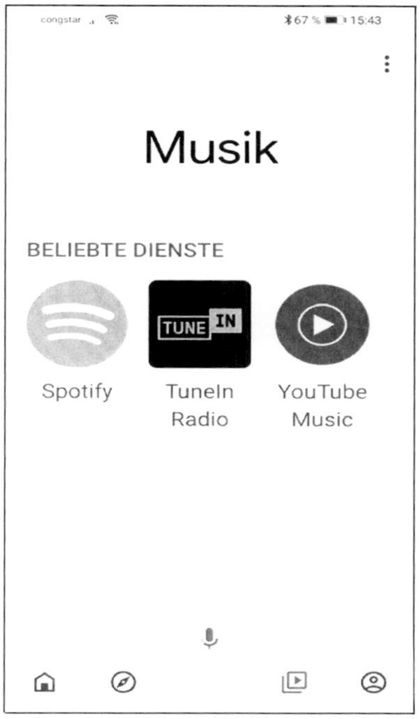

❶❷ Den Hinweis zur Gerätesuche können Sie mit *Abbrechen* beziehungsweise *Nein* schließen.

❸ Sie befinden sich nun in der Google Home-Oberfläche.

4.4 Installation auf dem iPhone

Für die Verwaltung Ihres Google-Home-Geräts benötigen Sie die Home-App, welche Sie nun installieren.

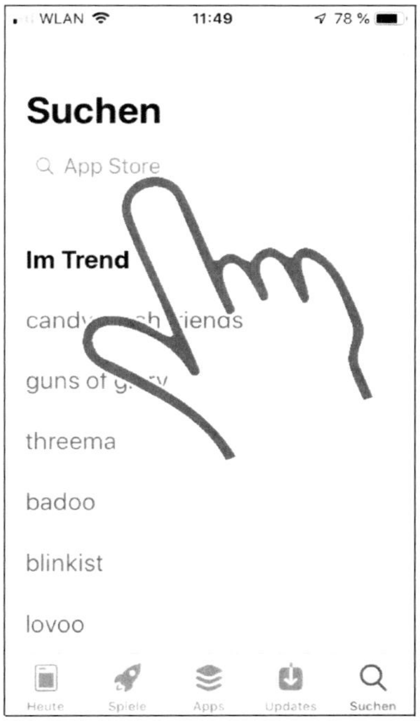

❶ Zunächst müssen Sie die Google Home-App installieren. Dazu rufen Sie auf Ihrem iPhone den *App Store* (Pfeil) auf.

❷ Gehen Sie auf *Suchen.*

❸ Tippen Sie ins Eingabefeld.

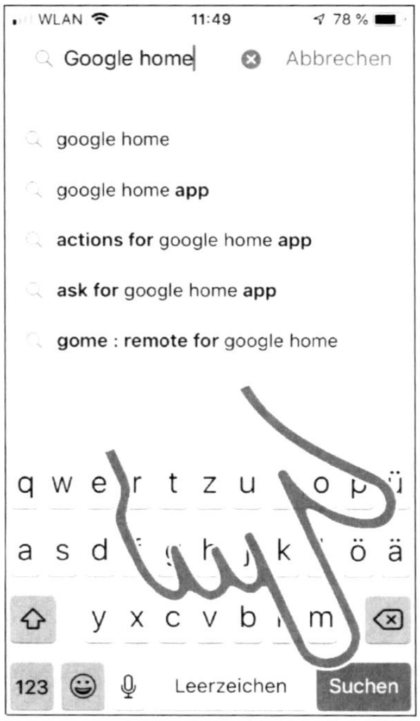

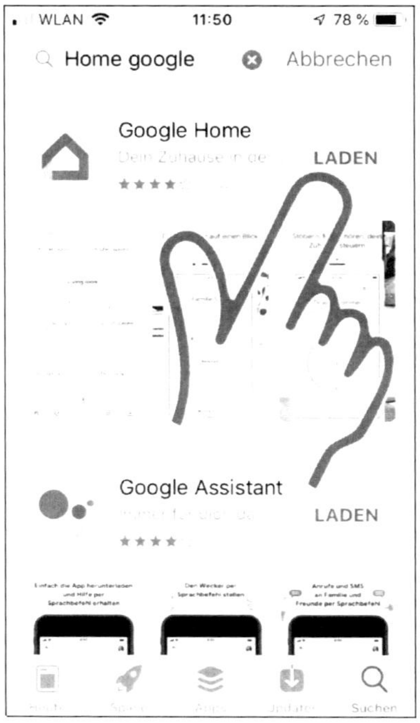

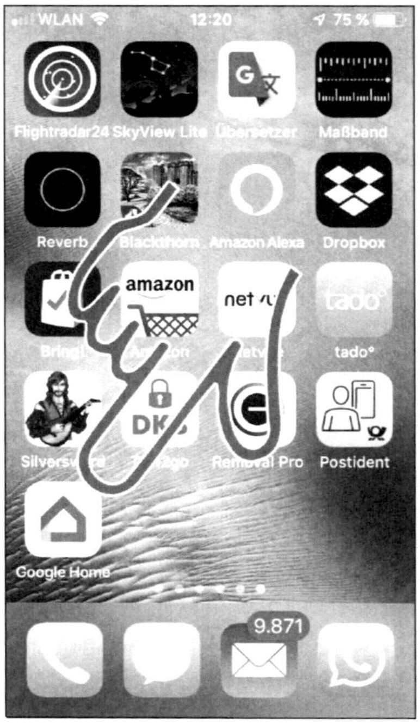

❶ Nach Eingabe von »*google home*« betätigen Sie *Suchen.*

❷ Gehen Sie beim gefundenen *Google Home* auf *LADEN.* Sie können nun den App Store verlassen, denn die Installation findet automatisch im Hintergrund statt.

❸ Rufen Sie *Google Home* im Startbildschirm des Handys auf.

❶❷ Betätigen Sie *JETZT STARTEN* und schließen Sie das Popup mit *Fortfahren.*

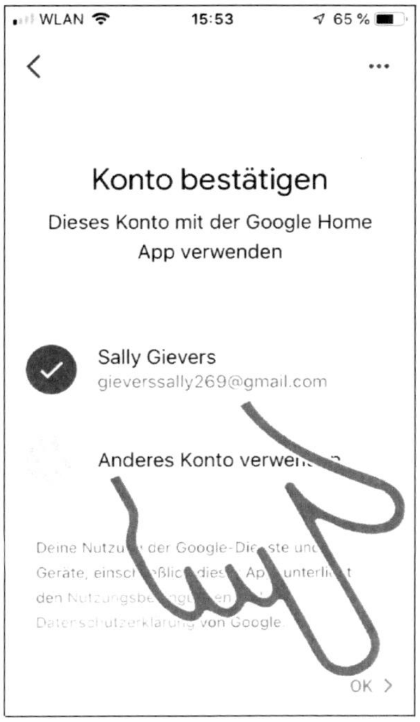

❶❷ Sofern Sie bereits ein Google-Konto besitzen, das Sie bereits auf dem Handy verwendet haben, erscheint dieser Bildschirm. Sie brauchen dann nur Ihr angezeigtes Konto auszuwählen und mit *OK* bestätigen. Lesen Sie dann im Kapitel *4.4.3 Weitere Einrichtung der Google Home-App* weiter.

4.4.1 Neues Google-Konto erstellen

In diesem Kapitel zeigen wir Ihnen, wie Sie ein neues Google-Konto erstellen, sofern Sie vorher noch keines genutzt haben.

❶ Gehen Sie auf *Konto erstellen*.

❷ Nachdem Sie jeweils in die Eingabefelder getippt haben, geben Sie Ihren Vor- und Nachnamen ein. Betätigen Sie dann *Weiter.*

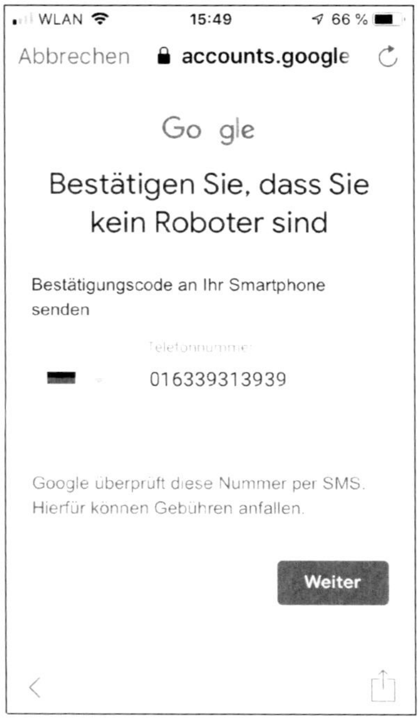

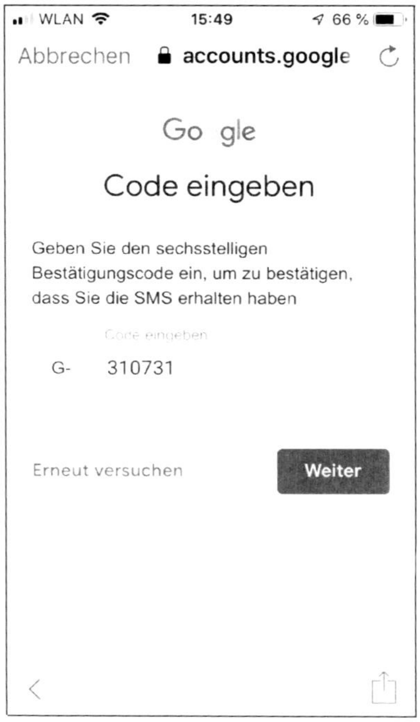

❶ Eventuell müssen Sie zwischendurch bestätigen, dass Sie ein Mensch und kein Programm sind. In diesem Fall erfassen Sie Ihre Handynummer und betätigen *Weiter.*

❷ Geben Sie dann den per SMS empfangenen Code ein und gehen Sie auf *Weiter.*

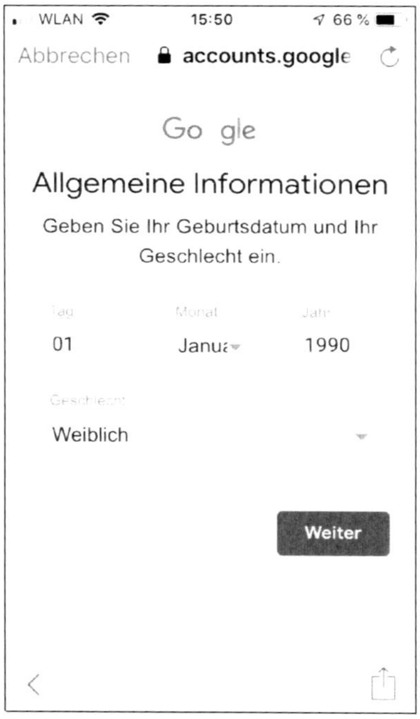

❶ Geben Sie Ihr Geburtsdatum und Geschlecht an (es ist Ihnen unbenommen, hier falsche Angaben zu machen), dann betätigen Sie Weiter.

❷ Google schlägt Ihnen einige Kontonamen vor. Wenn Sie *Andere Gmail-Adresse erstellen* auswählen, können Sie auch selbst einen selbst gewählten Kontonamen eingeben (❸). Betätigen Sie dann erneut die *Weiter*-Schaltleiste. Falls der Kontoname bereits an jemand anders vergeben wurde, macht das Programm Vorschläge beziehungsweise gibt Ihnen die Möglichkeit, einen anderen Kontonamen einzugeben.

Zulässig sind im Kontonamen Buchstaben, Zahlen und Punkte. Klein- und Großschreibung wird nicht berücksichtigt.

Tipp: Verzichten Sie bei Ihrem Kontonamen auf die leicht verwechselbaren Zeichen »0«, »O«, »1«, »L«, »Z« und »2«. Sie vermeiden damit Missverständnisse, wenn Sie mal Ihre E-Mail-Adresse für jemand anders aufschreiben.

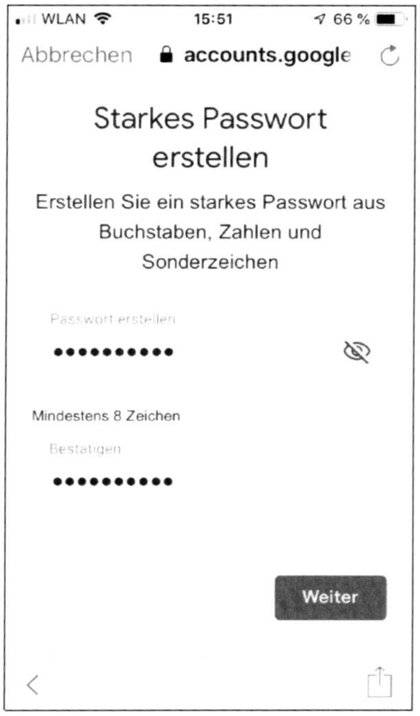

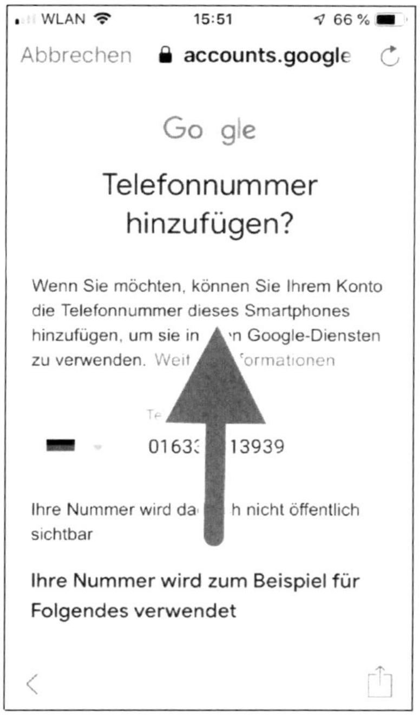

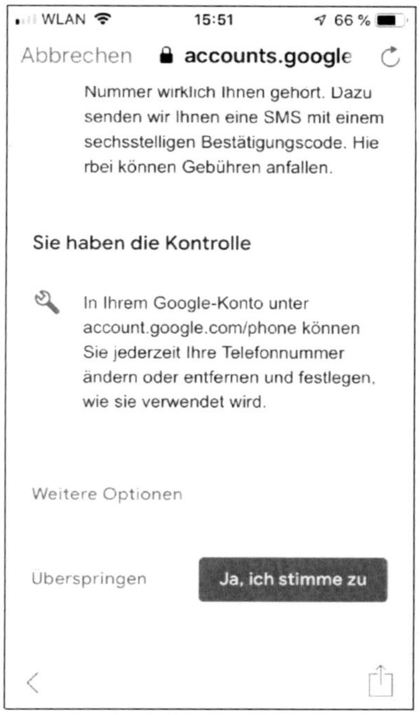

➊ Zum Schluss erfassen Sie das zweimal hintereinander das Kennwort. **Das Kennwort (und natürlich den Kontonamen) sollten Sie sich genau merken oder notieren, weil Sie das Handy später ab und zu danach fragt!**

➋➌ Aus Sicherheitsgründen sollten Sie Ihre Handynummer bei Google hinterlegen. Sie können darüber nämlich später gegebenenfalls das Passwort Ihres Google-Kontos zurücksetzen. Nach dem Erfassen Ihrer Handynummer wischen Sie einmal nach oben und gehen auf *Ja, ich stimme zu.*

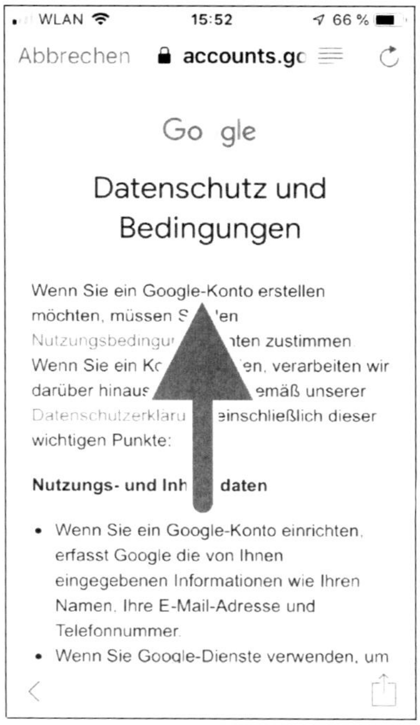

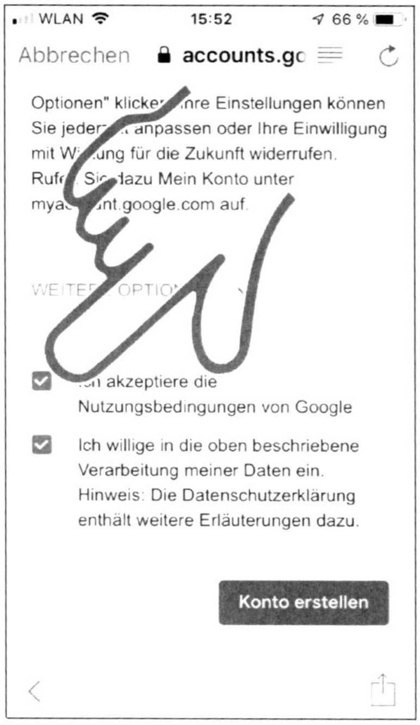

❶ Den von Google per SMS an Ihre Handynummer gesendeten Code müssen Sie eingeben und gehen auf *Weiter.*

❷❸ In den Datenschutzbedingungen wischen Sie nach oben, aktivieren Sie zwei Abhakkästchen und betätigen *Konto erstellen.*

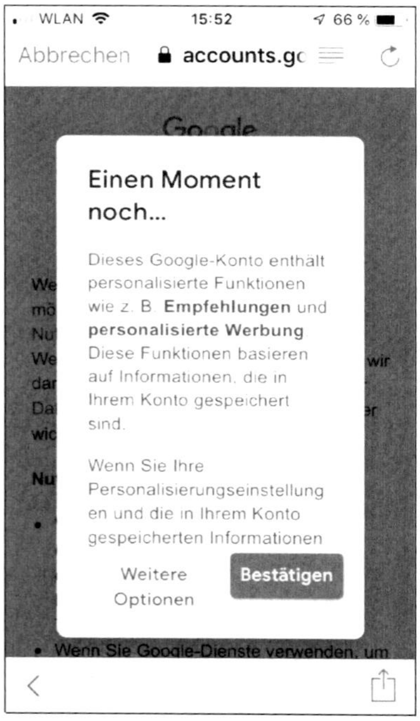

❶ Den Hinweis schließen Sie mit *Bestätigen.*

❷ Betätigen Sie *Weiter.*

❶❷ Wählen Sie nun Ihr zuvor erstelltes Google-Konto aus, dann betätigen Sie *OK.*

❸ Sie befinden sich in der Google Home-Benutzeroberfläche. Lesen Sie im Kapitel *4.4.3 Weitere Einrichtung der Google Home-App* weiter.

4.4.2 Mit bereits vorhandenem Google-Konto anmelden

Wenn Sie bereits ein Google-Konto besitzen, beispielsweise, weil Sie mal ein Android-Handy genutzt haben, können Sie sich direkt anmelden.

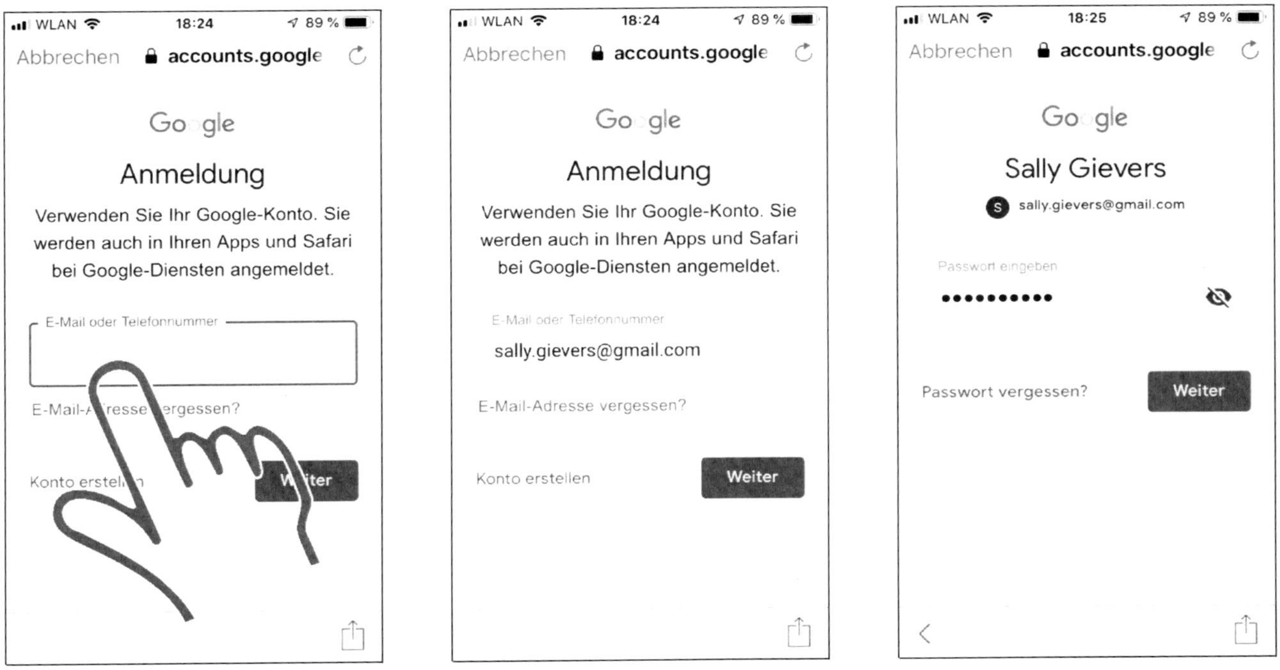

❶ Tippen Sie auf *E-Mail oder Telefonnummer.*

❷ Geben Sie Ihren Google-Konto-Namen (Eingabe des Namens vor *@gmail.com* reicht aus) ein. Betätigen Sie *Weiter.*

❸ Erfassen Sie das Passwort Ihres Google-Kontos und gehen Sie erneut auf *WEITER.*

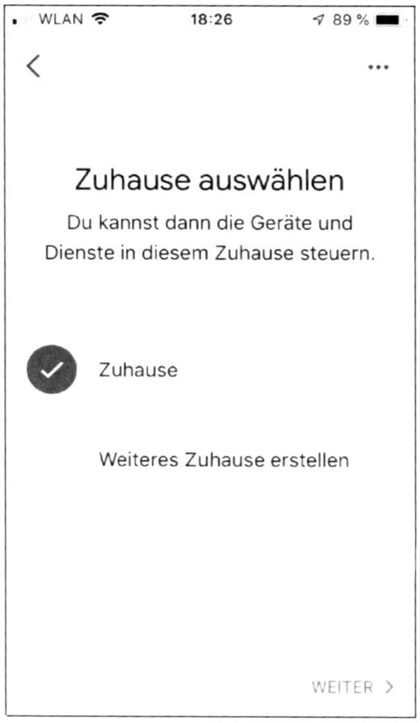

❶ Sofern der *Zuhause auswählen*-Bildschirm erscheint, tippen Sie *Zuhause* an.

❷ Gehen Sie auf *Weiter.*

❶❷ Die Gerätesuche stoppen Sie mit *ABBRECHEN* beziehungsweise *NEIN*.

❸ Sie befinden sich in der Benutzeroberfläche. Bitte lesen Sie im Kapitel *4.4.3 Weitere Einrichtung der Google Home-App* weiter.

4.4.3 Weitere Einrichtung der Google Home-App

Einige Anwender nutzen Home-Geräte nicht nur zuhause, sondern auch am Arbeitsplatz oder anderen Orten. Für diesen Fall können Sie mehrere Standorte einrichten. In diesem Buch nutzen wir der Einfachheit nur den Standort »Zuhause«.

> In das »Zuhause« laden Sie später Nutzer anderer Google-Konten ein, die zu Ihrem Haushalt gehören, in der Regel Familienangehörige.

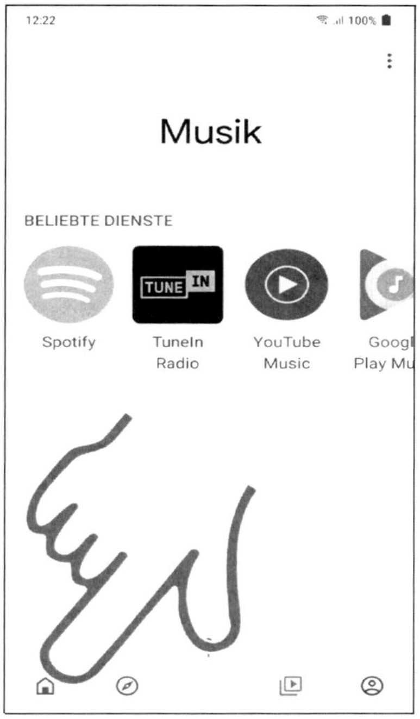

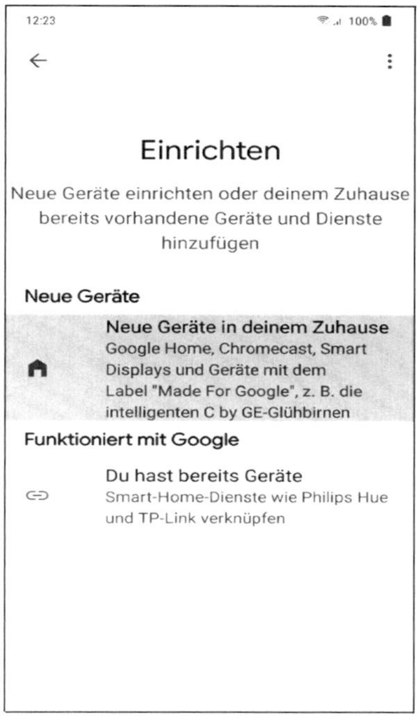

❶ Gehen Sie in das ⌂-Register, sofern es nicht bereits aktiv ist.

❷ Sie müssen zunächst ein »Zuhause« erstellen, denen alle Ihre Home-Geräte später zugeordnet werden. Sollten Sie diese Anzeige nicht sehen, dann können Sie im nächsten Kapitel weiterlesen, denn *Zuhause* ist in dem Fall schon vorhanden.

❸ Wählen Sie *Neue Geräte in deinem Zuhause.*

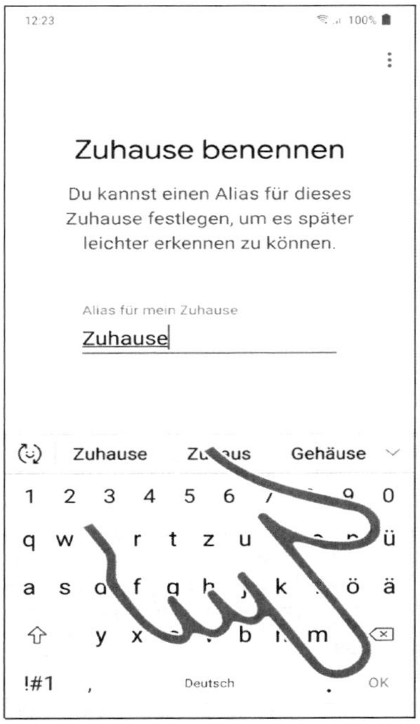

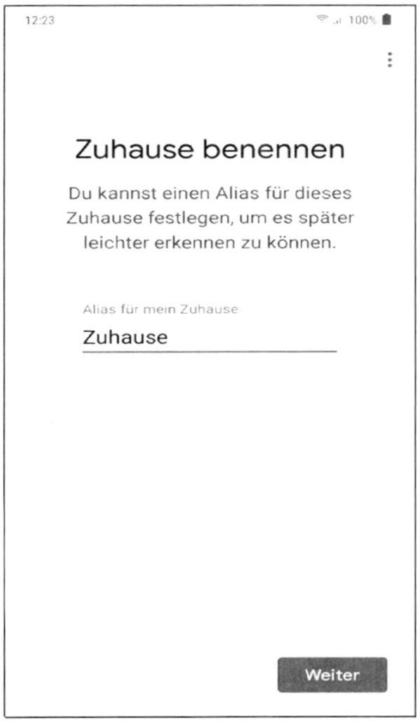

❶❷ Erfassen Sie *Zuhause* und schließen Sie mit *OK* auf dem Tastenfeld (Pfeil) beziehungsweise *Weiter* ab.

❶❷ Sie sollten den Standortzugriff (Google ermittelt ihn per GPS und weitere Methoden) mit *Weiter* und *ZULASSEN* gestatten.

❸ Gehen Sie auf *Abbrechen*.

4.5 Ersteinrichtung Google Home-Gerät

Um es gleich deutlich zu machen: Google berücksichtigt leider nur den erfahrenen Anwender, was die Einrichtung zu einem Abenteuer mit ungewissem Ausgang macht. Wir können in diesem Buch nur auf die Standardsituationen eingehen und bitten Sie, bei stark abweichenden Bildschirmanzeigen einfach weiterzulesen. Im Zweifelsfall wählen Sie einfach eine naheliegende Option beziehungsweise Schaltleiste.

Am Aufstellort muss eine Steckdose sowie WLAN-Empfang vorhanden sein. Die eingebauten Richtmikrofone funktionieren am besten, wenn das Google Home-Gerät etwa 20 cm von Wänden beziehungsweise Schränken entfernt aufgestellt wird. Wir empfehlen einen Platz, an dem Sie freien Blick auf die Geräteoberseite haben, denn die LEDs dort dienen beim Google Home und Home Mini als Indikator, wenn das Gerät Befehle auswertet. Beim Google Home Max befinden sich die LEDs dagegen auf der Vorderseite.

Sollte das Aufstellen des Home-Geräts in direktem Sichtkontakt aus ästhetischen Gründen nicht möglich sein, ist das allerdings auch kein Beinbruch, denn Sie erhalten ja sofortiges akustisches Feedback auf Ihre Sprachbefehle.

Schließen Sie nun das Google Home-Gerät am Stromnetz an und warten Sie, bis Sie eine freundliche Ansage hören und die LEDs auf der Oberseite in weißer Farbe pulsieren.

Noch ein Hinweis: Sie benötigen eventuell zwischendurch das Kennwort zu Ihrem WLAN, das Sie jetzt heraussuchen sollten, bevor Sie mit der Einrichtung beginnen.

> Der Einfachheit halber sprechen wir in diesem Buch künftig vom »Home-Gerät«, auch wenn damit Home Mini, Home Max oder Nest Hub gemeint sind. Sollte sich mal ein Bedienschritt auf ein bestimmtes Gerät beziehen, weisen wir gesondert darauf hin.
>
> Die Einrichtung wird anhand eines Android-Handys beschrieben. Beim iPhone weichen leider einige Bildschirmanzeigen, insbesondere der Schaltleisten, etwas ab.

4.5.1 Google Home, Home Mini oder Home Max einrichten

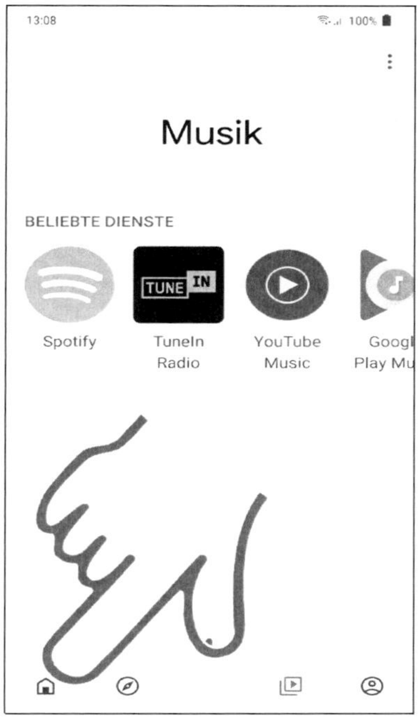

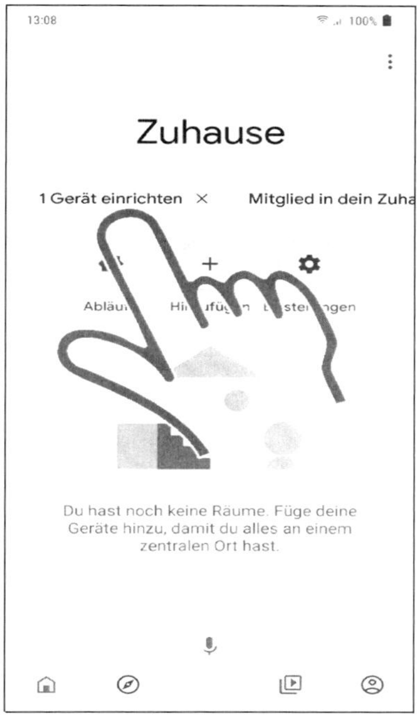

❶ Gehen Sie in das ⌂-Register, sofern es nicht bereits aktiv ist.

❷ Eventuell wurde bereits das Google Home-Gerät gefunden. In diesem Fall tippen Sie auf *1 Gerät einrichten.*

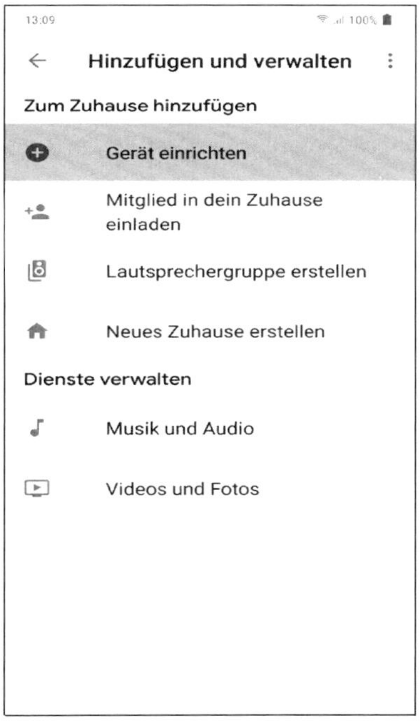

❶ Andernfalls tippen Sie auf +.

❷ Wählen Sie nun *Gerät einrichten* aus.

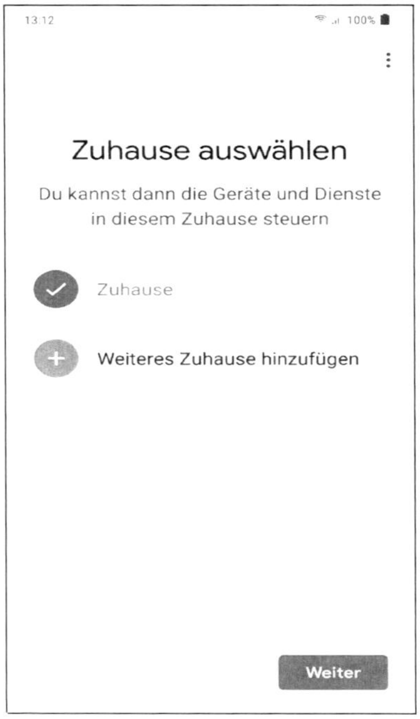

❶ Gehen Sie auf *Neue Geräte in deinem Zuhause.*

❷ Betätigen Sie *Weiter.*

❸ Die Suche nach dem Home-Gerät erfolgt.

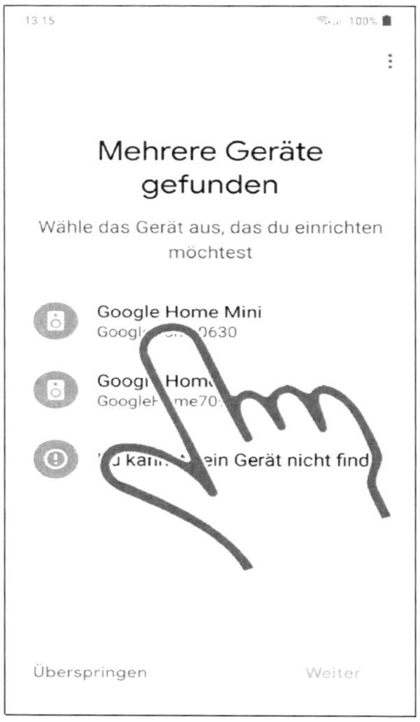

Es gibt nun zwei Möglichkeiten:

- Das gefundene Home-Gerät wird angezeigt (❶). Gehen Sie auf *Ja.*
- Falls noch andere Home-Geräte im Raum vorhanden sind, müssen Sie erst das korrekte auswählen (❷) und dann *Weiter* (❸) betätigen.

❶ Nach wenigen Sekunden gibt das Home-Gerät ein akustisches Signal aus, damit Sie wissen, dass mit dem richtigen Gerät gekoppelt wird. Bestätigen Sie mit *Ja.*

❷ Diesen Bildschirm schließen Sie mit *Nein danke.*

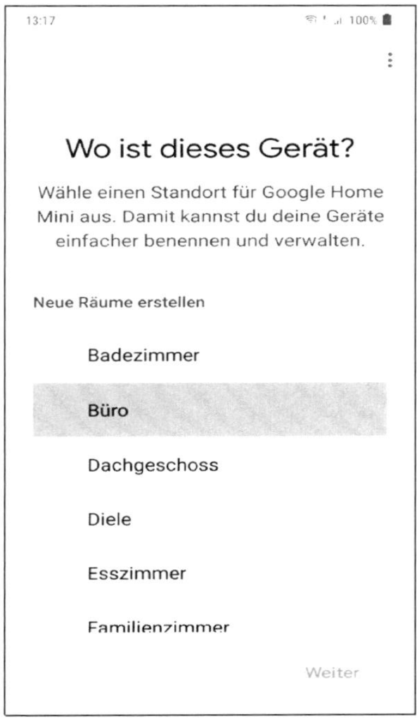

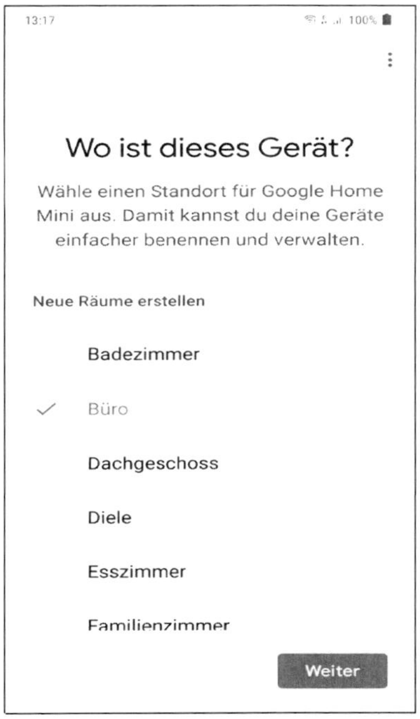

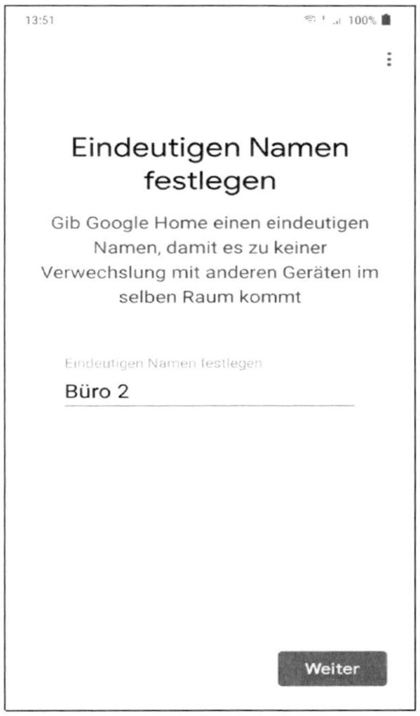

❶❷ Die Abfrage nach dem Aufstellort spielt eigentlich nur eine Rolle, falls Sie vorhaben, mehrere Google Home-Geräte einzusetzen. Wählen Sie einen der Vorschläge aus und bestätigen Sie mit *Weiter.*

❸ Sofern Sie bereits mal ein anderes Home-Gerät dem Raum zugewiesen hatten, werden Sie aufgefordert, einen anderen Namen einzugeben. Betätigen Sie in dem Fall einfach *Weiter.*

Beachten Sie, dass man den Gerätenamen beziehungsweise Aufstellort später jederzeit noch ändern kann, wie Kapitel *4.8 Gerätenamen* zeigt. Falls Sie sich also mal »vertippen«, stellt dies kein Beinbruch dar.

❶ Das Home-Gerät muss Zugriff auf Ihr WLAN erhalten, damit es selbsttätig Daten mit den Google-Servern austauschen kann. Wir empfehlen dringend, dass Sie den Vorschlag mit *Weiter* übernehmen (Sie nutzen damit das selbe WLAN wie das Handy).

❷ Handelt es sich um ein WLAN, das Sie bereits für die Internetverbindung des Handys nutzen, dann brauchen Sie nur *OK* betätigen.

❸ Andernfalls geben Sie das zugehörige Kennwort ein. Schließen Sie den Vorgang mit *Verbinden* ab.

Sind mehrere WLAN-Zugangspunkte vorhanden, dann wählen Sie bitte immer den gleichen bei der Home-Geräte-Einrichtung aus. Sie können sonst später einige Google Home-Funktionen eventuell nicht nutzen.

Falls Sie zuvor bereits ein anderes Home-Gerät eingerichtet haben, brauchen Sie das WLAN-Kennwort nicht erneut einzugeben.

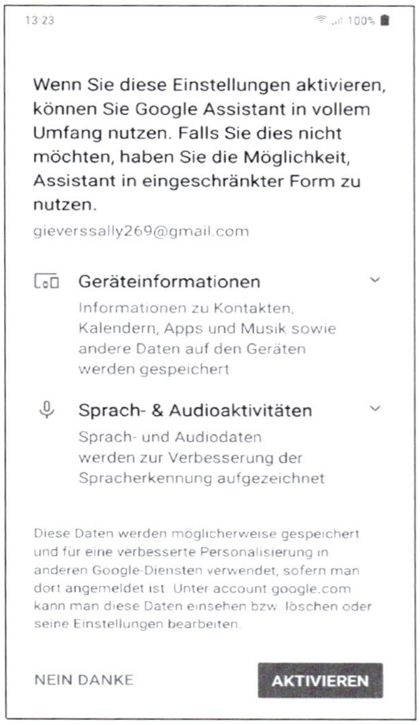

❶ Nun geht es an die Einrichtung der Sprachsteuerung. Betätigen Sie *Weiter*.

❷❸ Betätigen Sie *MEHR* und dann *AKTIVIEREN*.

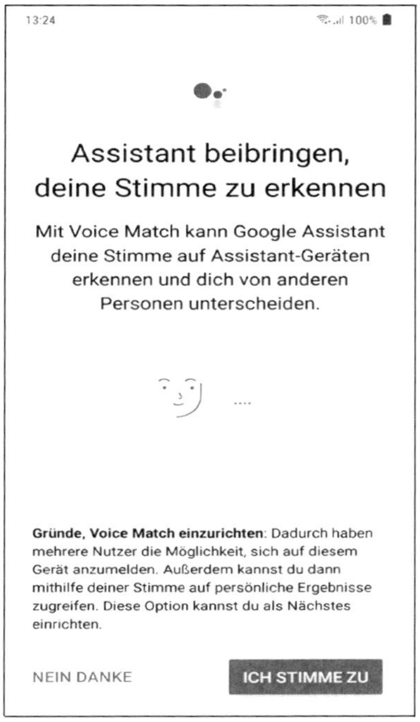

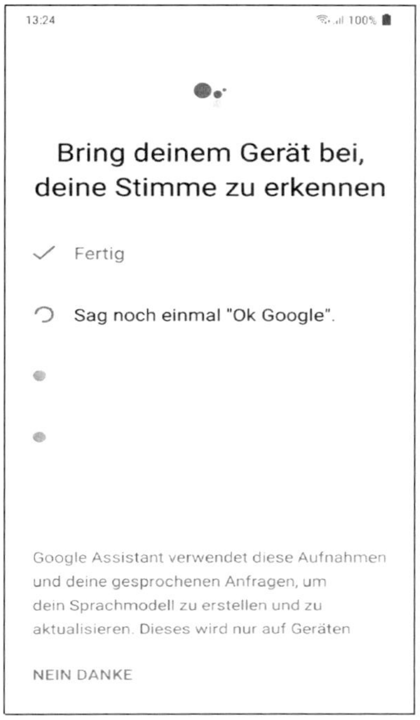

❶ Gehen Sie auf *ICH STIMME ZU.*

❷ Sprechen Sie zweimal hintereinander *Ok Google* und dann zweimal *Hey Google* ins Handy.

Wurde das Stimmtraining bereits zuvor bei der Inbetriebnahme des Android-Handys oder bei der Einrichtung eines Home-Geräts durchgeführt, so erscheint ein entsprechender Hinweis (»*Assistant erkennt bereits deine Stimme*«) und die Einrichtung fährt automatisch fort.

❶❷ Damit das Google Home-Gerät optimale Ergebnisse liefert, müssen Sie Google den Zugriff auf Kontakte, Kalender, usw. gestatten. Betätigen Sie daher *MEHR ANSEHEN* und *ICH STIMME ZU.*

❸ Die genaue Standortangabe ist sinnvoll, damit Google unter anderem Fragen zum Wetter beantworten kann. Sollte die Adresse nicht auf die Hausnummer genau angezeigt werden, dann tippen Sie in das Adresse-Feld und erfassen Ihre Adresse von Hand. Schließen Sie mit *Adresse bestätigen* ab.

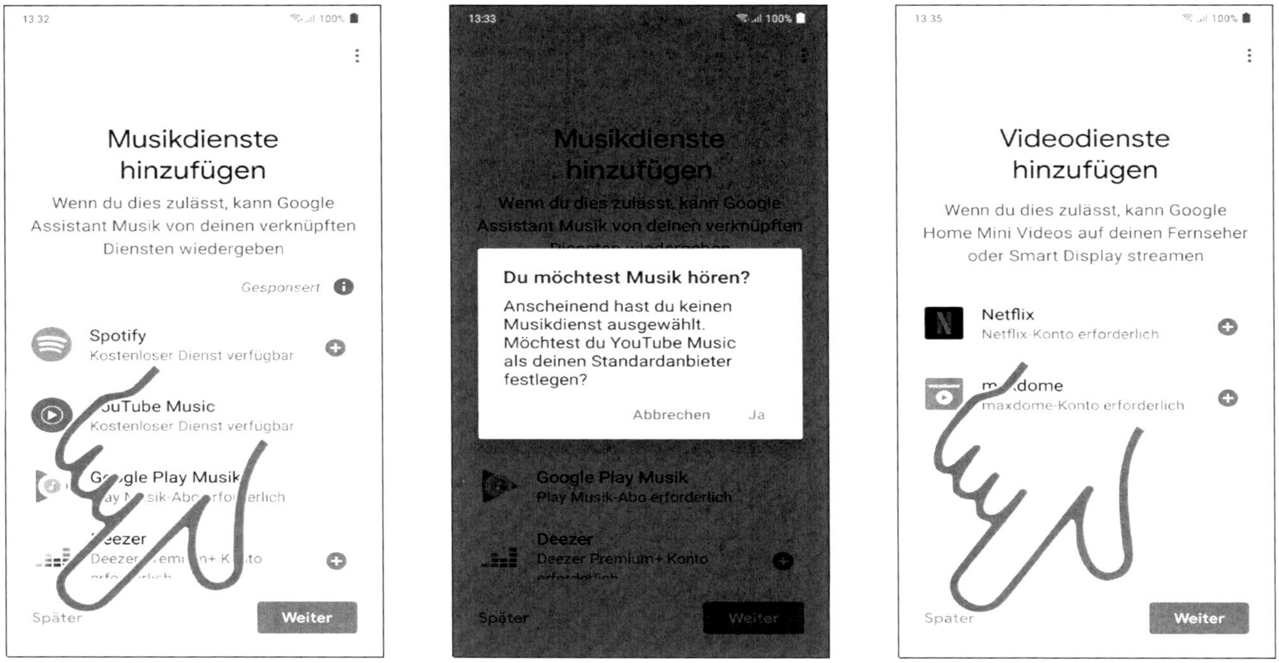

❶ Weil dieses Buch später noch im Kapitel *7.9 Andere Musikdienste* und Kapitel *14.3 Streamingdienste mit Chromecast nutzen* auf die Einrichtung von Spotify & Co eingehen, betätigen Sie *Später.*

❷ Der darauf folgenden Empfehlung für YouTube Music als Standardanbieter folgen Sie im Popup mit *Ja*. Dieser Hinweis erscheint nur bei der ersten Einrichtung eines Home-Geräts.

❸ Auch die Frage nach dem Videodienst beantworten Sie mit *Später.*

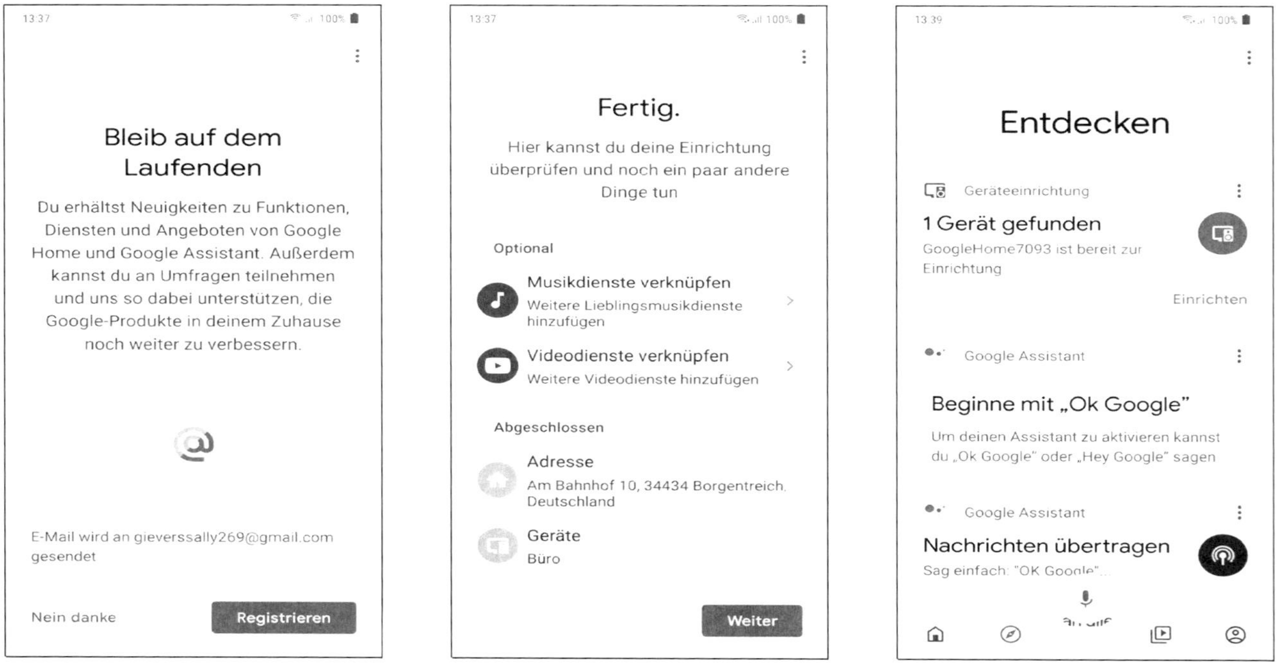

❶ Mit *Registrieren* erhalten Sie künftig ab und zu einen Newsletter mit aktuellen Tipps und Produktneuheiten von Google an Ihre Google-Konto-E-Mail-Adresse. Sie erhalten per E-Mail dann einen Link, den Sie antippen müssen, um den Newsletter-Empfang zu bestätigen.

❷ Gehen Sie auf *Weiter.*

❸ Sie befinden sich wieder in der Home-App und die Einrichtung ist abgeschlossen.

Probieren Sie jetzt einmal Ihr Home-Gerät aus: Sprechen Sie »*Ok Google, wie wird das Wetter?*«

4.5.2 Google Nest Hub einrichten

Der Nest Hub besitzt aufgrund seines Displays einige zusätzliche Features, auf die auch die Ersteinrichtung eingeht. Deshalb widmen wir dem Gerät ein eigenes Kapitel.

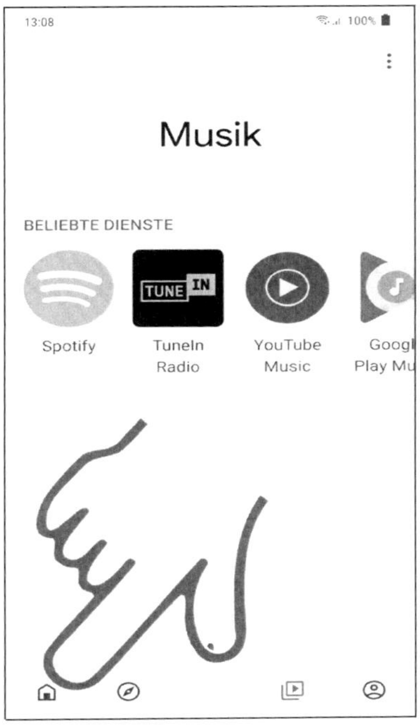

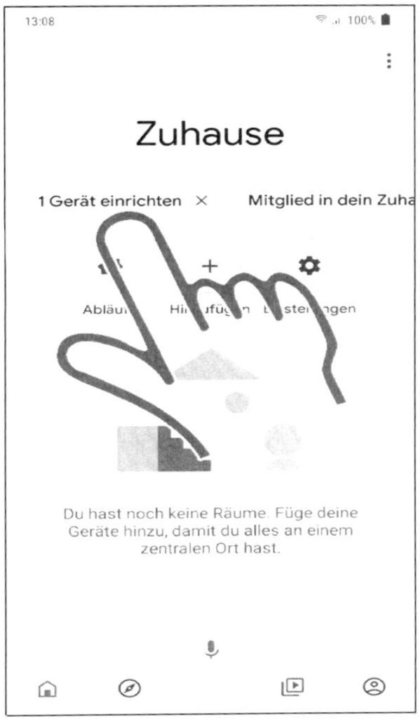

❶ Gehen Sie in das ⌂-Register, sofern es nicht bereits aktiv ist.

❷ Eventuell wurde bereits das Google Home-Gerät gefunden. In diesem Fall tippen Sie auf *1 Gerät einrichten.*

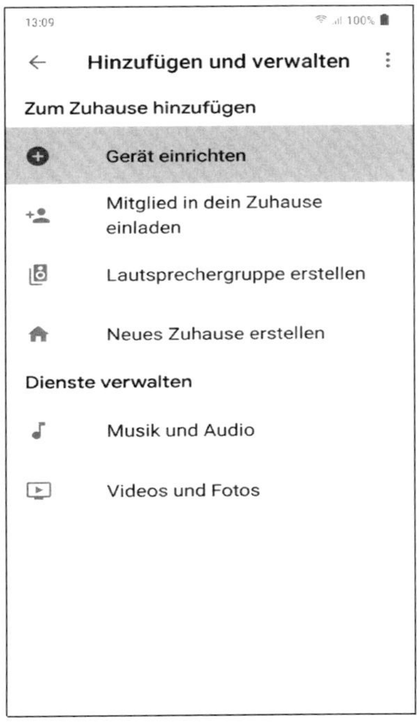

❶ Andernfalls tippen Sie auf +.

❷ Wählen Sie nun *Gerät einrichten* aus.

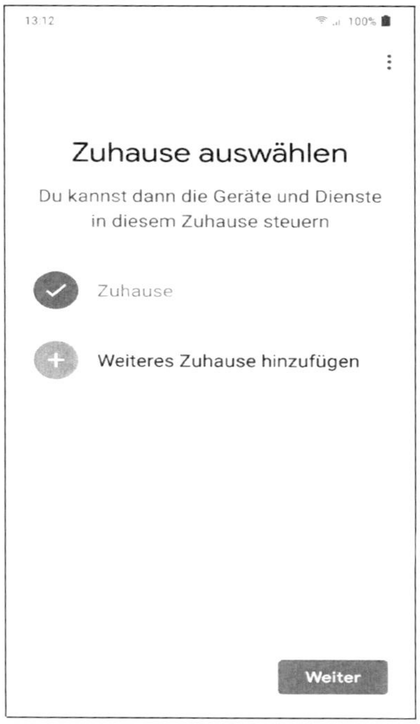

❶ Gehen Sie auf *Neue Geräte in deinem Zuhause.*

❷ Betätigen Sie *WEITER.*

❸ Die Suche nach dem *Nest Hub* erfolgt.

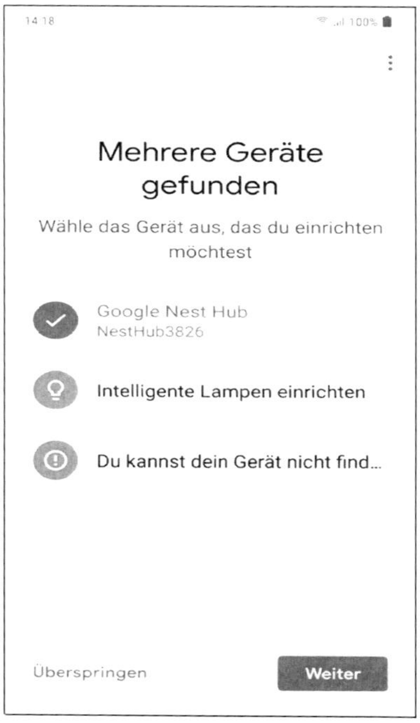

❶❷ Der Nest Hub wird nun entweder vorgeschlagen, oder Sie müssen ihn aus einer Vorschlags-liste auswählen. Betätigen Sie dann *Weiter.*

❶ Überprüfen Sie, ob auf dem Display des Nest Hub der dargestellte Code erscheint und bestätigen Sie mit *Ja.*

❷ Diesen Bildschirm schließen Sie mit *Nein danke.*

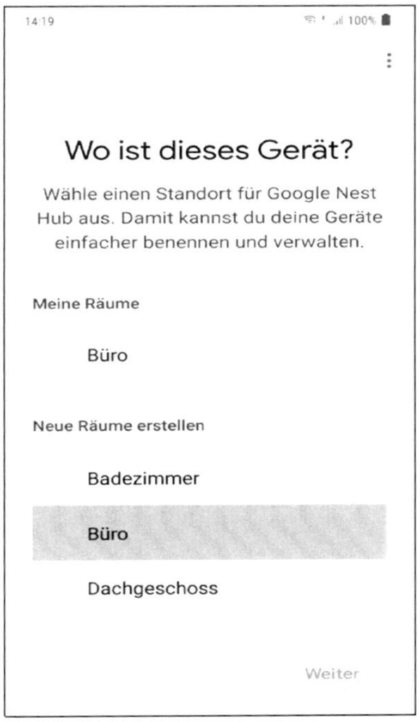

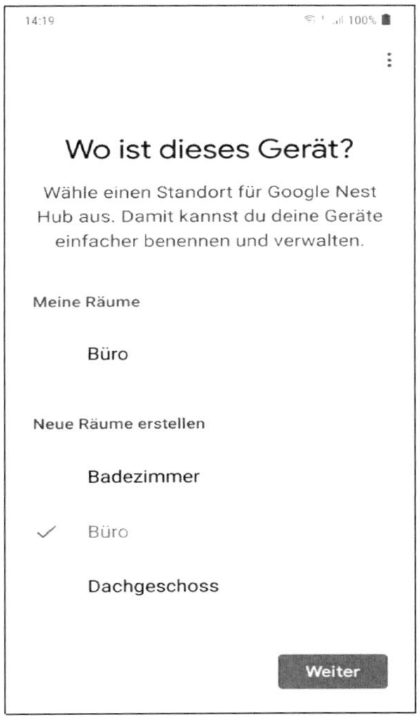

❶❷ Die Abfrage nach dem Aufstellort spielt eigentlich nur eine Rolle, falls Sie vorhaben, mehrere Google Home-Geräte einzusetzen. Wählen Sie einen der Vorschläge aus und bestätigen Sie mit *Weiter.*

Sofern Sie bereits ein oder mehrere Home-Geräte dem Raum zugewiesen hatten, werden Sie aufgefordert, einen anderen Namen einzugeben. Betätigen Sie in dem Fall einfach *Weiter.*

Beachten Sie, dass man den Gerätenamen beziehungsweise Aufstellort später jederzeit noch ändern kann, wie Kapitel *4.8 Gerätenamen* zeigt. Falls Sie sich also mal »vertippen«, stellt dies kein Beinbruch dar.

❶ Das Home-Gerät muss Zugriff auf Ihr WLAN erhalten, damit es selbsttätig Daten mit den Google-Servern austauschen kann. Wir empfehlen dringend, den vorgeschlagenen WLAN-Zugangspunkt beizubehalten (Sie können sonst einige Funktionen später nicht nutzen). Betätigen Sie *Weiter*.

❷ Handelt es sich um ein WLAN, das Sie bereits für die Internetverbindung des Handys nutzen, dann brauchen Sie nur *OK* betätigen.

❸ Andernfalls geben Sie das zugehörige Kennwort ein. Schließen Sie den Vorgang mit *Verbinden* ab.

Falls Sie zuvor bereits ein anderes Home-Gerät eingerichtet haben, brauchen Sie das WLAN-Kennwort nicht erneut einzugeben.

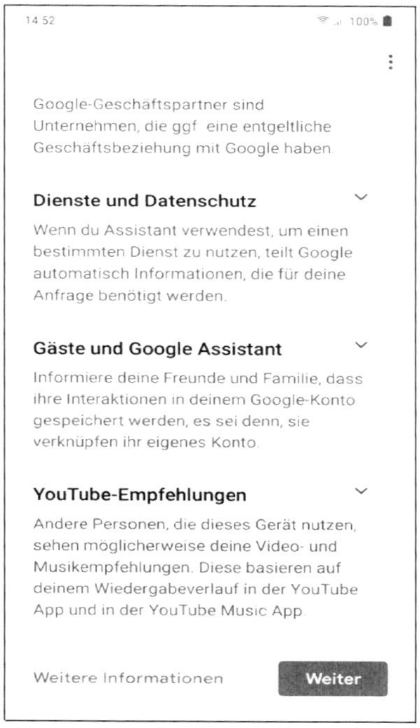

❶ Nun geht es an die Einrichtung der Sprachsteuerung. Betätigen Sie *Mehr* und *Weiter*.

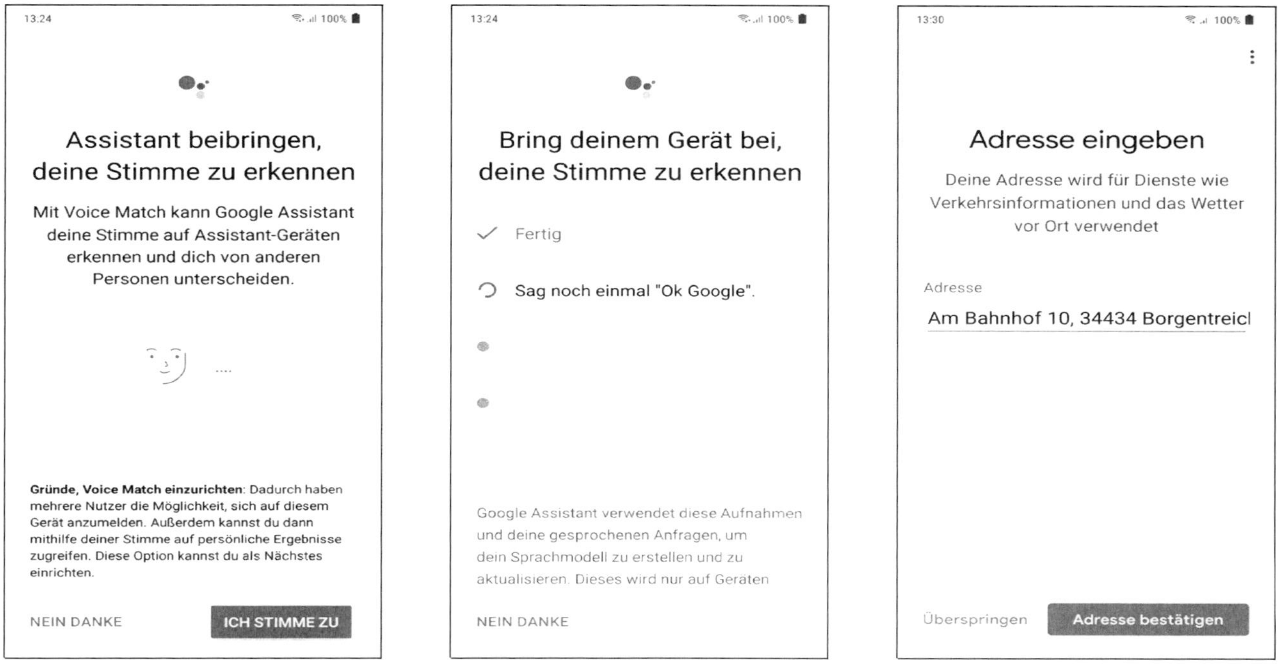

➊ Gehen Sie auf *ICH STIMME ZU.*

➋ Sprechen Sie zweimal hintereinander *Ok Google* und dann zweimal *Hey Google* ins Handy.

➌ Die genaue Standortangabe ist sinnvoll, damit Google unter anderem Fragen zum Wetter beantworten kann. Sollte die Adresse nicht auf die Hausnummer genau angezeigt werden, dann tippen Sie in das Adresse-Feld und erfassen Ihre Adresse von Hand. Schließen Sie mit *Adresse bestätigen* ab.

Wurde das Stimmtraining bereits zuvor bei der Inbetriebnahme des Android-Handys oder bei der Einrichtung eines Home-Geräts durchgeführt, so erscheint ein entsprechender Hinweis (»*Assistant erkennt bereits deine Stimme*«) und die Einrichtung fährt automatisch fort.

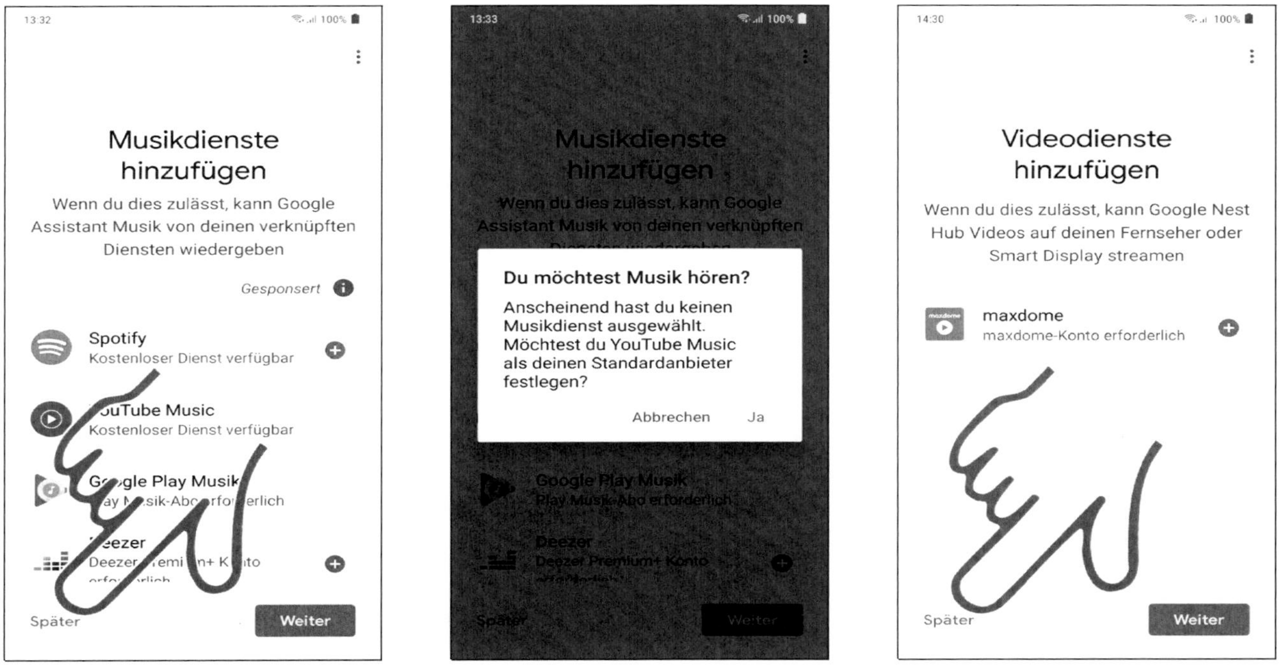

➊ Weil dieses Buch später noch im Kapitel *7.9 Andere Musikdienste* und Kapitel *14.3 Streamingdienste mit Chromecast nutzen* auf die Einrichtung von Spotify & Co eingehen, betätigen Sie Später.

❷ Der darauf folgenden Empfehlung für YouTube Music als Standardanbieter folgen Sie im Popup mit *Ja*. Dieser Hinweis erscheint nur bei der ersten Einrichtung eines Home-Geräts.

❸ Auch die Frage nach dem Videodienst beantworten Sie mit *Später*.

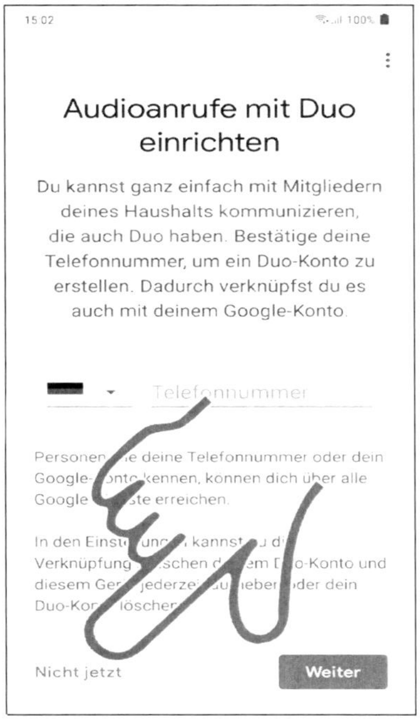

Auf Audioanrufe geht dieses Buch nicht weiter ein. Deswegen betätigen Sie *Nicht jetzt*.

❶ Der Nest Hub zeigt wahlweise Fotos aus Ihrem Google-Konto, Kunstwerke oder eine Uhr an (darauf gehen wir in diesem Buch im Kapitel 13.4 Bilderrahmen ein). In unserem Beispiel wählen wir *Kunstgalerie*.

❷ Gehen Sie auf *Weiter*.

❸ Aktivieren Sie die gewünschten Galerien und schließen Sie den Vorgang mit *Weiter* ab.

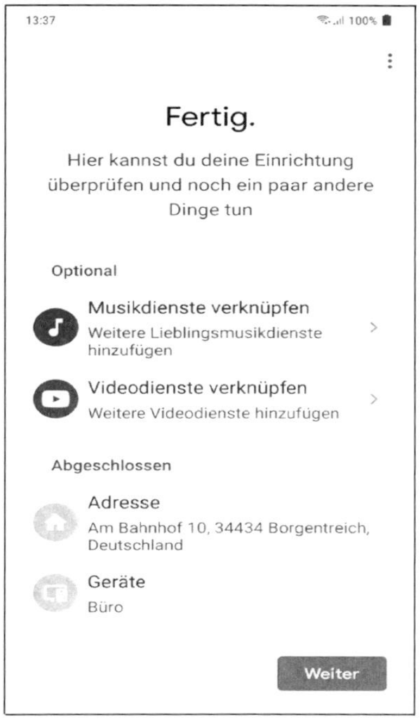

❶ Mit *Registrieren* erhalten Sie künftig ab und zu einen Newsletter mit aktuellen Tipps und Produktneuheiten von Google an Ihre Google-Konto-E-Mail-Adresse. Sie erhalten anschließend per E-Mail einen Link, den Sie zur Bestätigung antippen müssen.

❷ Gehen Sie auf *Weiter*.

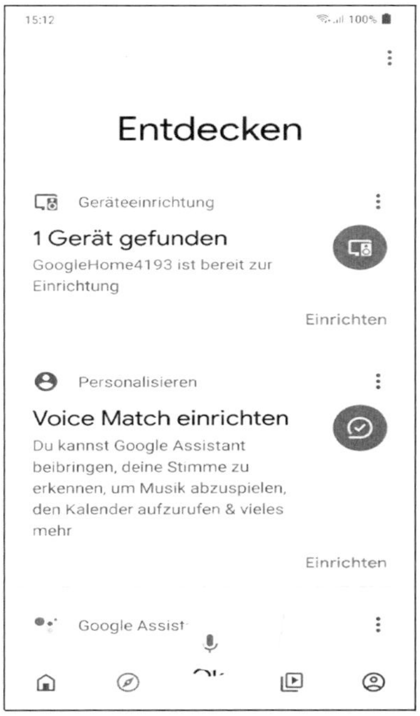

❶❷ Die wichtigsten Bedienelemente und Funktionen des Nest Hubs werden vorgestellt. Gehen Sie jeweils auf *Weiter*.

❸ Sie befinden sich wieder in der Home-App und die Einrichtung ist abgeschlossen.

❶ Jetzt sind noch einige Schritte auf dem Nest Hub selbst nötig. Betätigen Sie dort auf dem Touchdisplay *Einrichtung abschließen.*

❷ Google stellt mit einem Video die Gerätefunktionen ausführlich vor.

❶❷ Zum Schluss müssen Sie eine Wischgeste auf dem Display durchführen, worauf der sogenannte Standby-Bildschirm angezeigt wird. Sie können nun mit dem Gerät arbeiten. Diese Wischgeste sollten Sie sich merken, weil Sie damit angezeigte Informationsbildschirme schließen.

Probieren Sie jetzt einmal Ihren Nest Hub aus: Sprechen Sie »*Ok Google, wie wird das Wetter?*«

4.6 Google-Gerät zurücksetzen

Wenn Sie Ihr Home-Gerät mit einem neuen WLAN-Zugangspunkt oder einem anderen Google-Konto verwenden möchten, müssen Sie es erst zurücksetzen. Gleiches gilt auch für den Fall, dass Sie Ihr Home-Gerät an einen Dritten weitergeben. In seltenen Fällen kann nach einem Absturz der enthaltenen Software ebenfalls ein Zurücksetzen nötig sein, was uns aber noch nie passiert ist.

Ein Zurücksetzen in der Google Home-App ist nicht möglich.

- Home Mini, Home Max: Auf der Unterseite finden Sie einen kleinen Knopf neben der Netzkabelbuchse. Drücken Sie den Knopf für bis zu 15 Sekunden, bis der Google Assistant die Zurücksetzung bestätigt.
- Home: Halten Sie die Mikrofon-Taste auf der Geräterückseite für ca. 15 Sekunden gedrückt, bis der Google Assistant die Zurücksetzung bestätigt.
- Nest Hub: Halten Sie den Wipschalter für die Lautstärkereglung genau in der Mitte für ca. 10 Sekunden gedrückt, worauf Sie einen Hinweis sehen.

Sie können anschließend das jeweilige Home-Gerät wieder über die App (siehe Kapitel *4.5 Ersteinrichtung Google Home-Gerät*) koppeln.

4.7 LEDs

Die vier LEDs auf der Oberseite von Home Mini, Home und Home Max liefern zusätzliche Infos, worauf wir noch in den entsprechenden Kapiteln eingehen. Hier sollen aber bereits die Wichtigsten vorgestellt werden[14].

System:

- Wecker klingelt: Langsames weißes Pulsieren (siehe Kapitel *9.1 Wecker*).
- Timer klingelt: Langsames fortlaufendes Aufleuchten in weiß (siehe Kapitel *9.2 Timer*).
- Erinnerung: Eine weiße LED, die ca. 10 Minuten durchgehend leuchtet (siehe Kapitel *9.5 Erinnerungen*).

Sprachsteuerung:

- Sie haben mit »*Ok Google*« oder »*Hey Google*« die Sprachsteuerung aktiviert oder das Gerät wartet auf Ihren Sprachbefehl: Alle LEDs leuchten weiß (beim Home farbig).
- Ihr Sprachbefehl wird verarbeitet: LEDs blinken nacheinander fortlaufend weiß (beim Home farbig) auf.
- Sprachausgabe erfolgt/Aktion erfolgt: Alle LEDs blinken weiß pulsierend (beim Home farbig).
- Mikrofon ist ausgeschaltet: Alle LEDs leuchten orange.

4.8 Gerätenamen

Dieses Kapitel brauchen Sie eigentlich nur durchzuarbeiten, falls Sie mehrere Google Smart Home-Geräte in Ihrem Haushalt einsetzen oder die Anschaffung von weiteren planen.

Leider verwechselt man den Gerätenamen sehr schnell mit dem »Raum«, also den Aufstellort. Bereits während der ersten Einrichtung haben Sie für Ihre Home-Geräte den jeweiligen Aufstellort, beispielsweise »Büro« oder »Wohnzimmer« ausgewählt.

Der Gerätename darf allerdings nur jeweils einmalig vergeben werden. Wählen Sie bei der Ersteinrichtung einen Raum aus, dem bereits ein Gerät zugewiesen wurde, dann müssen Sie dem neuen Gerät einen anderen Namen vergeben.

Setzen Sie in jedem Raum nur ein Google-Gerät ein, dann sollten Geräte- und Raumnamenn übereinstimmen. Sie wissen somit immer intuitiv, wo sich welches Gerät befindet. Eine Alternative wäre die Benennung der Geräte nach dem Hauptnutzer, also beispielsweise statt »Schlafzimmer« den Gerätenamen »Stefan«.

Im Laufe dieses Buchs stellen wir noch einige nützliche Funktionen vor, die vom Gerätenamen Gebrauch machen.

14 https://support.google.com/googlenest/answer/7073219

So ändern Sie den Gerätenamen:

❶ Rufen Sie *Google Home* auf.

❷ Gehen Sie in das ⌂-Register, sofern es nicht bereits aktiv ist.

❸ Wischen Sie durch die Geräteliste.

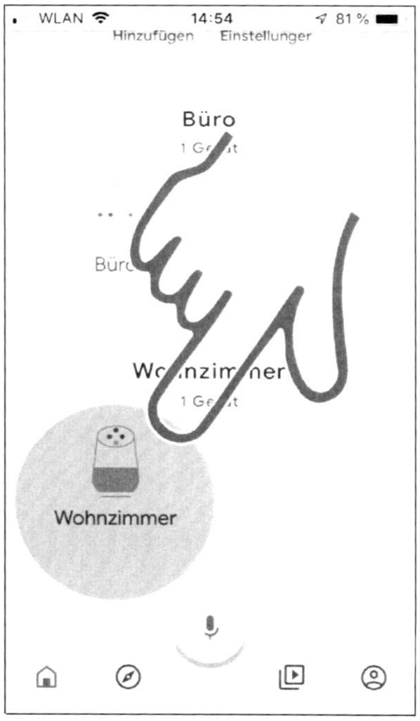

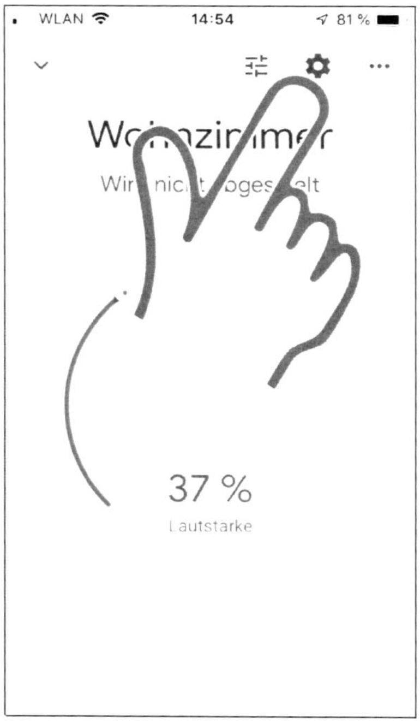

❶ Wählen Sie ein Gerät aus.

❷ Betätigen Sie ⚙ für die Einstellungen.

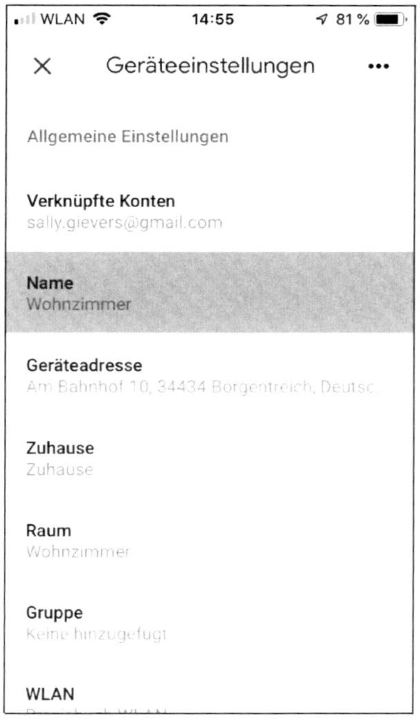

❶❷ Gehen Sie auf *Name* und geben Sie einen neuen Gerätenamen ein. Schließen Sie mit *SPEICHERN* ab.

Verzichten sollten Sie auf komplizierte und lange Gerätenamen, denn Sie müssen sie in Befehlen immer vollständig aussprechen. Der Befehl »*Ok Google, spiele Musik auf Büro*« geht sicher leichter von der Zunge als »*Alexa, spiele Musik auf Sally Gievers*«!

4.8.1 Gerätenamen in der Praxis

Normalerweise müssen Sie sich direkt in der Nähe eines Home-Geräts befinden, wenn Sie dort eine Funktion auslösen möchten. Beispiel: Das Home-Gerät in der Küche spielt gerade laute Musik, Sie haben es sich aber gerade im Wohnzimmer bequem gemacht. Sie müssten nun also aufstehen, in die Küche rennen und dort mit einem Befehl die Lautstärke reduzieren.

Es geht aber noch einfacher: Geben Sie einfach dem Home-Gerät im Wohnzimmer den Befehl »*Ok Google, Lautstärke **auf Küche** auf 40 Prozent*«. Ihr Befehl wird nun beim Küchengerät angewendet. Viele Befehle, insbesondere zur Medienwiedergabe, lassen sich auf diese Weise auch auf andere Geräte im Haus anwenden.

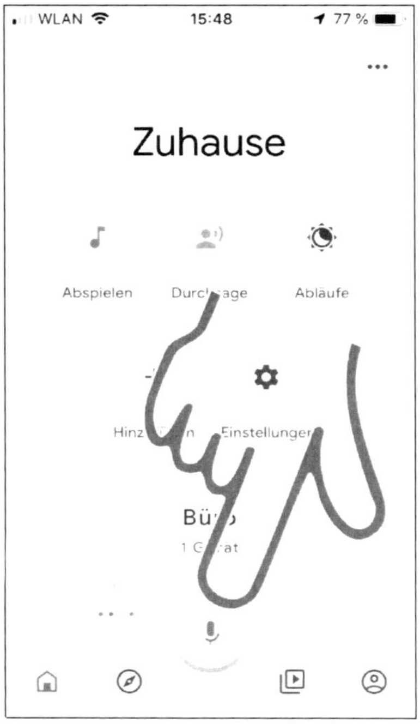

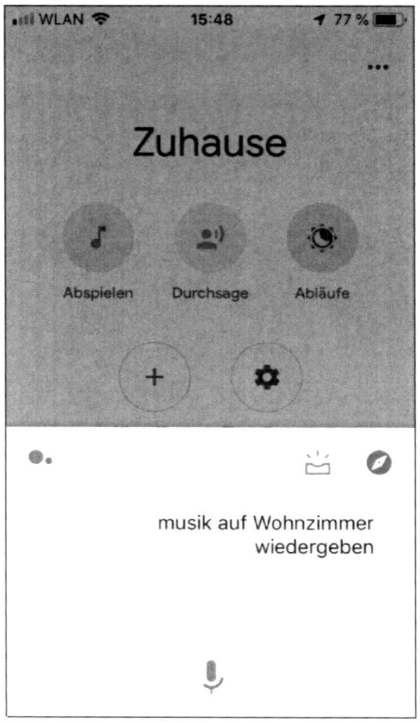

❶ Auch über die Google Home-App lassen sich die Home-Geräte steuern. Betätigen sie die -Schaltleiste (Pfeil).

❷ Sprechen Sie Ihren Befehl, im Beispiel »*Musik auf Wohnzimmer wiedergeben*«.

❸ Der Befehl wird ausgeführt und die Google Home-App öffnet den Gerätebildschirm, worüber Sie bei Bedarf die Wiedergabe steuern. Auf die Musikwiedergabe geht noch Kapitel *7 Musik* ein.

❶❷ Auf Android-Handys ist direkt im Startbildschirm die Gerätesteuerung möglich, sofern dort wie im Kapitel *5 Google Assistant in der Praxis* beschrieben, der Google Assistant eingerichtet ist. Sprechen Sie im Startbildschirm einfach »*Ok Google*« und dann den Befehl, beispielsweise »*Nachrichten auf Wohnzimmer abspielen*«.

5. Google Assistant in der Praxis

Ihr Google-Gerät ist mit mehreren Richtmikrofonen ausgestattet, die auch unter schwierigen akustischen Bedingungen (Umgebungslärm, größere Entfernung des Sprechers) noch eine gute Erkennungsleistung bieten.

Für die Sprachverarbeitung zuständig ist der Google Assistant. Der englische Begriff »Assistant« lässt sich in diesem Zusammenhang mit dem deutschen Äquivalent »Assistent« beziehungsweise »Gehilfe« übersetzen.

Nach dem Erkennen der Aktivierungsworte *»Ok Google«* beziehungsweise *»Hey Google«* wird der folgende Befehl aufgezeichnet, über das Internet nach Google übertragen und das Ergebnis dann als Sprache ausgegeben. Auf Displaygeräten wie dem Google Nest Hub oder Lenovo Smart Display erfolgt zusätzlich eine passende Bildschirmanzeige.

Sind mehrere Google-Geräte im Einsatz, so zeigen zwar alle in Reichweite nach dem Aktivieren per Sprachbefehl ihre Bereitschaft an (alle LEDs leuchten weiß – beim Google Home farbig), die Sprachausgabe erfolgt aber nur vom nächstgelegenen.

Tipp: Es kommt manchmal vor, dass ein Google-Gerät schwerhörig wird, also Ihre Befehle nur in großer Nähe oder sehr laut gesprochen akzeptiert. In diesem Fall probieren Sie folgenden Trick aus: Pusten Sie jeweils einmal kräftig in die kleinen Löcher auf der Geräteoberseite, in denen sich die Richtmikrofone befinden. Manchmal sorgt eindringender Staub für deren Ausfall.

5.1 Standardbefehle des Google Assistant

Unter einem »Standardbefehl« verstehen wir alle Sprachbefehle, die ohne Umwege von Google unterstützt werden. Es ist natürlich unmöglich, an dieser Stelle alle verstandenen Befehle vorzustellen, zumal die Spracherkennung auch Synonyme auswertet. Für Sie hat dies den Vorteil, Ihre Befehle einfach so zu geben, wie sie Ihnen in den Sinn kommen.

»Ok Google, stopp«, *»Ok Google, abbrechen«* oder *»Ok Google aus«* beenden den Google Assistant, was zum Beispiel praktisch ist, wenn Google Assistant mal einen Befehl falsch erkannt hat oder die gewünschte Info bereits ausgegeben hat. Manchmal erweist sich Google Assistant auch als Quasselstrippe und dann ist man froh, den Vorgang abrupt beenden zu können.

Als sehr nützlich erweist sich *»Ok Google, wiederhole«*, womit sich die letzte Ausgabe wiederholen lässt.

5.1.1 Lautstärke

Bitte sprechen Sie, wie bereits erwähnt, vor jedem Befehl *»Ok Google«* oder *»Hey Google«*.

Die Lautstärke Ihres Google-Geräts reduzieren Sie mit den Befehlen *»Lautstärke leiser«*, *»Lautstärke runter«*, *»Lautstärke niedriger«*, *»Mach leiser«*, *»leiser«*. Dagegen erhöhen Sie mit *»Lautstärke höher«*, *»Lautstärke hoch«*, *»Mach lauter«*, *»lauter«* die Lautstärke. Sie hören dann jeweils ein »Plopp« und anhand der eingeschalteten LEDs auf der Geräteoberseite erkennen Sie die vorgenommene Einstellung.

Alle Google-Geräte sind frei in der Lautstärke regelbar. Die oben genannten Befehle reduzieren/erhöhen jeweils um 10 Prozent, was häufig unpraktisch ist. Mit *»Lautstärke [Zahl von 0 bis 100] Prozent«* nehmen Sie eine direkte Einstellung vor, wobei Sie allerdings auch bei *»Lautstärke 0 Prozent«* noch Ansagen hören.

Die Angabe eines Prozentwerts mag zwar praktisch sein, wenn Ihnen aber ohnehin die Einstellung in 10-Prozent-Schritten ausreicht, dann sprechen Sie einfach *»Lautstärke [Zahl von 0 bis 10]«*. Mit *»Lautstärke 4«* erreichen Sie also das gleiche wie mit *»Lautstärke 40 Prozent«*.

Alternativ passen Sie die Lautstärke mit dem Finger an:

- Home Mini: Tippen Sie links oder rechts neben der LED-Anzeige auf das Gehäuse.
- Home: Halten Sie den Finger in der Mitte und wischen Sie dann kreisförmig nach rechts oder links.
- Home Max: Wischen Sie entlang der Linie auf der Oberseite nach links/rechts.
- Nest Hub: Auf der Rückseite befinden sich zwei Lautstärketasten.

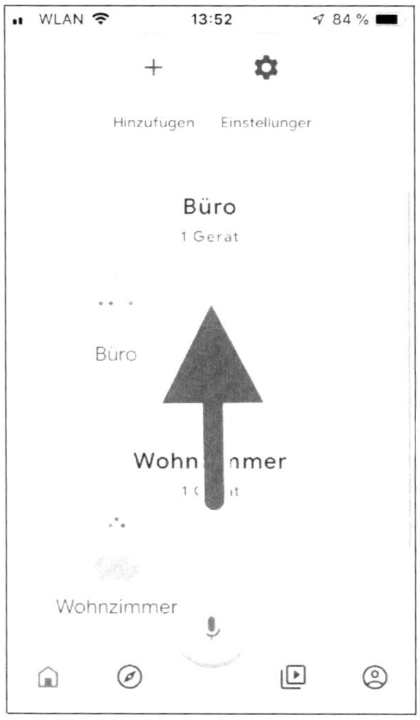

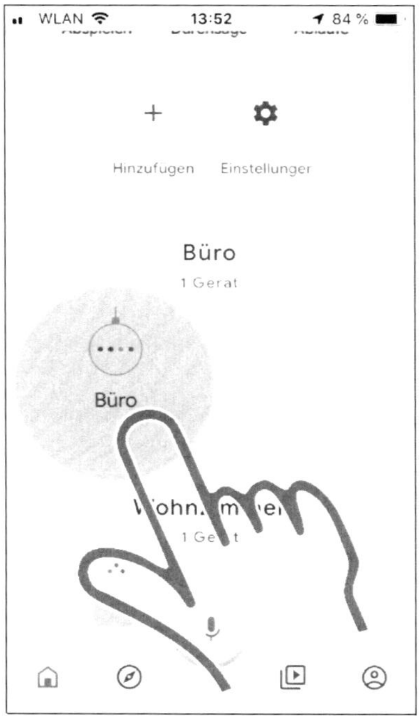

Auch in der Google Home-App, die Sie ja bereits auf Ihrem Handy installiert haben, ist die Lautstärkeneinstellung möglich:

❶ Gehen Sie in das 🏠-Register, sofern es nicht bereits aktiv ist.

❷❸ Mit einer Wischgeste bewegen Sie sich durch die Geräteauflistung, wo Sie dann ein Gerät, bei dem Sie die Lautstärke ändern möchten, auswählen.

❶ Tippen Sie in den Lautstärkeindiktor, um den gewünschten Lautstärkepegel einzustellen.

❷ Die ∨-Schaltleiste bringt Sie wieder in das Hauptmenü der Google Home-App zurück.

5.1.2 Allgemeines Wissen

Natürlich unterstützt Sie der Google Assistant auch bei Alltagsfragen, für die Sie früher ein Lexikon aufgeschlagen hätten.

- »*Ok Google, wie weit ist es bis Berlin?*« – Sie müssen dazu Ihren Standort hinterlegt haben, siehe Kapitel *10.9 Standort* .
- »*Ok Google, wie weit ist es von Bremen nach Berlin?*«
- »*Ok Google, wie alt ist Angela Merkel?*«
- »*Ok Google, was ist Adipositas?*«
- »*Ok Google, was ist die Wurzel aus 5?*«
- »*Ok Google, rechne 11 Zoll in Zentimeter um*«
- »*Ok Google, wer spielt in Casblanca mit?*«
- »*Ok Google, wann geht die Sonne auf?*«
- »*Ok Google, wieviel sind 10 Euro in US-Dollar?*«
- »*Ok Google, was heißt 'Guten Tag' auf spanisch?*«

Für Sportfans liefert Google ebenfalls Infos:

- »*Ok Google, wann spielt Schalke als Nächstes?*«
- »*Ok Google, wie hat Bayern gespielt?*«
- »*Ok Google, auf welchen Platz steht Dortmund in der Bundesligatabelle?*«
- »*Ok Google, Bundesligatabelle*«
- »*Ok Google, wie steht es bei Dortmund gegen Bayern*«? (beim noch laufenden Spiel)

Geschäftsinfos:

- »*Ok Google, wie lange hat der Edeka Ziegler in Hamburg geöffnet?*«
  Ist ein Unternehmen mit mehreren Filialen in einer Stadt vertreten, dann müssen Sie den genauen Geschäftsnamen, angeben. Alternativ nennen Sie die Straße.
- »*Ok Google, wie ist die Adresse von Sony in Berlin?*«
- »*Ok Google, wo ist die nächste Apotheke?*«

> Wie empfehlen Ihnen die Hinterlegung Ihrer vollständigen Adresse in der Google Home-App, wie im Kapitel *10.9 Standort* beschrieben. Sie dürfen dann die Ortsangabe in den Befehlen weglassen. »*Ok Google, wann öffnet Rewe*« liefert nun Infos zum örtlich nächstgelegenen Ladenlokal des Rewe-Konzerns.
>
> Google Assistant liefert auch Infos zu Museen, Restaurants, Hotels, usw.
>
> Für Wissensfragen greift Google nicht nur auf eigene Datenbanken, sondern auch auf Drittanbieter wie die Wikipedia (*www.wikipedia*) zurück.

5.2 Google Actions

Die Google Smart Home-Geräte sind auf die Nutzung der Google-Dienste hin optimiert, sodass Sie beispielsweise Songs von YouTube abspielen oder im Google Play Store einkaufen können.

Google bietet allerdings auch Drittanbietern die Option, eigene Funktionen und Dienste einzubinden. Diese nennt das Unternehmen »Actions« (engl. »Aktionen«). Die Actions sind also vergleichbar mit nachträglich auf dem Handy installierten Apps, die von verschiedenen Entwicklern stammen.

Alle Actions sind kostenlos, das heißt, Sie brauchen keine Angst zu haben, dass Sie sich damit kostenpflichtige Abos oder Ähnliches einhandeln. Dies betrifft allerdings nicht die damit verbundenen Dienste, also beispielsweise Musikstreaminganbieter wie Spotify oder Deezer, welche ein – außerhalb von Google – abgeschlossenes Abo voraussetzen.

> Falls Sie bereits mit den Konkurrenzgeräten von Amazon gearbeitet haben, kennen Sie vielleicht die »Skills«, welche in der Funktion vergleichbar zu den Actions sind. Im Gegensatz zu den Skills muss man die Google-Actions allerdings nicht vor der ersten Nutzung installieren, sondern braucht sie nur aufzurufen.

Actions können unterschiedlich realisiert sein. Im einfachsten Fall wird nach dessen Aufruf die gewünschte Auskunft gegeben und die Action beendet sich wieder. Andere Actions sind wiederum interaktiv, das heißt, Sie beantworten die gesprochenen Fragen bis zum gewünschten Ergebnis.

Beispiel für eine »einfache« Action: *»Ok Google, definiere Adipositas«* ruft eine Action auf, welche die gewünschte Auskunft gibt.

Eine interaktive Action: *»Ok Google, öffne Chefkoch«* öffnet die Chefkoch-Action, welche über ein Sprachmenü nach passenden Kochrezepten sucht.

5.2.1 Liste der Actions auf der Google-Website

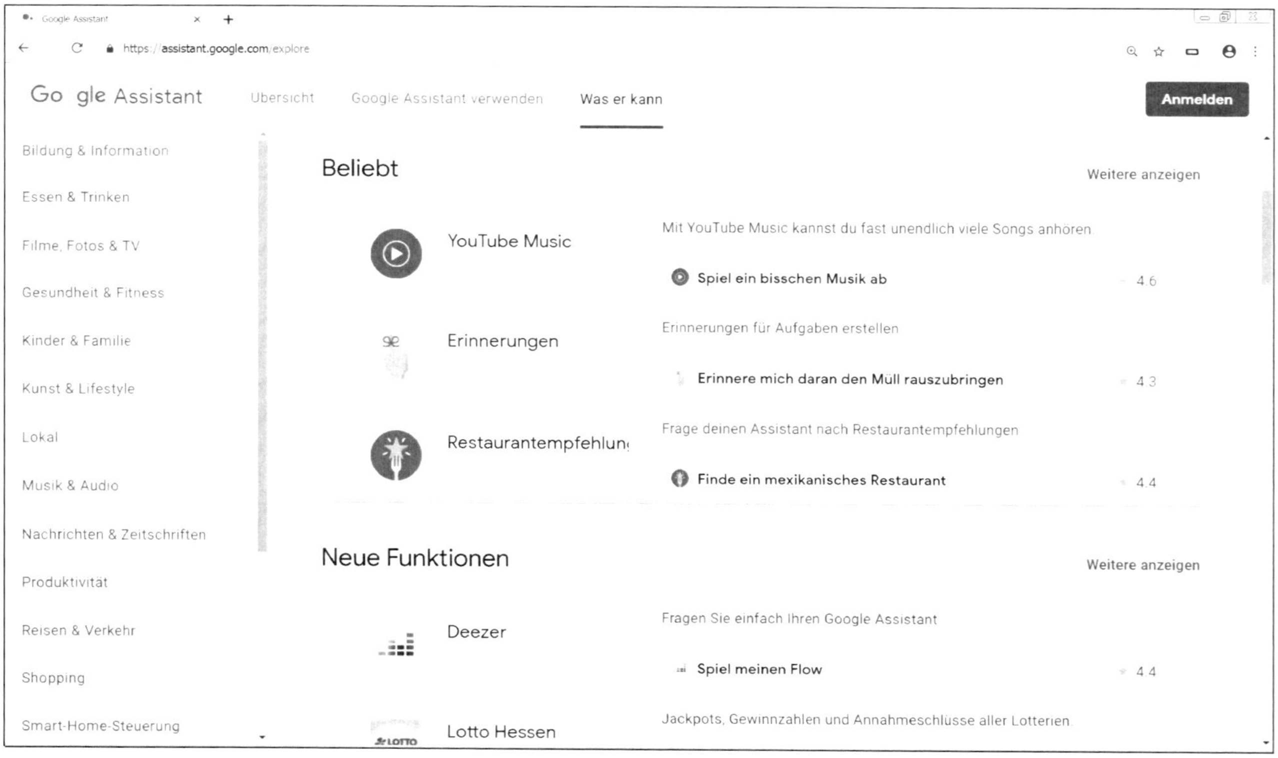

Natürlich möchten Sie jetzt gerne wissen, welche Actions es überhaupt gibt. Dafür hat Google eine Website freigeschaltet, die Sie unter *assistant.google.com/explore* in Ihrem Webbrowser (auf dem

Handy oder PC) aufrufen können. Wählen Sie einfach links eine Kategorie und Sie erhalten dann passende Empfehlungen.

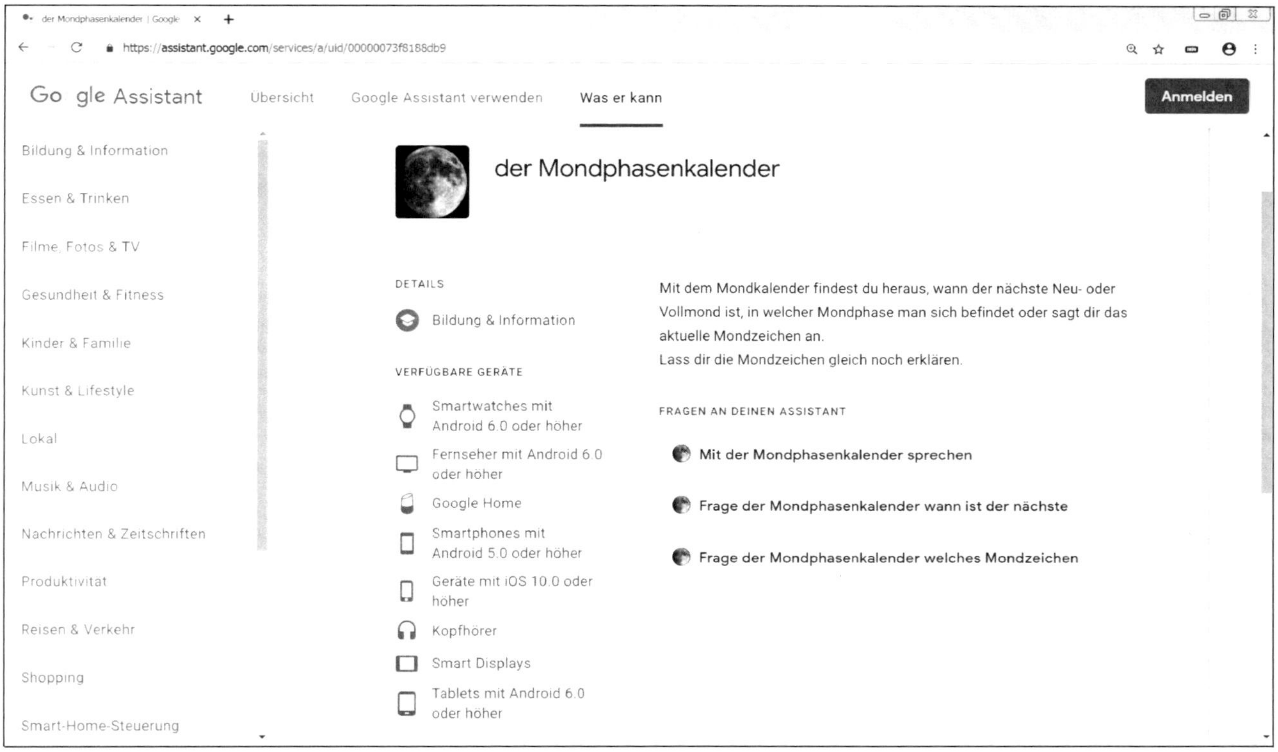

Als Beispiel haben wir hier »*der Mondphasenkalender*« aufgerufen. Sie erfahren, mit welchen Geräten die Action funktioniert, mit welchen Befehlen man sie aufruft und gegebenenfalls wie andere Nutzer sie bewerten.

Beispiel für die Menüführung (→ = Eingabe / ← = Ausgabe):

→ »*Ok Google, mit der Mondphasenkalender sprechen*«

← »*Willkommen im Mondphasenkalender [...] Was möchtest du wissen?*«

→ »*Wann ist der nächste Vollmond?*«

← »*Der nächste Vollmond ist am 17. Juli 2019*« (Action beendet sich)

Beispiel für direkte Ausgabe:

→ »*Ok Google, frage der Mondphasenkalender, wann ist der nächste Vollmond?*«

← »*Der nächste Vollmond ist am 17. Juli 2019*« (Action beendet sich)

5.2.2 Liste der Actions auf dem Android-Handy

Sofern Sie ein Android-Handy besitzen und dort den Google Assistant nutzen, können Sie dort ebenfalls eine Liste der Actions anzeigen.

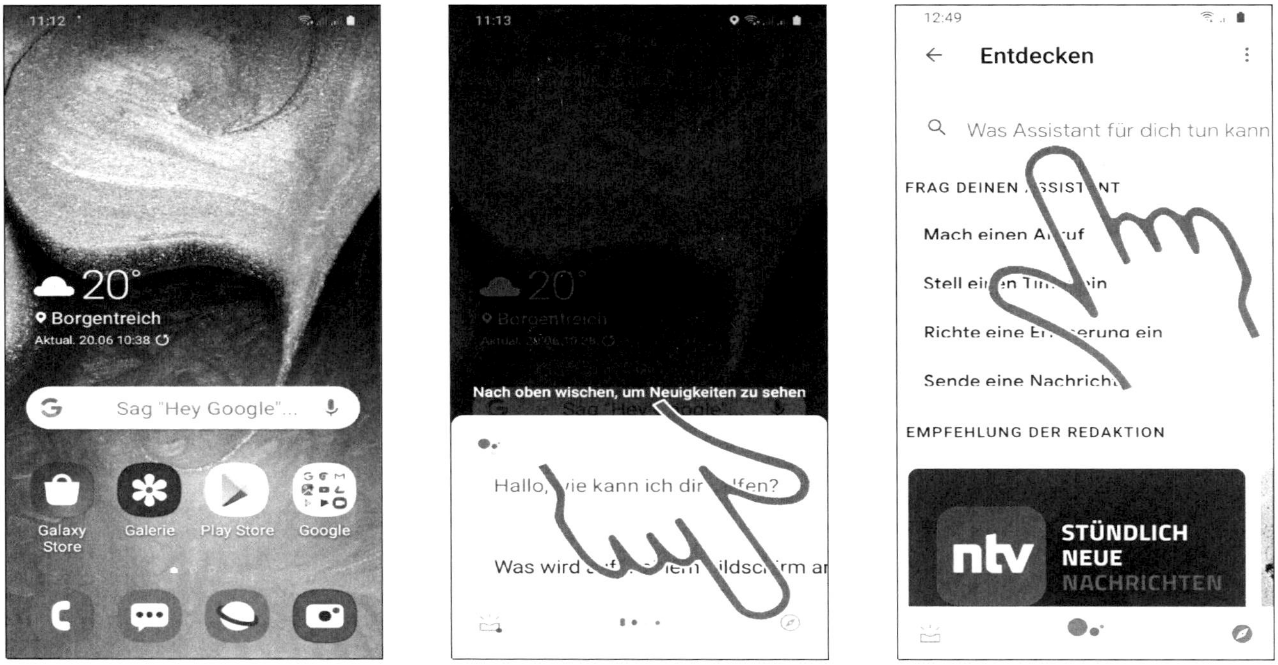

❶ Wenn der Startbildschirm angezeigt wird, sprechen Sie »*OK Google*«, was den Google Assistant aktiviert.

❷ Betätigen Sie die ⊘-Schaltleiste (Pfeil).

❸ Google macht hier bereits zahlreiche Vorschläge, Sie können aber auch über das Suchfeld gezielt nach bestimmten Assistenten suchen.

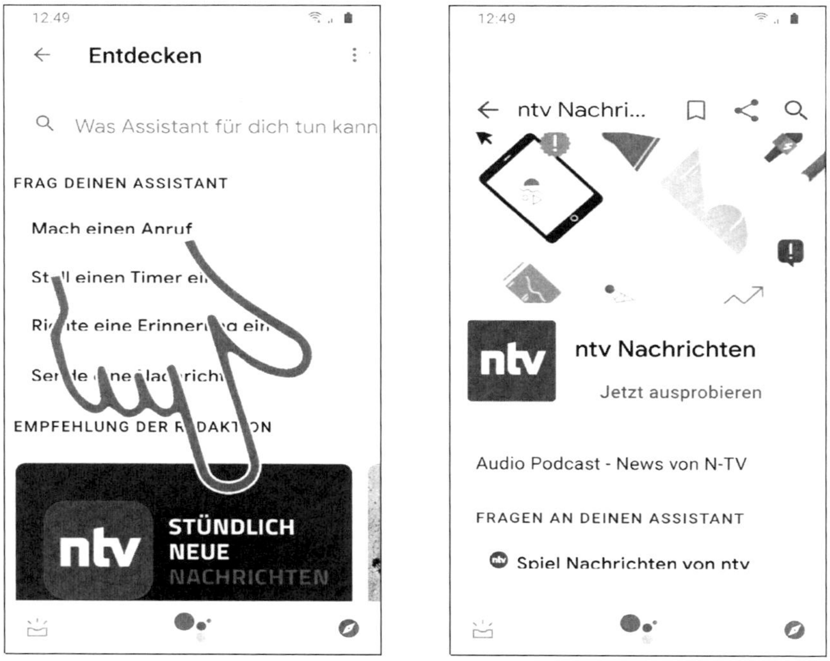

❶ In unserem Beispiel gehen wir auf den Vorschlag »*NTV*«.

❷ Der Bildschirm informiert Sie über den Entwickler und darüber, wie Sie die Funktion aktivieren. Merken Sie sich den Befehl, im Beispiel »*Spiel Nachrichten von ntv*«. Sie können nun den Bildschirm mit der ‹-Taste verlassen. Künftig rufen Sie den Google Assistant per »*OK Google*« auf und sprechen dann den Befehl.

6. Google Assistant auf dem Android-Handy

Der in den Google Smart Home-Geräten integrierte Google Assistant war ursprünglich ab 2016 nur als Sprachsteuerung auf Android-Handys verfügbar[15].

Auch auf Handys benötigt dieser Sprachassistent eine Internetverbindung, um Ihre Eingaben auszuwerten. Inzwischen konnte Google allerdings den Platzbedarf der Spracherkennung von 100 GB auf 0,5 GB drücken, sodass inzwischen ein großer Teil der Verarbeitung direkt auf dem Handy stattfinden kann. Dadurch reagiert der ohnehin schon recht flotte Google Assistant etwa 10 Mal schneller. Leider installiert Google den neuen Assistant derzeit (Stand: Mai 2019) nur auf dem hauseigenen Pixel 4-Smartphone, während andere Hersteller und Modelle vorerst außen vor bleiben[16].

6.1 Sprachsteuerung ausprobieren

Vielleicht haben Sie den Google Assistant bereits auf Ihrem Android-Smartphone eingerichtet? Dies lässt sich sehr einfach überprüfen!

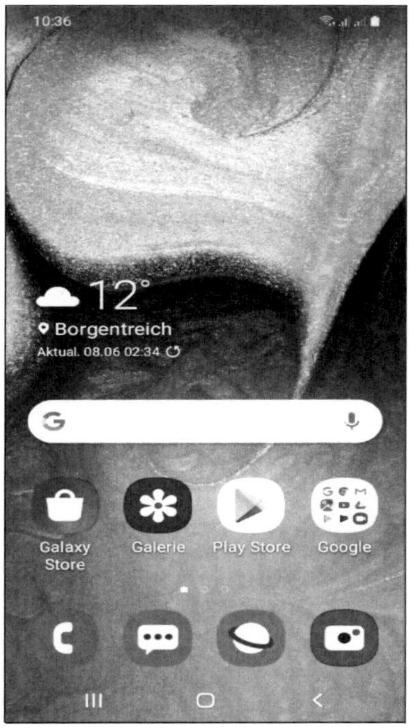

❶ Sorgen Sie dafür, dass der Startbildschirm angezeigt wird. Falls Sie diesen nicht sehen, betätigen Sie kurz die O-Taste an der Displayunterseite. Sprechen Sie dann »*Ok Google*«.

❷ Wenn diese Anzeige erfolgt, ist der Assistant bereits eingerichtet und Sie können im Kapitel *6.3 Aufruf* weiterlesen. Kurzes Betätigen der O-Taste beendet übrigens den Assistenten.

15 https://de.wikipedia.org/wiki/Google_Assistant
16 https://www.googlewatchblog.de/2019/05/grosse-verbesserungen-google-assistant/

6.2 Einrichtung auf dem Android-Handy

Auf Ihrem Handy ist der Google Assistant bereits vorinstalliert. Es ist nur nötig, ihn kurz einzurichten.

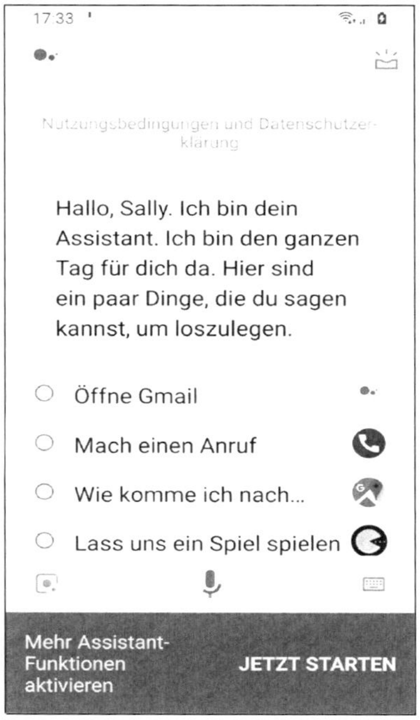

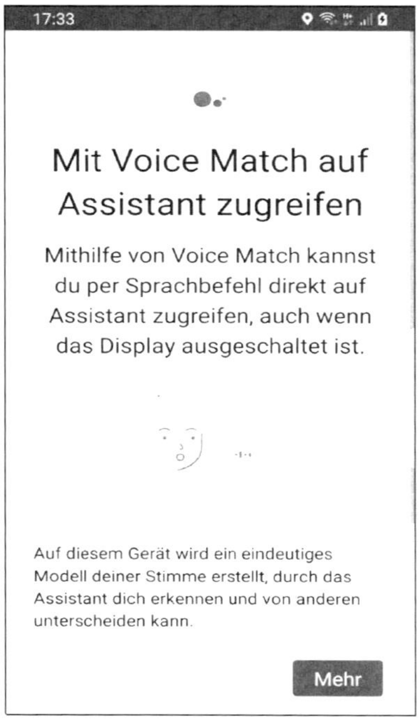

Tippen und halten Sie die O-Taste unterhalb des Displays, bis die einmalig notwendige Einrichtung startet.

❶ Gehen Sie auf *JETZT STARTEN*. Wenn Sie diese Schaltleiste auch nach einigen Sekunden nicht zu sehen bekommen, dann ist bei Ihnen der Google Assistant bereits installiert und Sie können im Kapitel *6.3 Aufruf* weiterlesen. Besitzen Sie ein Huawei-Handy, sollten Sie erst Kapitel *6.2.1 Sprachsteuerung auf dem Huawei-Handy aktivieren* durcharbeiten, damit die Sprachsteuerung funktioniert.

❷❸ Betätigen Sie *Weiter* und dann *Mehr*.

> Die O-Taste sieht bei jedem Handy-Hersteller etwas anders aus. Bei Huawei ist sie beispielsweise rund (O).

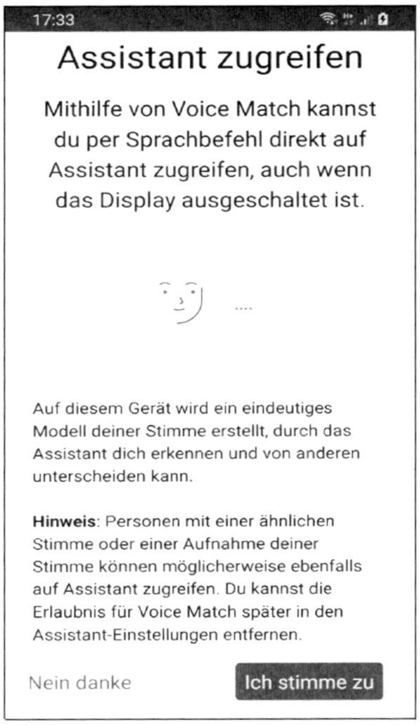

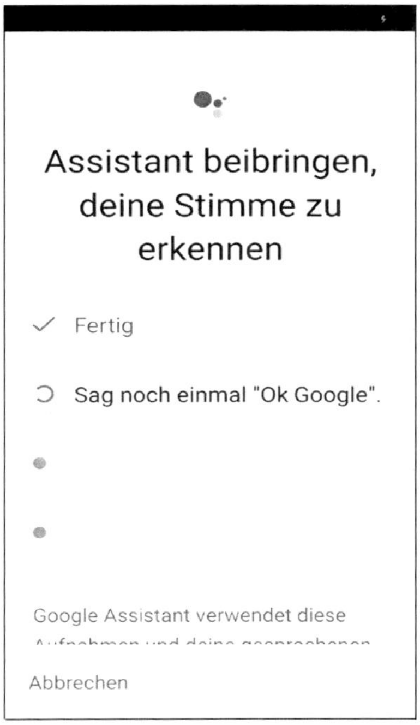

❶ Gehen Sie auf *Ich stimme zu.*

❷ Sprechen Sie in einer ruhigen Umgebung zweimal hintereinander *»Ok Google«,* dann zweimal *»Hey Google«,* damit die Spracherkennung optimal funktioniert.

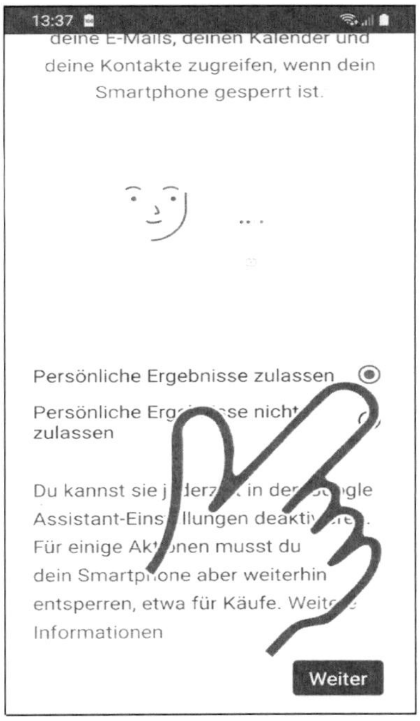

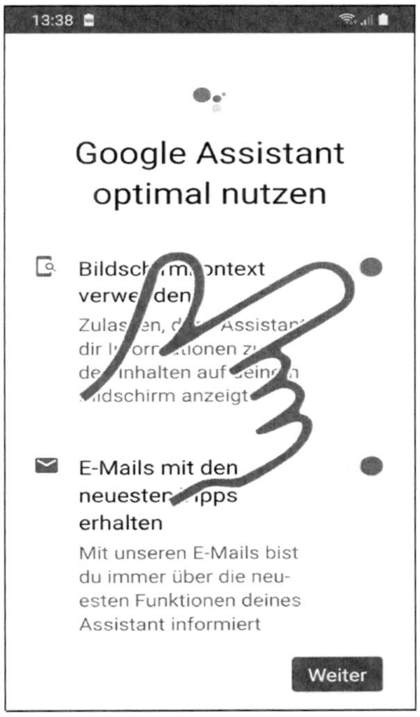

❶ Betätigen Sie *Mehr.*

❷ Aktivieren Sie *Persönliche Ergebnisse zulassen,* dann betätigen Sie *Weiter.*

❸ Aktivieren Sie *Bildschirmkontext verwenden* und *E-Mails mit den neuesten Tipps erhalten* (Google schickt ab und zu einen Newsletter an Ihre Google-E-Mail-Adresse). Schließen Sie die Einrichtung mit *Weiter* ab.

Fertig! Der Google Assistant steht bereit.

6.2.1 Sprachsteuerung auf dem Huawei-Handy aktivieren

Tests mit verschiedenen Huawei-Handys haben leider ergeben, dass hier die Sprachsteuerung meistens nicht funktioniert. Die Aktivierung ist allerdings kein Hexenwerk, wenn Sie den nachfolgenden Anweisungen folgen.

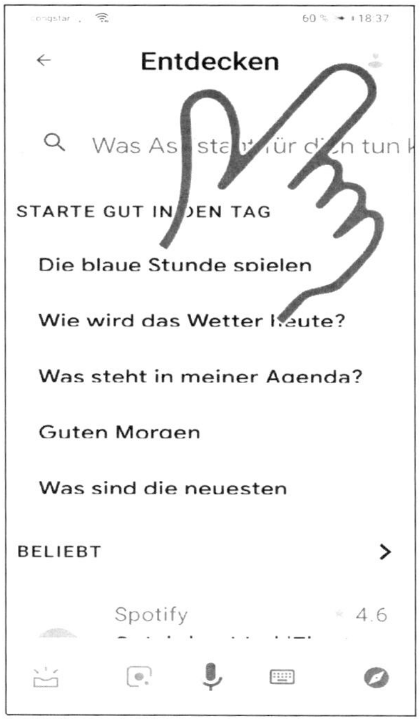

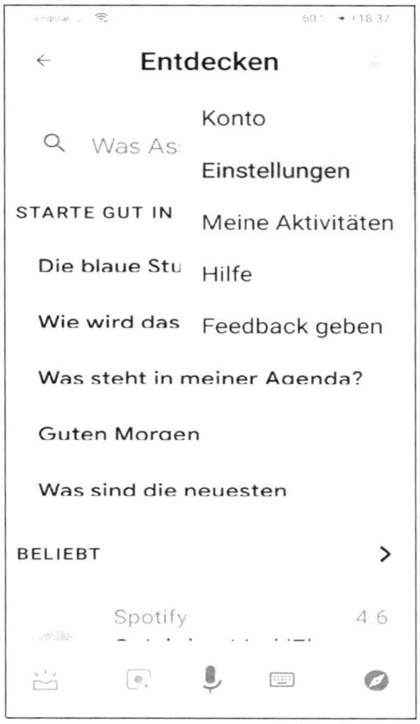

Rufen Sie zunächst den Assistenten-Bildschirm auf, indem Sie die O-Taste für einige Sekunden gedrückt halten.

❶ Gehen Sie unten rechts auf die ⊘-Schaltleiste.

❷❸ Tippen Sie auf das Symbol oben rechts und rufen Sie *Einstellungen* auf.

❶❷ Aktivieren Sie das *Assistant*-Register und gehen Sie auf *Smartphone.*

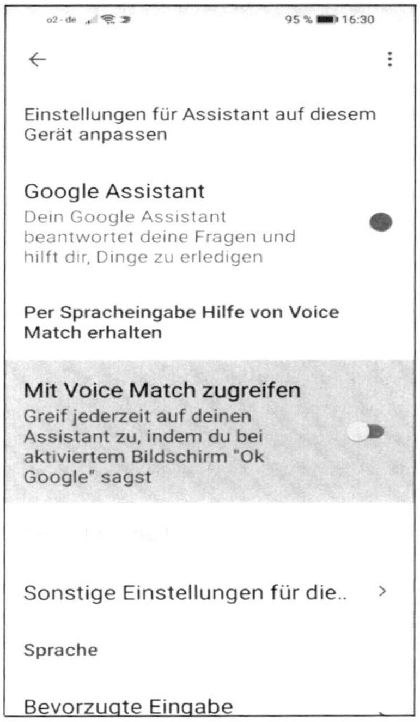

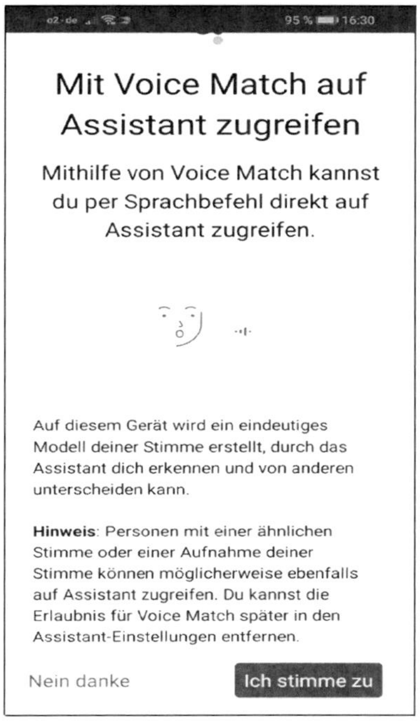

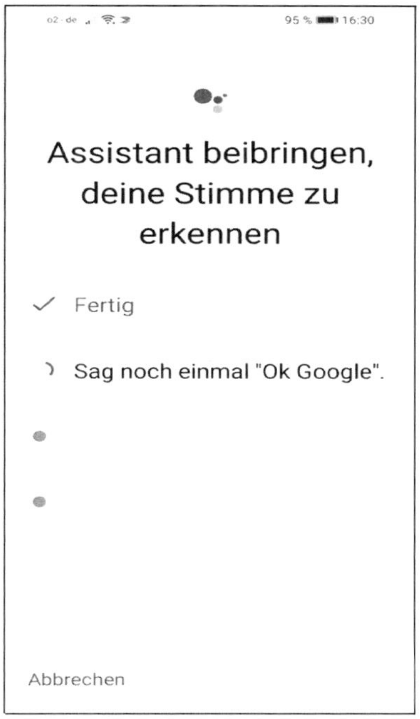

❶ Rufen Sie *Mit Voice Match zugreifen* auf.

❷❸ Betätigen sie *Ich stimme zu* und sprechen Sie erst zweimal »*OK Google*« und dann »*Hey Google*«. Sie können danach das Menü verlassen.

Sofern Sie Ihre Stimme mit dem Google Assistant bereits auf einem anderen Handy eingerichtet hatten, erscheint der Hinweis »*Assistent erkennt bereits deine Stimme*«. Schließen Sie dann den Hinweis mit *Weiter.*

6.3 Aufruf

Künftig rufen Sie den Google Assistant auf zwei Wegen auf:

- Sie halten die O-Taste gedrückt.
- Sie sprechen »*Ok Google*«.

Die <-Taste unterhalb des Displays beendet den Assistenten.

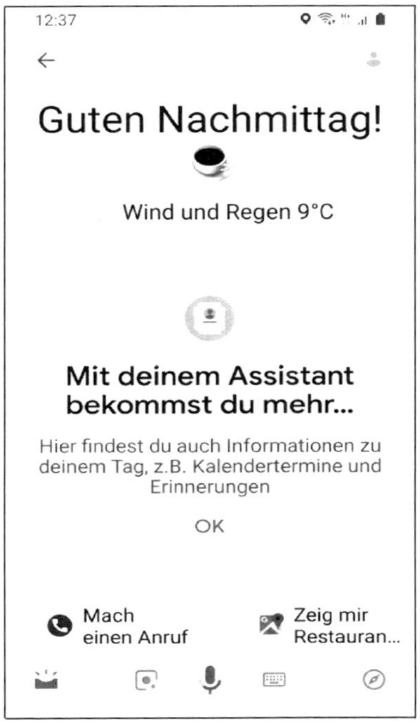

❶❷ Eine Vollbildansicht erhalten Sie durch Wischen nach oben auf dem Bildschirm.

6.4 Handyfunktionen steuern

Die nachfolgend vorgestellten Funktionen dienen vor allem dem Aufruf von Handy-spezifischen Funktionen und Apps. Darüber hinaus können Sie natürlich auch alle Befehle verwenden, die Kapitel *5 Google Assistant in der Praxis* vorstellt.

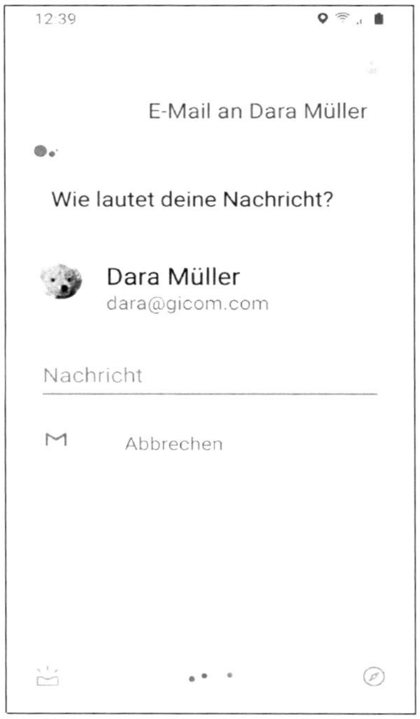

Über den Google Assistant lassen sich auch Dinge erledigen, für die Sie sonst erst umständlich auf dem Bildschirm eine Anwendung starten müssten. Einige Beispiele sollen die Möglichkeiten verdeutlichen. Rufen Sie mit »*Ok Google*« den Assistenten auf und sprechen Sie einen Befehl (**fett** jeweils die Schlüsselwörter):

- »***E-Mail an*** *Dara*«: E-Mail-Editor starten, die E-Mail-Adresse des Kontakts *Dara* aus dem Telefonbuch als Empfänger übernehmen (❶).
- »*Antonia* ***mobil anrufen***«: Kontakt auf Handynummer aus dem Telefonbuch anrufen.
- »*Hamburg* ***ansteuern***«, »***Weg zu*** *Hamburg*«, »***Weg zu*** *Brandenburger Tor*«: Startet die Navigation in Google Maps, berechnet die Route zum Zielort und startet die Routenführung (❷).
- »***Karte von*** *Berlin*«: Den genannten Ort in Google Maps anzeigen.
- »***Zeige mir*** *Flughäfen (Restaurants/Tankstellen/Museen/...)* ***in*** *Berlin*«: Points auf Interest in der Karte anzeigen (❸).
- »***Spiele*** *Beatles*«: YouTube oder MP3-Player starten und dort nach den Interpreten/Song suchen.
- »***Zeige*** *Beatles Yesterday* ***in YouTube***«: Bestimmten Song von Band/Interpret in der YouTube-Anwendung suchen und sofort abspielen.
- »***Abbrechen***«: Die gerade laufende Aktion vorzeitig beenden (alternativ betätigen Sie die <-Taste oder Wischen auf dem Bildschirm einmal nach unten).
- »***Was steht heute an***«: Liefert die Uhrzeit, die Wettervorhersage und listet die anstehenden Termine auf.
- »***Spiel Musik***«: Öffnet die YouTube Music (siehe Kapitel *7 Musik*) und startet die Wiedergabe.

- »***Öffne Kontakte***«: Telefonbuch anzeigen.

Auch Systemeinstellungen ändert die Sprachsteuerung:

- »***Taschenlampe einschalten***«, »***Taschenlampe aussschalten***«: Die Kamera-LED ein/ausschalten.
- »***Bildschirm dunkler***«, »**Bildschirm heller**«: Displayhelligkeit ändern.
- »**Musik lauter/leiser**«, »**Klingelton lauter/leiser**«: Lautstärke ändern.

Sollte die Spracherkennung mal ein Wort oder einen Satz nicht erkennen, führt das Handy eine Google-Websuche durch.

Eine aktuelle Liste aller unterstützten Sprachbefehle gibt es unseres Wissens von Google nicht.

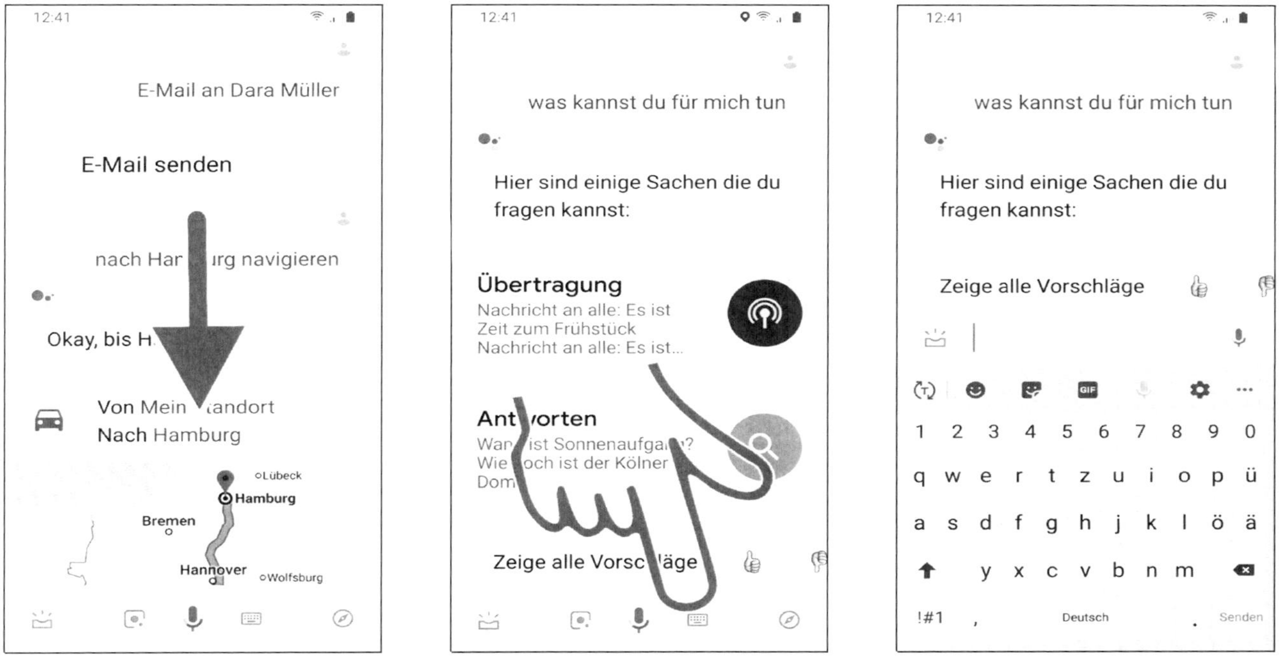

❶ Eine Wischgeste nach unten zeigt die zuletzt durchgeführten Befehle an.

❷❸ Befehle dürfen Sie auch über ein Tastenfeld erfassen, das Sie mit der Schalteiste am unteren Bildschirmrand aktivieren.

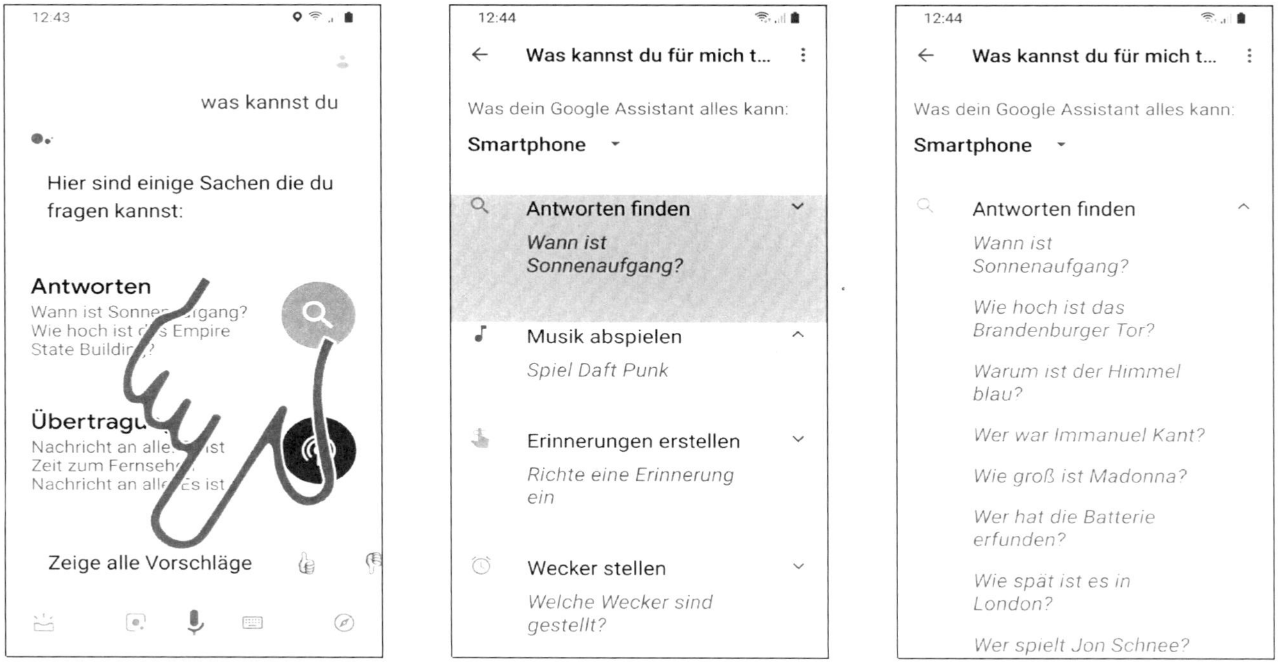

➊ Sie möchten wissen, was der Assistent alles an Befehlen drauf hat? Dann sprechen Sie »*Was kannst du*«. Danach betätigen Sie *Zeige alle Vorschläge.*

➋➌ Tippen Sie einen Vorschlag an.

6.5 Einstellungen

➊ Für die Konfiguration tippen Sie oben rechts auf die ⊘-Schaltleiste.

➋➌ Tippen Sie auf das Symbol oben rechts und rufen Sie *Einstellungen* auf.

❶❷ Die Einstellungen sind über drei Register verteilt, zwischen denen Sie mit Antippen umschalten:

Unter *Persönliche Daten*:

- *Alias*: Standardmäßig spricht Sie der Assistent mit dem Namen an, den Sie bei der Ersteinrichtung Ihres Geräts eingegeben haben. Sie ändern ihn in diesem Menü.
- *Meine Orte*: Privat- und Geschäftsadresse sollten Sie anlegen, damit Sie die Befehle »*Navigiere mich nach Hause*« oder »*Navigiere mich zur Arbeit*« verwenden können.
- *Orientierung*: Stellen Sie ein, mit welchem Verkehrsmittel Sie jeweils zur Arbeit und zu Freizeitaktivitäten fahren.
- *Zahlungen*: Google betreibt mit »Google Pay« seit kurzem auch in Deutschland eine Zahlungsabwicklung, die von zahlreichen Händlern, darunter Aldi Süd, McDonalds, Rewe und Lidl unterstützt wird.
- *Wetter*: Die Voreinstellung *Celsius* sollten Sie nicht ändern. Dies wird unter anderem für Wetteransagen verwendet.
- *Reservierungen*: Nicht von Google dokumentiert.
- *Käufe*: Listet alle Softwarekäufe im Play Store auf.

Unter *Assistant*:

- *Sprachen*: Die für die Spracherkennung und Ausgabe genutzte Landessprache.
- *Durchgängige Unterhaltung*: Das Handy lässt nach Ihrem Sprachbefehl das Mikrofon offen, falls Sie mit einer Frage nachfassen. Wir raten davon aus Datenschutzgründen ab.
- *Voice Match*: Erstellen Sie bis zu sechs Sprachprofile, anhand derer Google Assistant die verschiedenen Nutzer erkennt. Nur für Nutzer interessant, die in einem Haushalt mehrere Google-Geräte (zum Beispiel »Google Home Smart Speaker«) verwenden.
- *Smart-Home-Steuerung*: Listet die mit Ihrem Google-Konto verbundenen Geräte auf und ermöglicht es weitere hinzuzufügen. Die gleiche Funktion erfüllt allerdings die Google Home-Anwendung, wie Kapitel *4 Erste Einrichtung* beschreibt.
- *Abläufe*: Das Menü automatisiert häufige Abläufe.
- *E-Mail-Updates*: Google informiert Sie per E-Mail über Neuerungen beim Assistenten.
- *Smartphone*: Darauf gehen wir unten ein.

Unter *Dienste* stellen Sie ein, welche Anwendungen der Google Assistant bei Sprachbefehlen verwendet. Beispielsweise können Sie den Videodienst Netflix unter *Videos und Fotos* aktivieren.

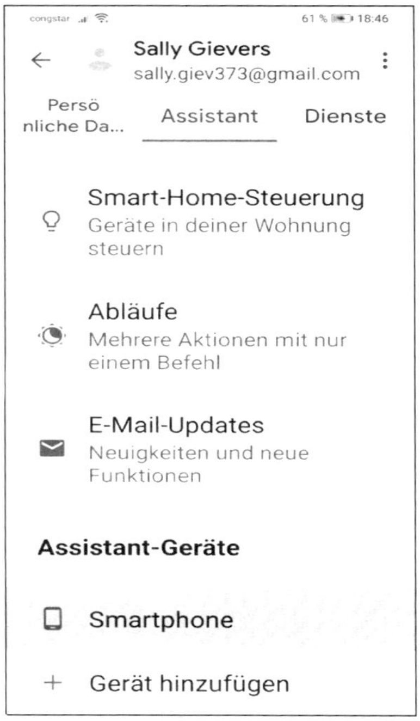

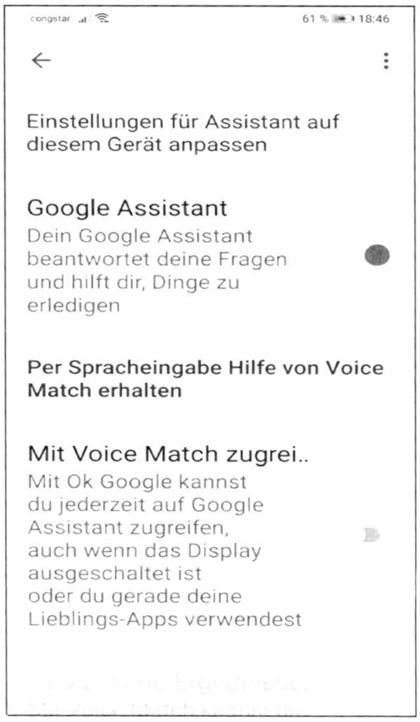

❶❷ Weitere Optionen erhalten Sie unter *Smartphone* im *Assistant*-Register:

Unter *Einstellungen für Assistant auf diesem Gerät anpassen:*

- *Google Assistant*: Damit deaktivieren Sie den Assistenten.

Unter *Per Spracheingabe Hilfe von Voice Match erhalten:*

- *Mit Voice Match zugreifen*: Auch im Sperrbildschirm ist der Google Assistant per Sprachbefehl aktivierbar.
- *Persönliche Ergebnisse auf dem Sperrbildschirm*: Google-Sprachsteuerung ist auch in der Displaysperre aktiv.
- *Sprachmodell*:
  - *Sprachmodell umtrainieren; Sprachmodell löschen*: Den »*Ok Google*«-Befehl haben Sie bereits bei der Assistentenrichtung trainiert.
- *Sonstige Einstellungen für die Spracheingabe*: Legt fest, ob die Sprachsteuerung auch über ein Bluetooth- oder Kabelheadset erfolgen darf.

Unter *Sprache:*

- *Bevorzugte Eingabe*: Schaltet den Assistenten zwischen Sprach- und Tastatureingabe um, was aber keinen Sinn ergibt.
- *Sprachausgabe*: Stellen Sie ein, ob Sie die Sprachausgabe nutzen möchten, oder nur, wenn die Freisprechfunktion aktiv ist.
- *Andere Einstellungen für die Sprachbedienung*:
  - *Offline-Spracherkennung*: Einige Spracherkennungsfunktionen funktionieren auch offline, das heißt ohne Internetverbindung, wenn Sie hier ein entsprechendes Sprachpaket installieren.
  - *Anstößige Wörter sperren*: Vulgäre Schimpfwörter verwirft die Spracherkennung und ersetzt sie durch »#«.
  - *Bluetooth-Headset*: Nutzen Sie ein Bluetooth-Headset, so läuft die Spracherkennung darüber.

Unter *Allgemein:*

- *Bildschirmkontext verwenden*: Der Assistent berücksichtigt bei seinen Antworten die gerade aktive Anwendung.
- *Screenshots zur Verfügung stellen*: Google darf Bildschirminhalte zur Dienstverbesserung auswerten.
- *Benachrichtigungen*: Erinnerungen durch den Google Assistant aktivieren/deaktivieren.

7. Musik

Der Musikmarkt wurde in den letzten Jahrzehnten gleich mehrmals umgewälzt. Zunächst fand die Schallplatte in den 1980er Jahren mit der CD einen Nachfolger, ab den 2000er Jahren kam dann der Kauf von Songs über das Internet in Mode. Seit einigen Jahren revolutioniert allerdings das »Streaming« die Musiknutzung. Beim »Streaming« erfolgt die Wiedergabe direkt aus dem Internet, ohne dass der abgespielte Song lokal auf dem Gerät gespeichert wird. Ein Vorteil des Streamings ist die zentrale Ablage aller Songs auf einem Server, wobei die Wiedergabe auf jedem beliebigen Endgerät, vom PC bis zum Handy möglich ist – es wird nur eine Internetverbindung benötigt, die noch nicht einmal besonders schnell sein muss.

Beim Streaming zahlen Sie – je nach Anbieter – eine monatliche Pauschale von ca. 5 bis 15 Euro, haben dafür aber Zugriff auf mehrere dutzend Millionen (!) Songs. Es ist möglich, sich eigene Abspiellisten zusammenzustellen, einige Streaming-Dienste stellen zudem fertige Abspiellisten zur Verfügung, die jeden Musikgeschmack bedienen. Kündigen Sie ihr Streaming-Abo, dann verlieren Sie auch alle von Ihnen selbst angelegten Abspiellisten.

Einziger Nachteil des Streamings: Die Musik gehört nicht Ihnen und kann auch nicht auf eine CD gebrannt werden. Je nach gewähltem Tarif ist zudem die gleichzeitige Wiedergabe auf ein einzelnes Gerät beschränkt. Läuft die Musik also gerade im Wohnzimmer, dann stoppt sie dort, sobald Sie die Wiedergabe auf dem Gerät in der Küche starten.

Neben Google sind auch noch Spotify, Apple, Deezer, Amazon und einige kleinere Anbieter im Streaming-Markt aktiv.

Der erste Musik-Streamingdienst von Google hieß **Google Play Musik**, für die auf jedem Android-Handy eine entsprechende App vorinstalliert ist. Weil sich allerdings kein Erfolg eingestellte, wurde im Jahr 2018 **YouTube Music** aus der Taufe gehoben. Indem man die bekannte Marke des YouTube-Videoportals verwendet, hofft das Unternehmen auf eine größere Verbreitung seiner Abo-Dienste. Weil es in den nächsten Jahren Play Musik ablösen wird, beschränken wir uns in diesem Buch auf YouTube Music. Beachten Sie, dass YouTube Music mit YouTube wenig zu tun hat und eine eigene App verwendet.

YouTube Music gibt es in drei verschiedenen Ausprägungen:

- **YouTube Music**: In der kostenlosen werbefinanzierten Variante können Sie keine bestimmten Songs, sondern nur »Sender« auswählen, die bestimmte Genres bedienen. In der YouTube Music-App sind zudem einige weitere Einschränkungen vorhanden, die dem Nutzer den Spaß verleiden. Darauf kommen wir unten noch.
- **YouTube Music Premium**: Für monatlich 9,99 Euro haben Sie Zugriff auf mehr als 50 Millionen Musiktitel. Es gibt keine Werbung.
- **YouTube Premium**: Umfasst YouTube Music Premium, zusätzlich können Sie das YouTube-Videoportal werbefrei nutzen und erhalten Zugriff auf YouTube-exklusive Serien und Filme.

Die Musikwiedergabe erfolgt sehr flexibel entweder im Webbrowser auf dem PC, über das Google Smart Home-Gerät oder die YouTube Music-App auf dem Handy.

7.1 Die Tarife von YouTube Music

7.1.1 YouTube Music

Für diesen Dienst brauchen Sie sich nicht kostenpflichtig anzumelden oder irgendwas bezahlen, denn die Finanzierung erfolgt durch Werbung. Leider müssen Sie dafür mit zahlreichen Einschränkungen leben.

Sprechen Sie beispielsweise zu Ihrem Google-Gerät »*Ok Google, spiel Popsongs*«. Der Google Assistant antwortet mit »*[...], vielleicht gefällt dir dieser Popsongs-Sender auf YouTube Music*« und startet mit der Wiedergabe.

Wie bereits im vorherigen Kapitel erwähnt, können Sie nicht bestimmte Titel, Interpreten oder Alben abspielen. Auf »*Ok Google, spiel [Band]*« kommt »*[...] vielleicht gefällt dir dieser YouTube Music-Sender mit ähnlicher Musik wie von [Band]*«. Manchmal erfolgt auch der Hinweis »*Nur YouTube Music Premium-Abonennten können Songs auswählen, aber vielleicht gefällt dir dieser Sender*«. Auf die weiteren Sprachbefehle gehen wir im Kapitel *7.5 Befehle* noch ein.

Unter einem »Sender« ist übrigens kein Radiosender zu verstehen, sondern eine Playlist mit Songs, welche von Google generiert wird.

Im Gegensatz zu der Nutzung auf dem Google Home-Geräten können Sie in der YouTube Music-App auf dem Handy die abgespielten Songs und Alben auswählen, dort wird aber regelmäßig zwischendurch Werbung abgespielt. Weitere Einschränkungen betreffen die ausschließliche Wiedergabe im Vordergrund und die geblockte »Google Cast«-Unterstützung, mit der man Inhalte beispielsweise auf einem TV abspielt (siehe Kapitel *14 Chromecast*).

7.1.2 YouTube Music Premium

Der günstigste Tarif kostet 9,99 Euro im Monat. Dafür können Sie die Musik auf einem Gerät werbefrei abspielen. Wenn Sie die Wiedergabe auf einem zweiten Gerät starten, wird stoppt die Wiedergabe auf dem Ersten.

Sind mehrere Personen in einem Haushalt vorhanden, dann empfehlen wir das Familienabo für bis zu 6 Personen. Jedes Familienmitglied muss dazu die gleiche Wohnanschrift haben, mindestens 13 Jahre alt sein und ein eigenes Google-Konto besitzen. Es ist allerdings fraglich, wie Google diese drei Aspekte überprüfen will. Die monatlichen Kosten betragen 14,99 Euro im Monat. Die Familienmitglieder schalten Sie in der YouTube Music-Anwendung frei.

Als Student können Sie bis zu ca. 4 Jahre den Tarif für 4,99 Euro pro Monat buchen. Jedes Jahr erfolgt dann eine Überprüfung.

7.1.3 YouTube Premium

Falls Sie sehr häufig Videos auf YouTube (in der gleichnamigen App oder auf der Website) anschauen, dann dürfte YouTube Premium interessant sein. Auf YouTube gibt es dann keinerlei nervende Werbung und Sie erhalten Zugriff auf einige weitere exklusive Inhalte (»YouTube Originals«). Zur Anmeldung besuchen Sie *www.youtube.com/premium*. Die Kosten betragen 11,99 für Einzelnutzer oder 17,99 für bis zu 6 Familienmitglieder (Funktionsweise ähnlich YouTube Music Premium Familientarif).

7.2 YouTube Music-App

Die für YouTube Music benötigte App müssen Sie auf Ihrem Android- oder iPhone-Handy erst installieren.

In diesem Buch können wir leider aus Platzgründen nur auf die wichtigsten Funktionen der YouTube Music-App eingehen. In der Regel werden Sie ausschließlich die Musikvorschläge nutzen, die bereits alle wichtigen Musikgeschmäcker bedienen.

7.2.1 Installation auf dem Android-Handy

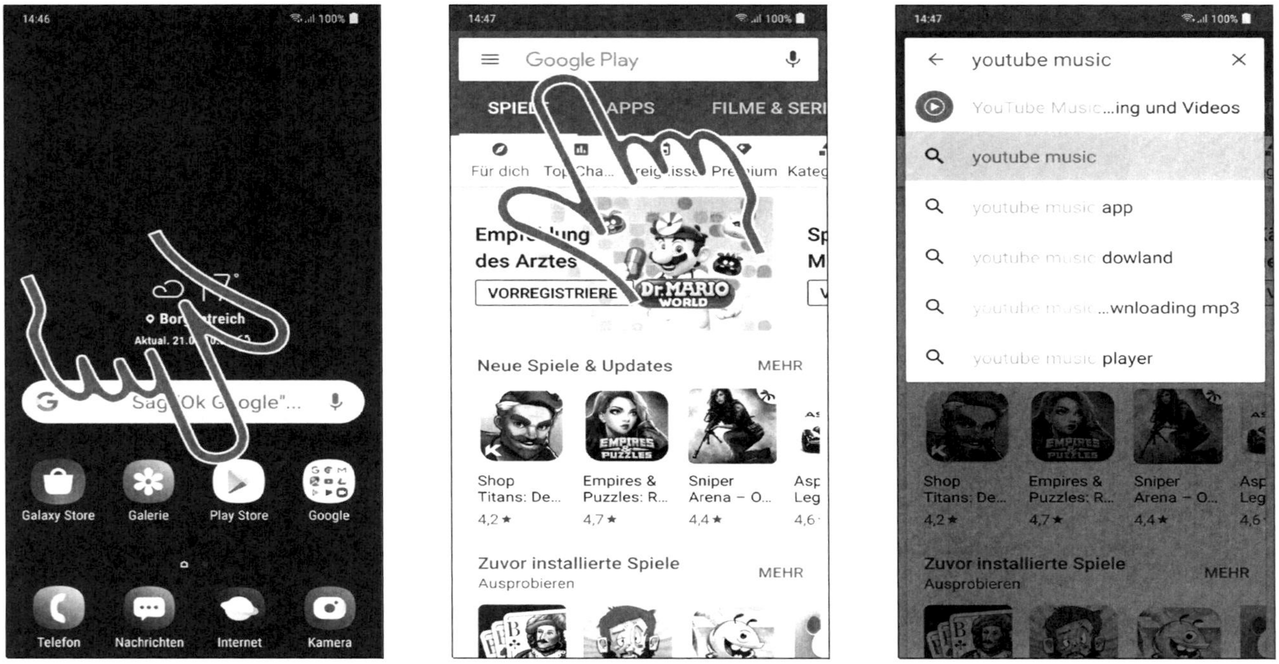

❶ Rufen Sie auf Ihrem Handy im Startbildschirm beziehungsweise Hauptmenü den *Play Store* auf.

❷ Tippen Sie in das Suchfeld.

❸ Geben Sie »*youtube music*« ein (Groß- und Kleinschreibung spielt keine Rolle) und wählen Sie das vorgeschlagene *youtube music* aus.

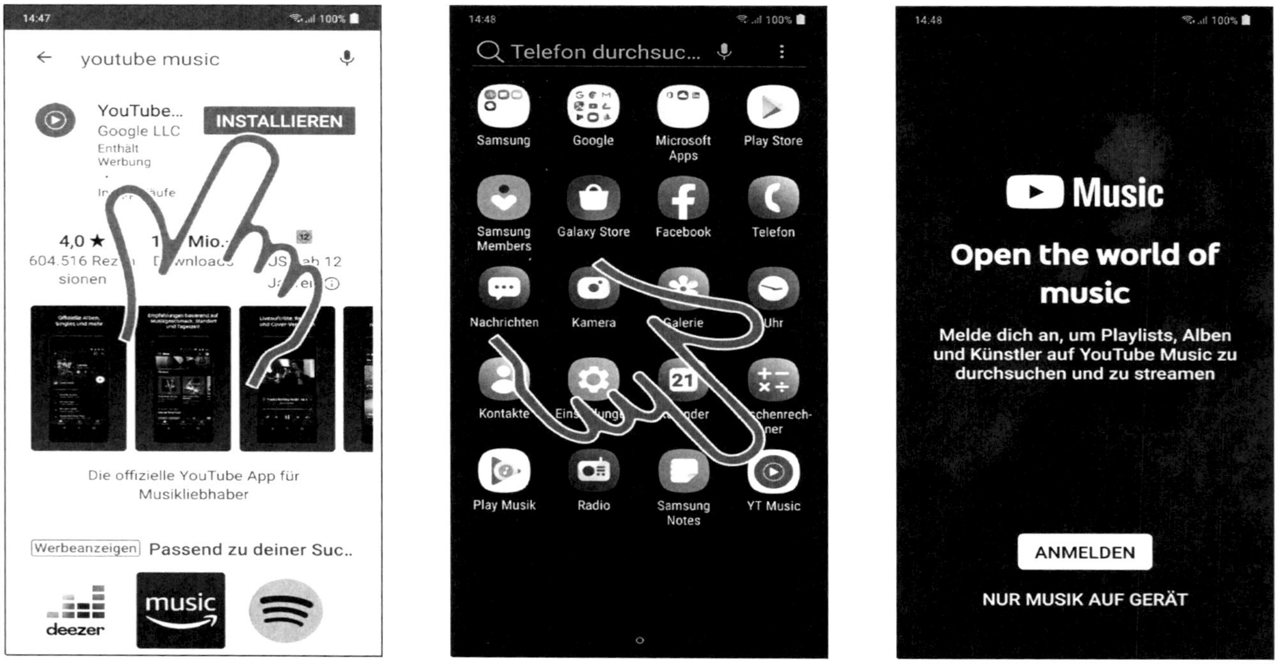

❶ Nach Betätigen von *INSTALLIEREN* folgen Sie gegebenenfalls den Anweisungen und warten, bis die App installiert ist. Sie können dann die Play Store-App verlassen.

❷❸ Im Startbildschirm beziehungsweise Hauptmenü rufen Sie YT Music auf. Betätigen Sie gegebenenfalls *ANMELDEN*.

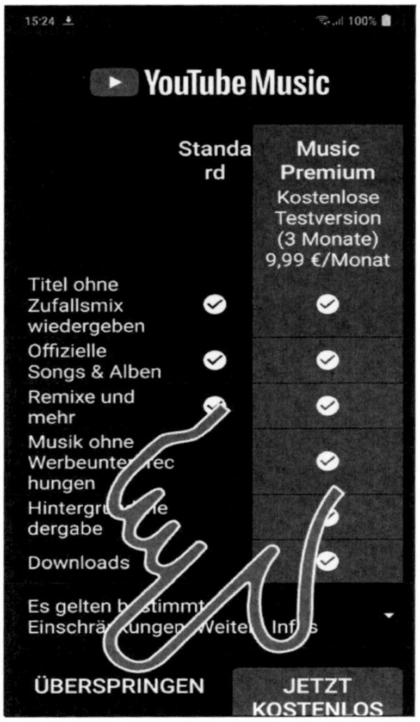

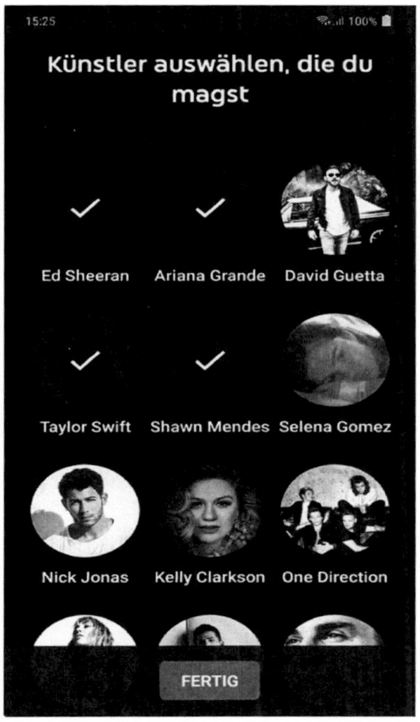

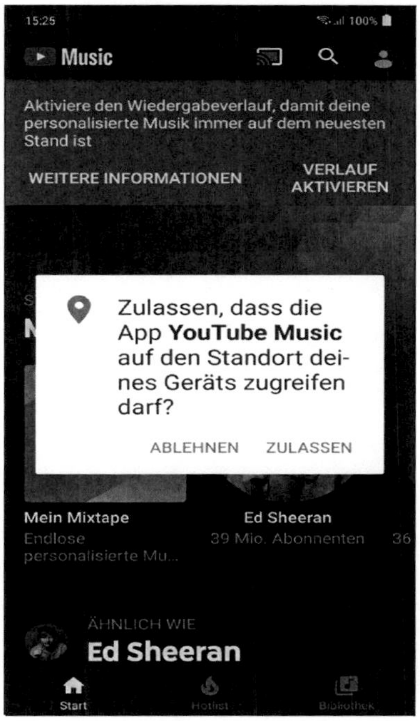

❶ Zunächst sollen Sie die Grundfunktionen der App kennenlernen, weshalb wir im Abo-Bildschirm mit *ÜBERSPRINGEN* erst die kostenlosen Funktionen aktivieren.

❷ Aktivieren Sie mit dem Finger Interpreten/Bands, deren Musik Sie interessiert und gehen Sie auf *FERTIG*.

❸ Google versucht Ihnen abhängig vom Standort die optimale Musik vorzuschlagen, weshalb Sie hier *ZULASSEN* auswählen (dies können Sie später in den Einstellungen jederzeit ändern).

Lesen Sie bitte im Kapitel *7.2.3 Grundfunktionen von YouTube Music* weiter.

7.2.2 Installation auf dem iPhone

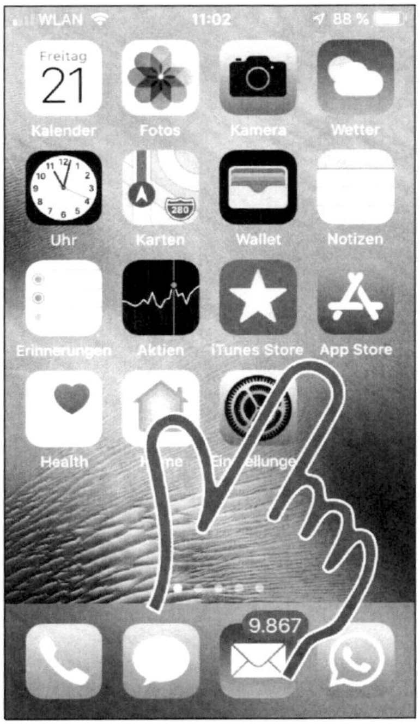

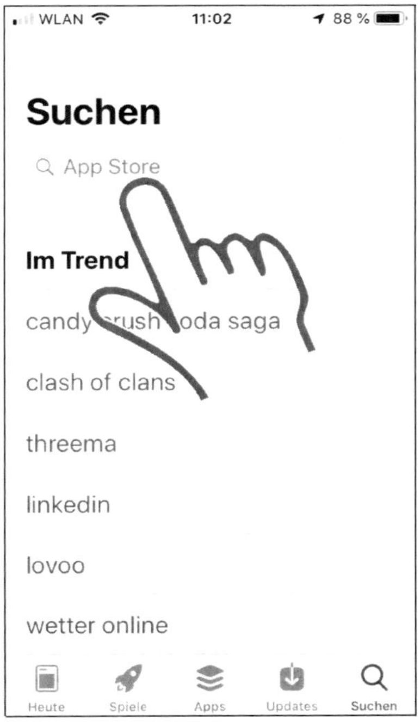

❶ Rufen Sie den *App Store* im Desktop auf.

❷❸ Nach Betätigen von *Suchen* tippen Sie in das Eingabefeld.

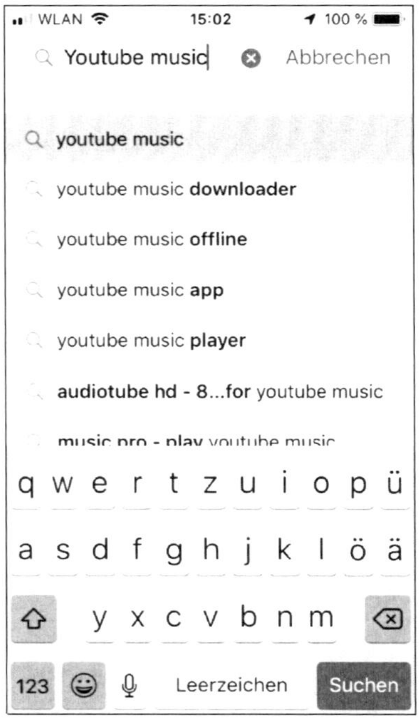

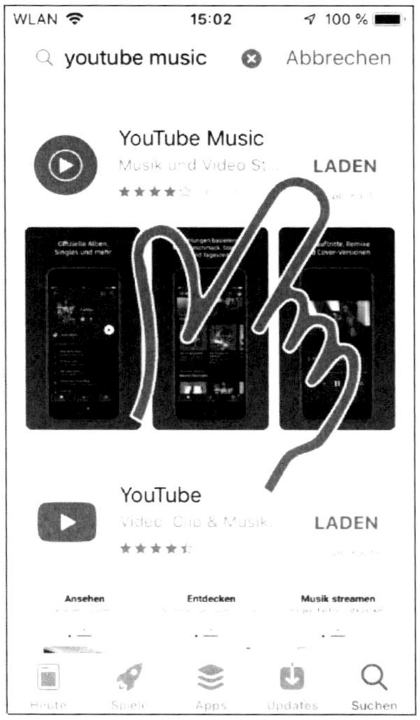

❶ Geben Sie *youtube music* ein (Groß- und Kleinschreibung spielen keine Rolle) und wählen Sie den Vorschlag aus.

❷ Betätigen Sie *LADEN*. Weil der Installationsvorgang im Hintergrund erfolgt, können Sie die den App Store jetzt verlassen.

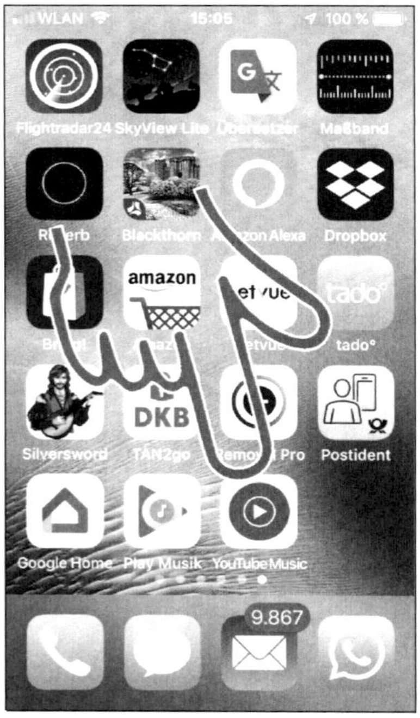

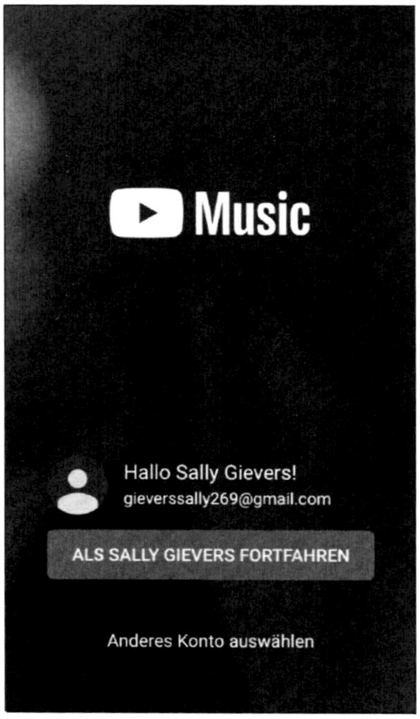

❶ Starten Sie *YouTube Music* vom Desktop.

❷ Da Sie sich bereits über die Google Home-App im Google-Konto angemeldet haben, wird Ihnen dieses beim ersten Start vorgeschlagen. Tippen Sie daher auf *ALS [Ihr Name] FORTFAHREN.*

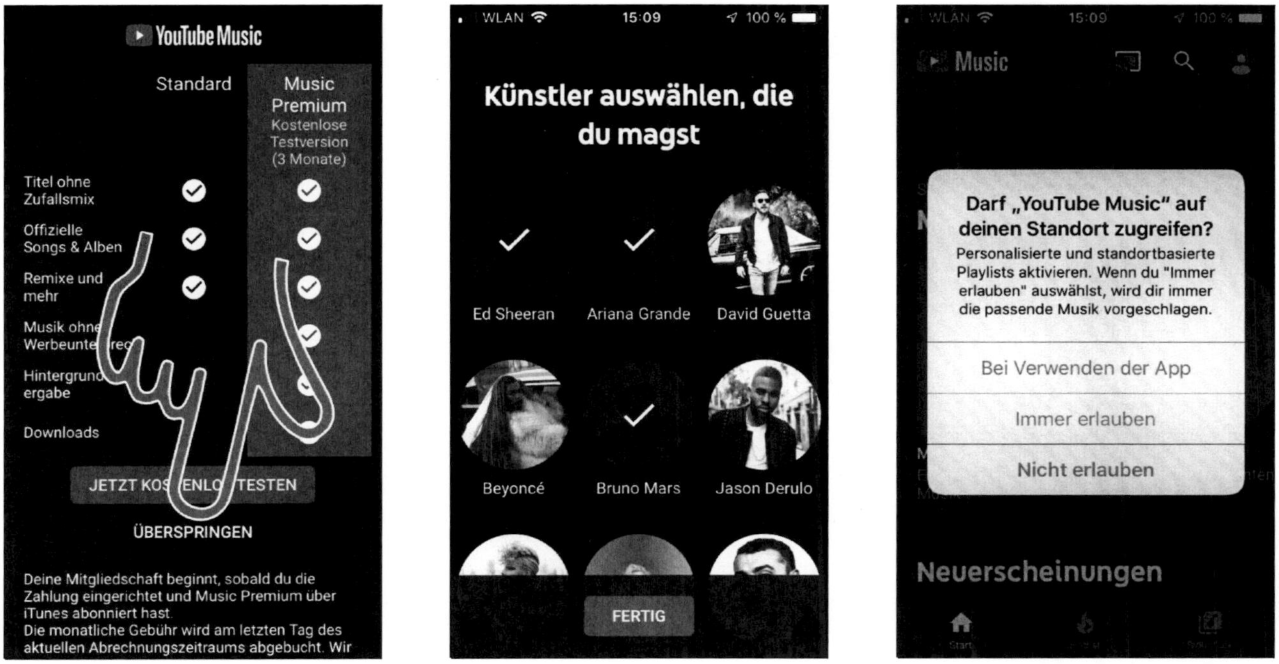

❶ Zunächst sollen Sie die Grundfunktionen der App kennenlernen, weshalb wir im Abo-Bildschirm mit *ÜBERSPRINGEN* erst die kostenlosen Funktionen aktivieren.

❷ Aktivieren Sie mit dem Finger Interpreten/Bands, deren Musik Sie interessiert und gehen Sie auf *FERTIG*.

❸ Google versucht Ihnen abhängig vom Standort die optimale Musik vorzuschlagen, weshalb Sie hier *Immer erlauben* auswählen (dies können Sie später in den Einstellungen jederzeit ändern).

Im nächsten Kapitel erläutern wir die Benutzeroberfläche.

7.2.3 Grundfunktionen von YouTube Music

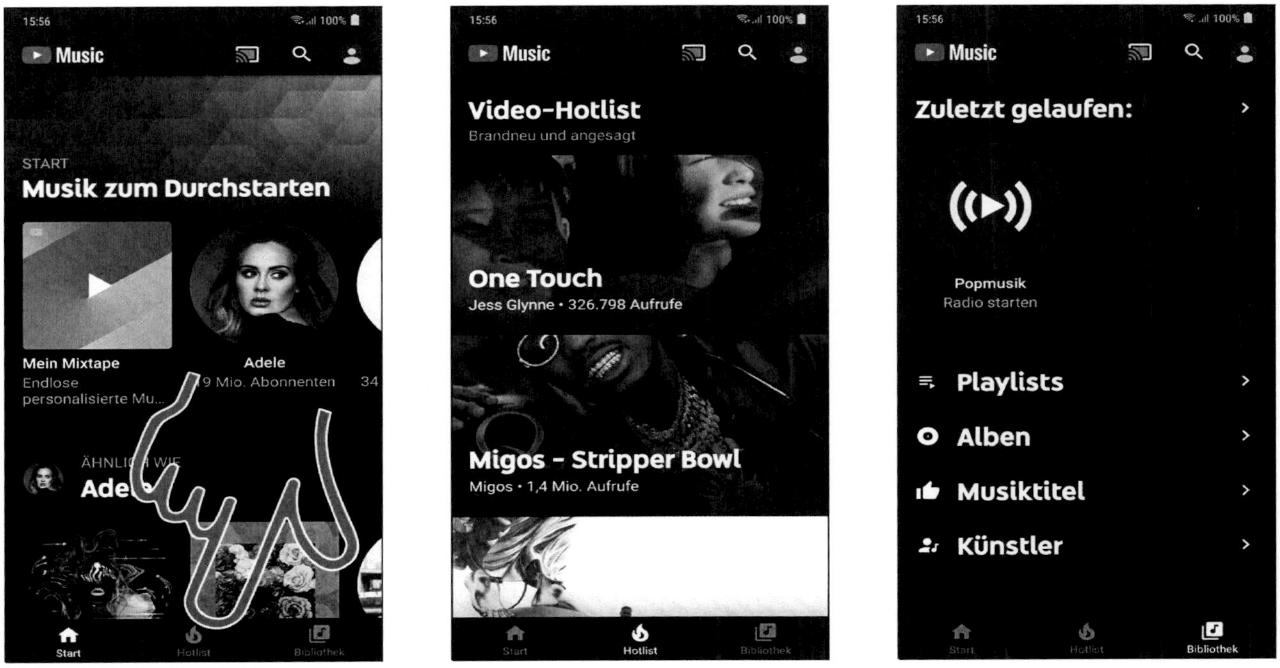

❶ Alle wichtigen Funktion verbergen sich in den Registern (Pfeil):

- *Start*: Schlägt ausgehend von Ihren Interessen und bisher abgespielten Songs passende Playlists und Songs vor.
- *Hotlist* (❷): Angesagte Musikvideos.

- *Bibliothek* (❸): Verwaltet Playlists, Alben, einzelne Musiktitel und Künstler, die Sie Ihrer Bibliothek hinzugefügt haben.

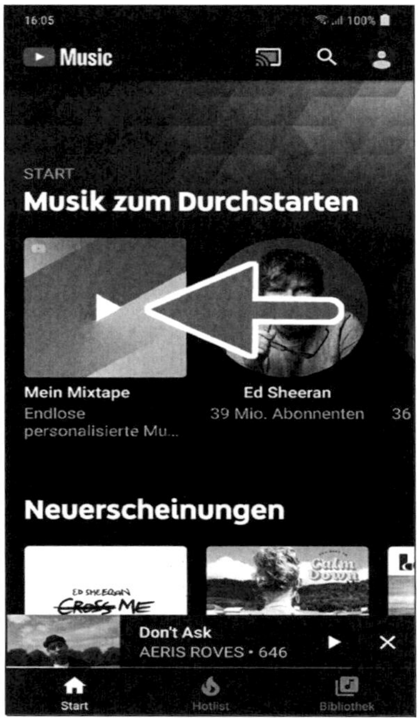

❶ In unserem Beispiel möchten wir im *Start*-Register vorgeschlagene Musik abspielen. Wischen Sie von rechts nach links durch die Vorschläge.

❷ Tippen Sie auf einen der Interpreten/Bands.

❸ Wahlweise tippen Sie einen abzuspielenden Titel an oder betätigen *ZUFALLSMIX* oder *RADIO*, worauf die Wiedergabe startet.

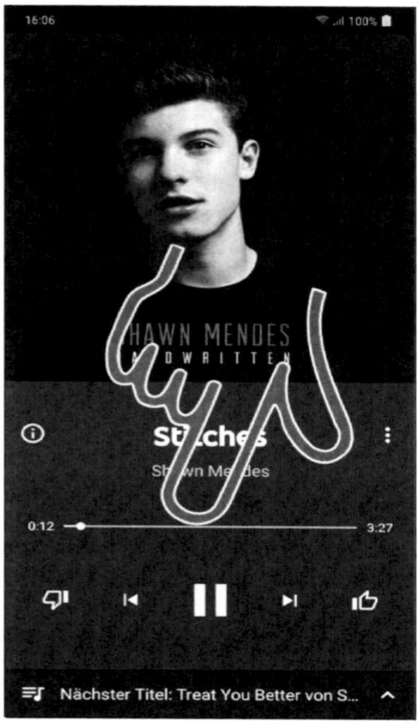

Tippen Sie in einen beliebigen Bereich des Fortschrittsbalkens (Pfeil), wenn Sie zu einem bestimmten Punkt im abgespielten Song springen möchten.

Weitere Funktionen:

- ⏮ / ⏭: Zum vorherigen/nächsten Titel springen (dies ist auch über eine Wischgeste nach links oder rechts möglich).
- ▶ / ⏸ : Starten/Pausieren der Wiedergabe.

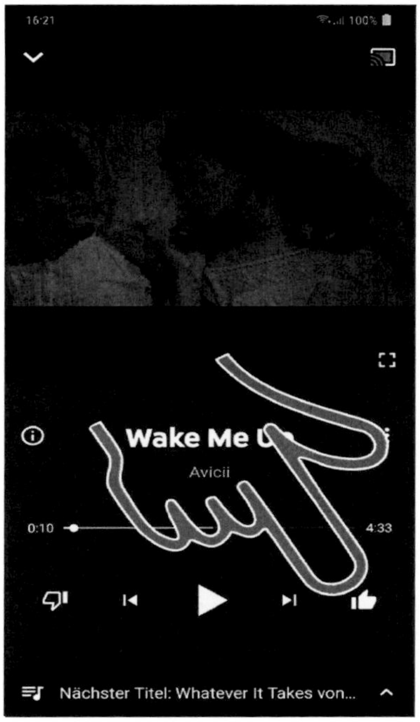

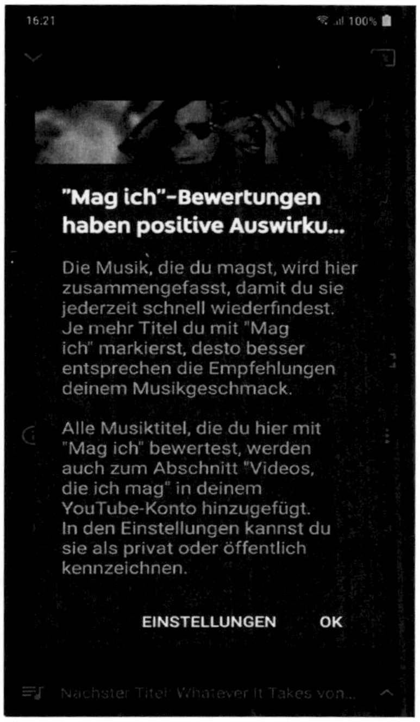

➊ Über die Schaltleisten 👎 👍 (»Mag ich/Mag ich nicht«) markieren Sie Songs, die ihnen gefallen oder nicht gefallen. Je mehr Songs Sie auf diese Weise bewerten, desto besser sind die automatischen Musikvorschläge.

➋ Beim ersten Mal weist Sie die App mit einem Popup auf die Vorteile hin. Schließen Sie es mit *OK*.

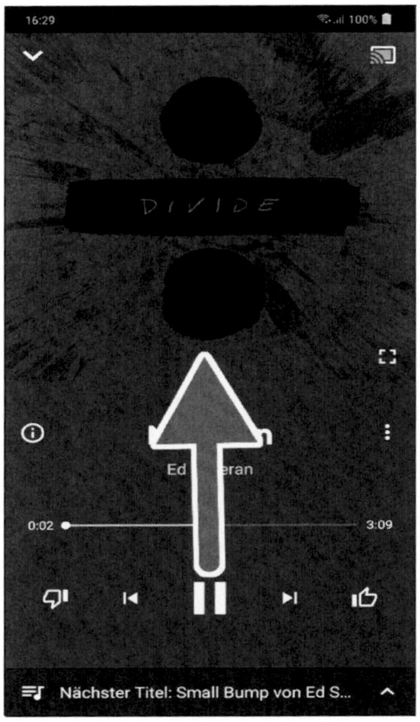

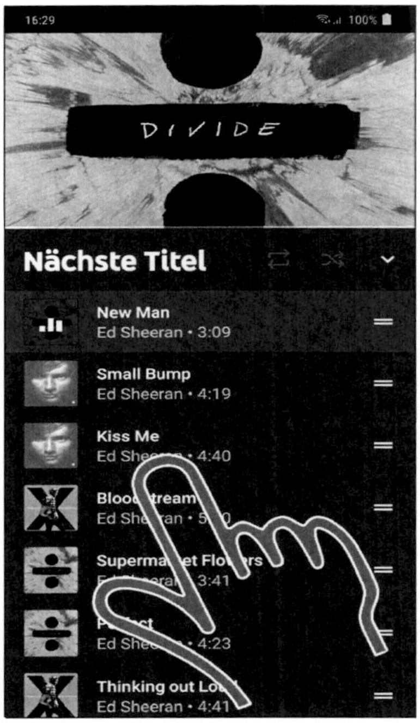

➊ Ihnen gefällt der gerade abgespielte Song eines Radios oder eine Playlist nicht? Dann wischen Sie im unteren Bildschirmdrittel nach oben.

➋ Antippen eines Titels spielt ihn als Nächstes ab.

➌ Die ⌄-Schaltleiste schließt die Titelliste wieder.

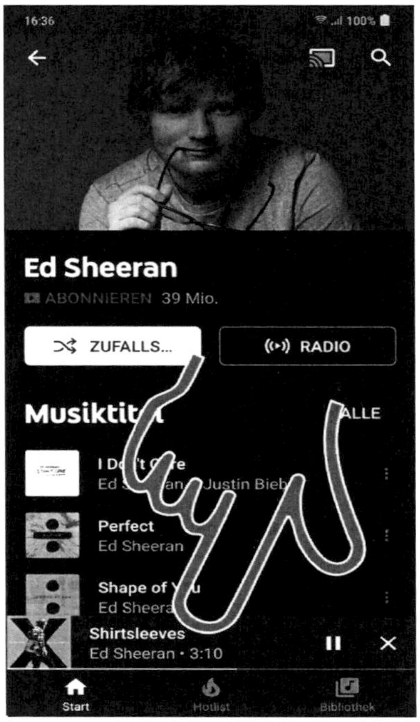

❶❷ Eine Wischgeste nach unten im oberen Bildschirmdrittel minimiert das Wiedergabefenster auf einen kleinen Balken. Antippen des Titels schaltet auf das Wiedergabefenster um, ‖ pausiert und ✕ beendet die Wiedergabe.

7.2.4 Playlists

YouTube Music bringt bereits unzählige Radiosender beziehungsweise Playlists mit. Sie können allerdings auch eigene Playlists mit Ihren Lieblingssongs anlegen und abspielen.

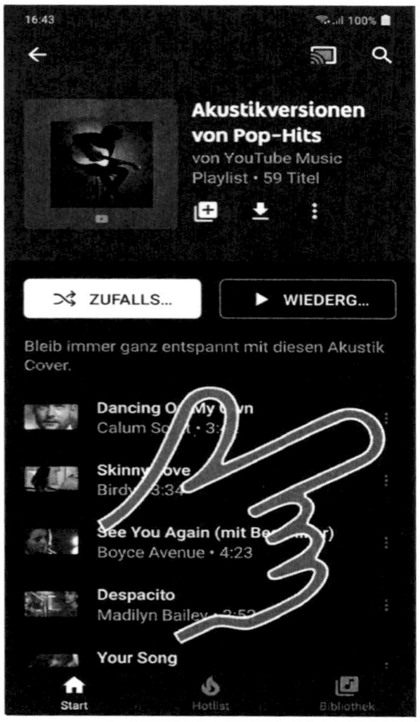

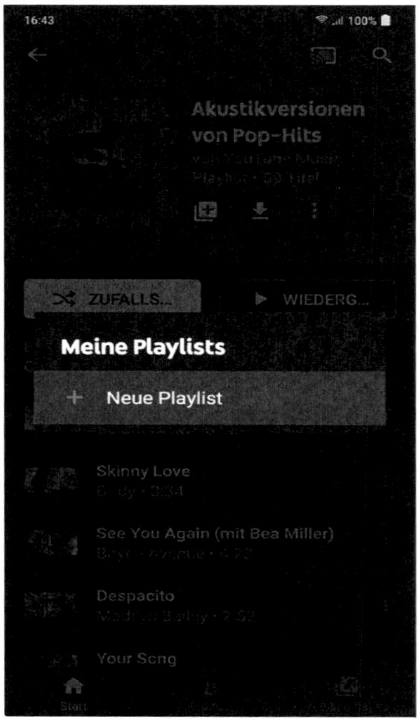

❶❷ In einer Musikauflistung aktivieren Sie mit ⋮ (Pfeil) das Menü und wählen im Popup *Zu Playlist hinzufügen.*

❸ Weil noch keine Playlist vorhanden ist, gehen Sie auf *Neue Playlist.*

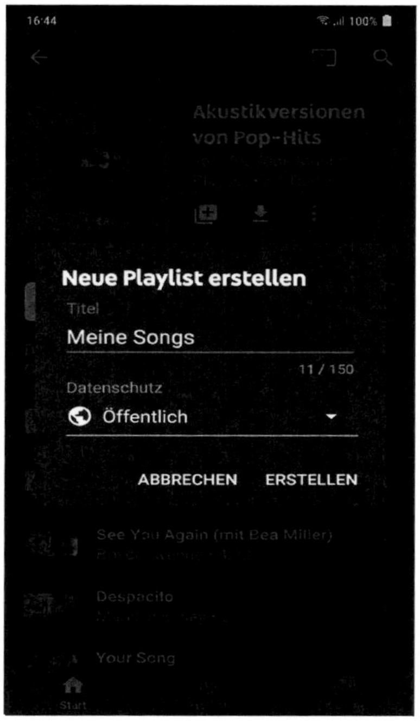

Vergeben Sie einen Namen für die Playlist. Standardmäßig sind Playlists für alle anderen YouTube Music-Nutzer sichtbar, Sie können aber durch Antippen von *Öffentlich* die Playlist verbergen. Schließen Sie den Vorgang mit *ERSTELLEN* ab.

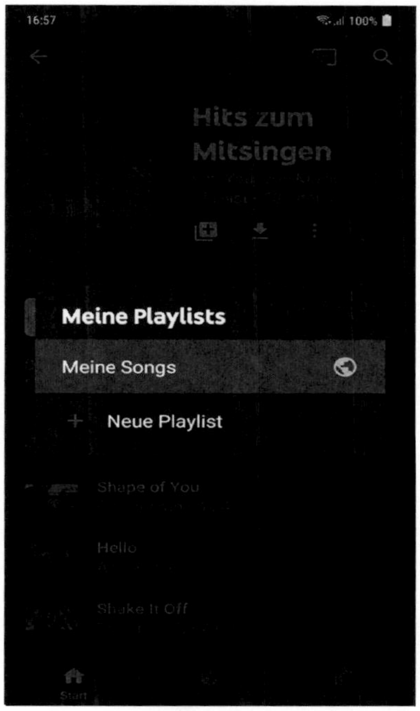

❶❷ Künftig fügen Sie einzelne Titel folgendermaßen der Playlist hinzu: Gehen Sie auf ⋮ und wählen Sie *Zu Playlist hinzufügen* aus.

❸ Wählen Sie die gewünschte Playlist aus oder legen Sie mit *Neue Playlist* eine weitere an.

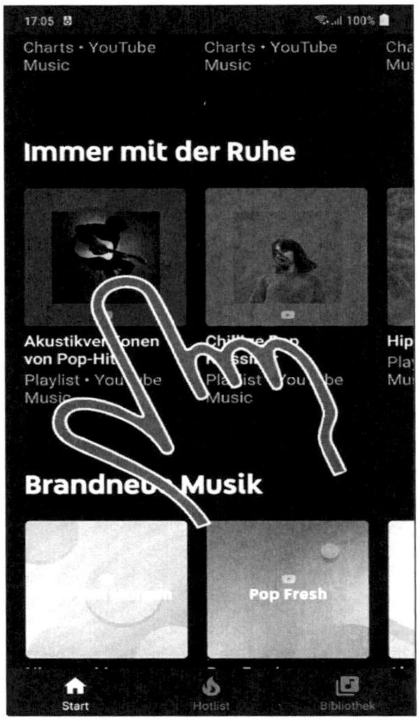

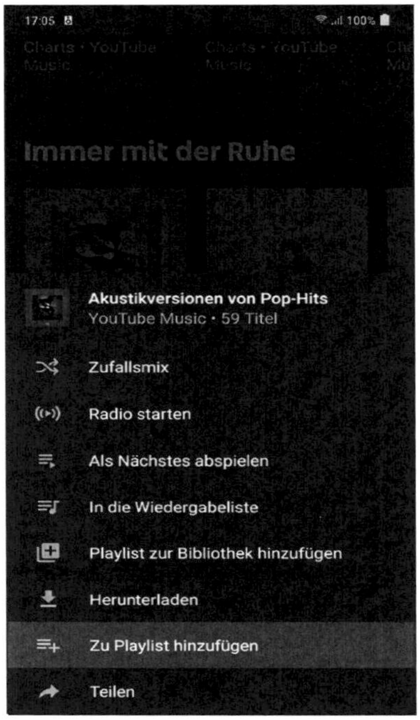

❶ Auch mehrere Songs auf einmal lassen sich in eine Playlist übernehmen: Tippen und halten Sie den Finger auf einer der vordefinierten Playlists.

❷ Nach einigen Sekunden erscheint ein Popup, in dem Sie auf *Zu Playlist hinzufügen* gehen.

Zum Abspielen der zuvor erstellten Playlist über Ihr Home-Gerät sprechen Sie einfach »*Ok Google, spiele meine Playlist [Playlist-Name]*«

7.2.4.a Playlists verwalten

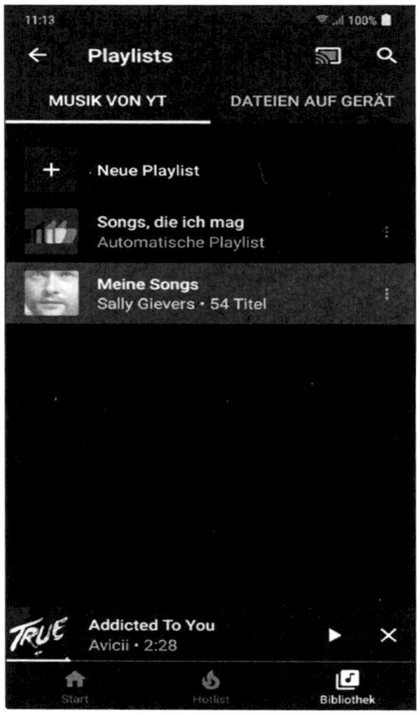

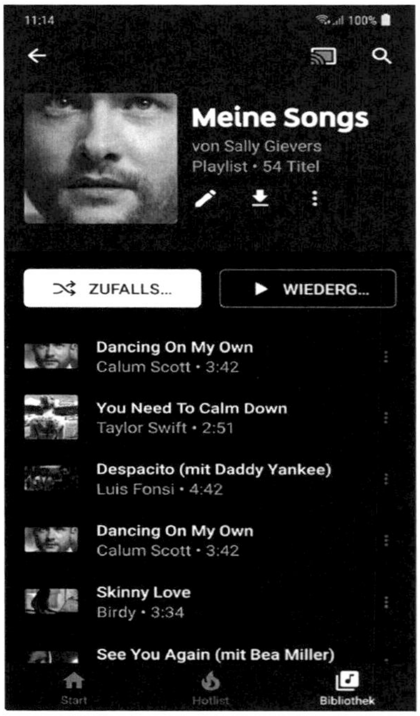

❶ Aktivieren Sie das *Bibliothek*-Register (Pfeil).

❷ Tippen Sie eine Playlist an für den bereits vorgestellten Abspielbildschirm.

Die App listet neben Ihren eigenen Playlists auch *Songs, die ich mag* auf. Darauf geht Kapitel *7.3.2 Favorisierte Songs* noch ein.

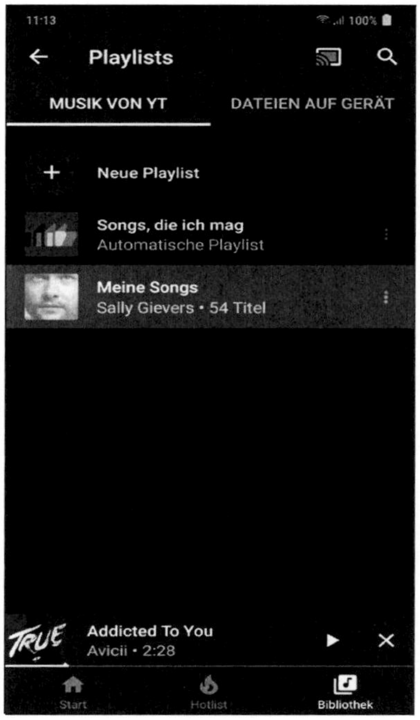

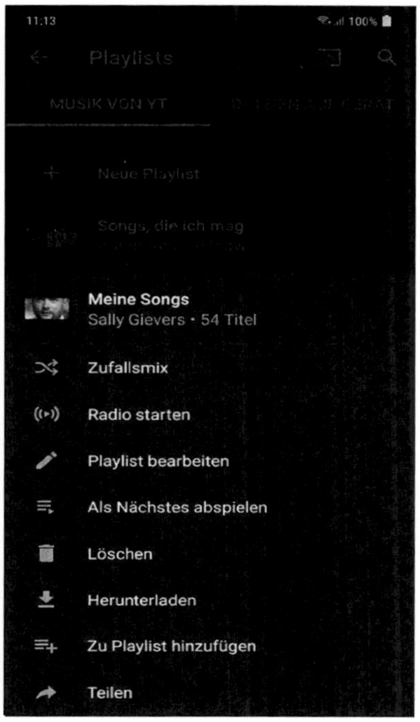

❶❷ Tippen und halten Sie dagegen den Finger auf einer Playlist für das Menü (alternativ tippen Sie die ⁝-Schaltleiste hinter dem Playlistnamen an):

- *Zufallsmix*: Zufallswiedergabe
- *Radio starten*: Spielt ähnliche Songs wie die in der Playlist enthaltenen ab. Siehe dazu Kapitel *7.3 Radiosender*.
- *Playlist bearbeiten*: Darauf kommen wir unten noch.
- *Als Nächstes abspielen*: Setzt den Song an die erste Stelle in der Abspielliste.
- *Löschen*: Playlist entfernen.
- *Herunterladen*: Lädt alle in der Playlist enthaltenen Songs auf das Handy herunter. Das Abspielen ist dann auch bei schlechter oder nicht vorhandener Internetverbindung möglich.
- *Zu Playlist hinzufügen*: Fügt den Inhalt dieser Playlist einer anderen hinzu.
- *Teilen*: Einen Link auf Ihre YouTube Music-Playlist per E-Mail, WhatsApp, usw. an jemand anders senden. Der Empfänger kann dann die Playlist in seinem Webbrowser abspielen.

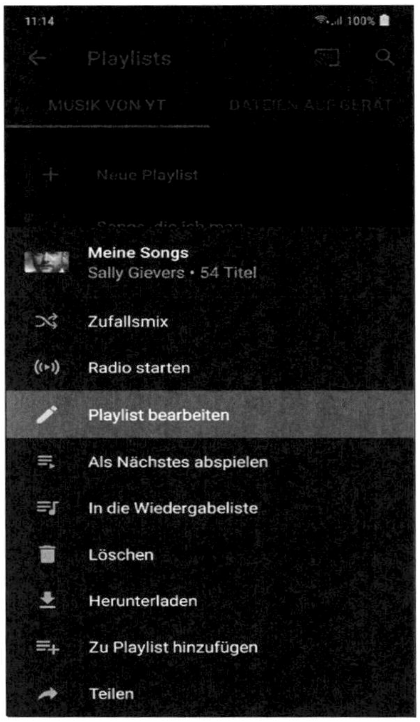

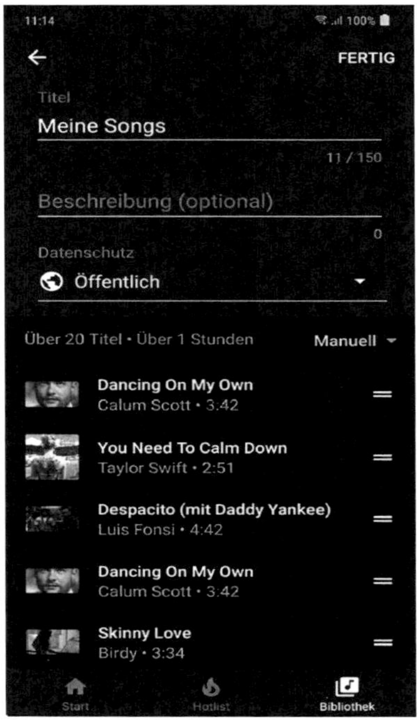

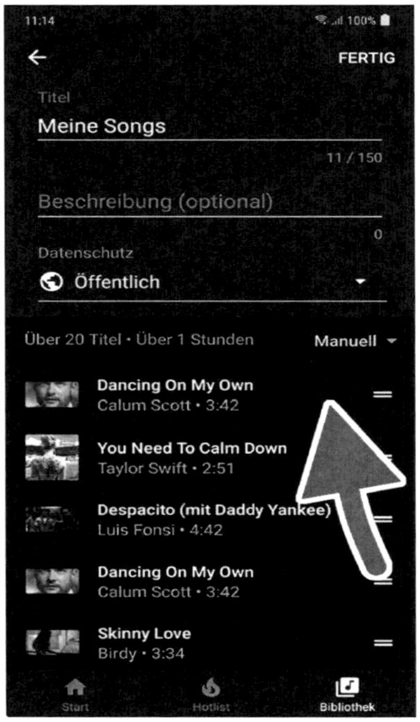

❶❷ *Playlist bearbeiten* im Menü öffnet den Editor. Neben Namen und Beschreibung ändern Sie hier bei Bedarf unter *Datenschutz* die Sichtbarkeit der Playlist für andere YouTube Music-Nutzer.

❸ So passen Sie die Abspielreihenfolge an: Halten sie den Finger auf die ═-Schaltleiste hinter einem Song und schieben Sie sie nun nach oben oder unten. Lassen Sie dann los.

7.3 Radiosender

Mit den »Radiosendern« beziehungsweise »Sendern« haben Sie bereits Bekanntschaft gemacht, als Sie versucht haben, Musik auf Ihrem Google Home-Gerät abzuspielen. Ohne kostenpflichtiges Abo werden darauf nur »Sender« abgespielt.

Probieren Sie ruhig einmal aus, ob Google für Ihren Musikgeschmack die passende Radiostation hat, indem Sie »*Ok Google, spiele Radiostation [Musikgeschmack]*« sprechen. Google schlägt gegebenenfalls eine Radiostation vor, die dem Gesuchten ähnelt.

Stehen Sie auf einen bestimmten Künstler oder eine bestimmte Band, dann sprechen Sie zum Beispiel »*Ok Google, spiele The Beatles*« oder »*Ok Google, spiele Rihanna*«. Wie erwähnt, ist das nur nach Abschluss eines Abos (siehe Kapitel *7.1 Die Tarife von YouTube Music*) möglich.

Der Begriff »Radiosender« ist etwas verwirrend, denn es handelt sich nicht um Sender, wie man sie vom klassischen terrestischen Rundfunk kennt. Tatsächlich sind alle Google-Radiosender dynamische Playlists, welche sich an Ihre Hörgewohnheiten anpassen. Songs, die Sie mit »*Ok Google, nächster Titel*« überspringen, werden künftig nicht mehr so häufig oder überhaupt nicht mehr gespielt. Alternativ sprechen Sie »*Ok Google, gefällt mir*« oder »*Ok Google, gefällt mir nicht*«. Nach einiger Zeit spielt der jeweilige Radiosender nur noch Ihre Lieblingsmusik.

7.3.1 Radiosender in der YouTube Music-App

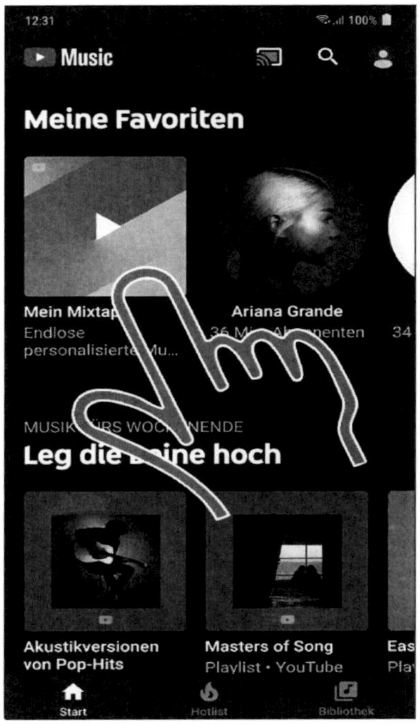

❶❷ In der YouTube Music-App werden Radiosender besonders unterstützt. Im *Start*-Register der App finden Sie beispielsweise *Mein Mixtape*, das von Ihnen häufig abgespielte beziehungsweise gemochte Titel abspielt.

Im Abspielbildschirm sind alle Funktionen verfügbar, die auch bereits Kapitel *7.2.3 Grundfunktionen von YouTube Music* vorstellt.

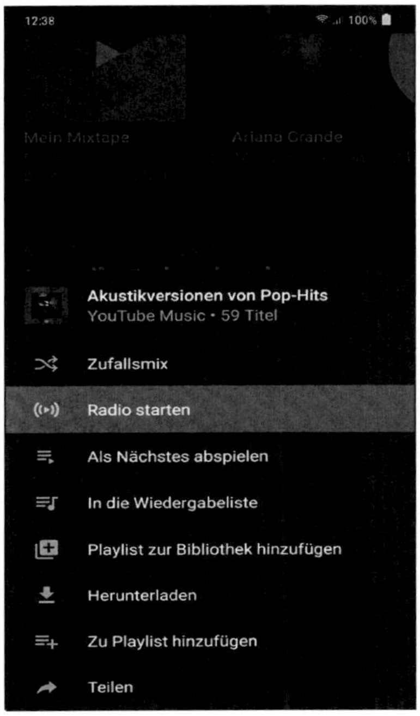

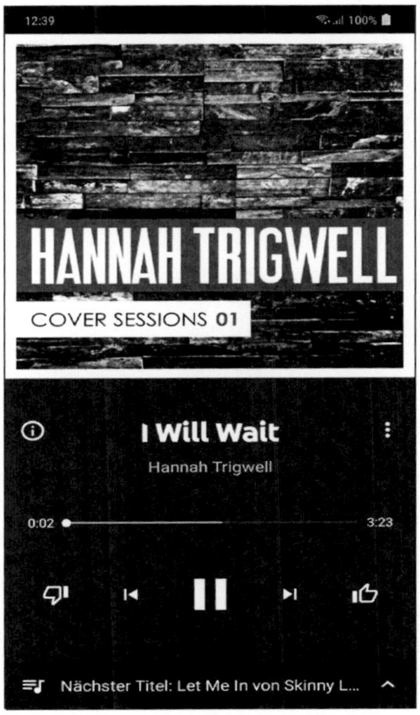

❶❷ Zu jeder Playlist existiert auch ein entsprechender Sender. Halten Sie einfach den Finger auf einer Playlist gedrückt, bis das Popup erscheint, in dem Sie auf *Radio starten* gehen.

❸ Die Wiedergabe startet.

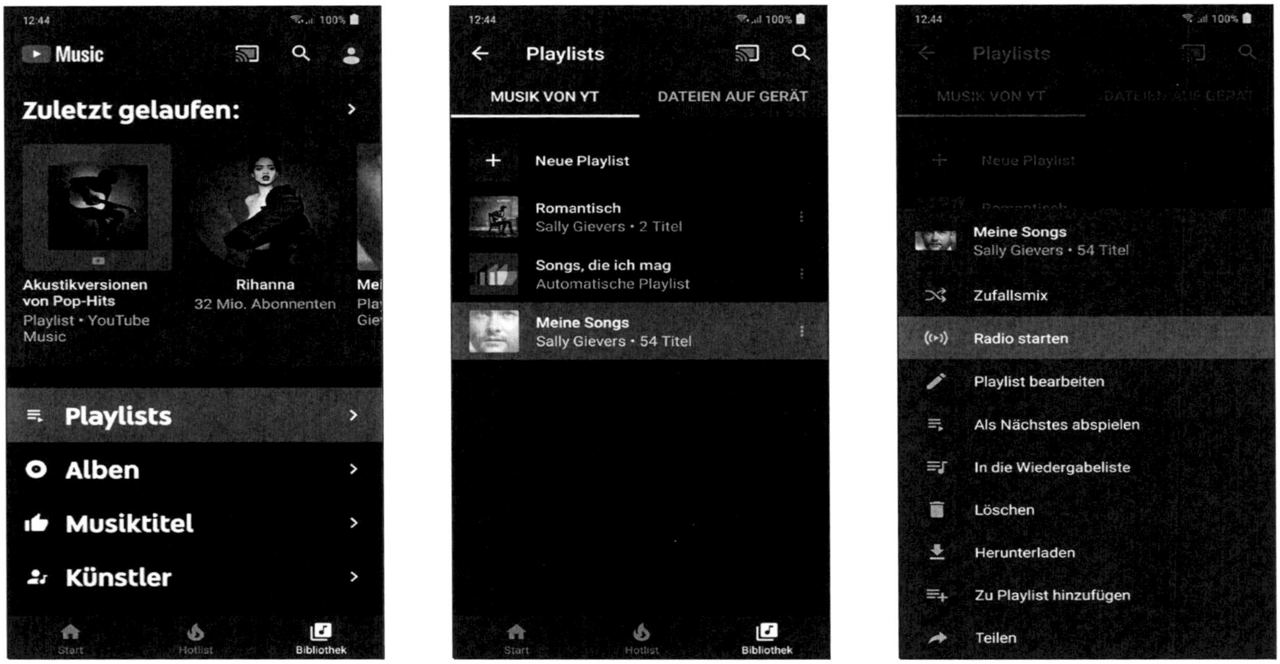

➊ Auch zu den im Kapitel *7.2.4 Playlists* beschriebenen *Playlists* bietet Google Sender an.

➋➌ Halten Sie den Finger auf einem Sender gedrückt, bis das Popup erscheint und wählen Sie *Radio starten*.

7.3.2 Favorisierte Songs

Jeder hat einen anderen Musikgeschmack. Damit Google Ihnen passende Songs/Alben/Interpreten vorschlagen kann und die angebotenen Radiosender nur Ihre Lieblingsmusik spielen, wertet Google einige »Signale« aus, wozu beispielsweise die abgespielten und übersprungenen Titel gehören. Sie helfen dabei erheblich, wenn Sie während der Wiedergabe auf dem Google Home-Gerät den Befehl »*Ok Google, gefällt mir*« oder umgekehrt »*Ok Google, gefällt mir nicht*« geben.

Je nach Nutzungsmuster wird YouTube Music schon nach einigen Tagen in den Radiosendern ausschließlich Ihre Lieblingsmusik spielen.

➊➋ Bei einem gerade in der YouTube Music-App abgespielten App favorisieren Sie einen Titel mit 👍. Die 👎-Schaltleiste markiert dagegen einen Titel, der Ihnen nicht gefällt.

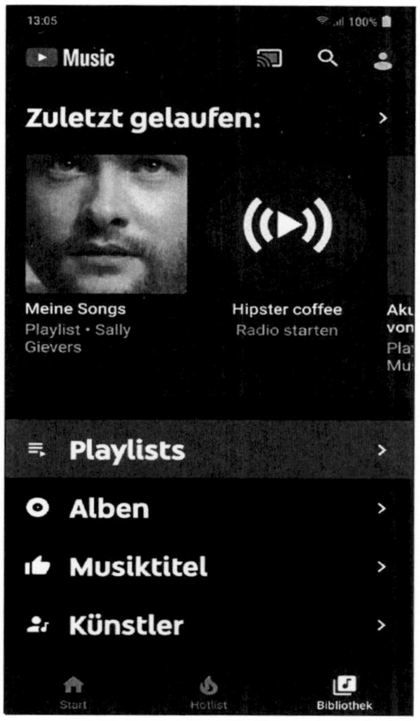

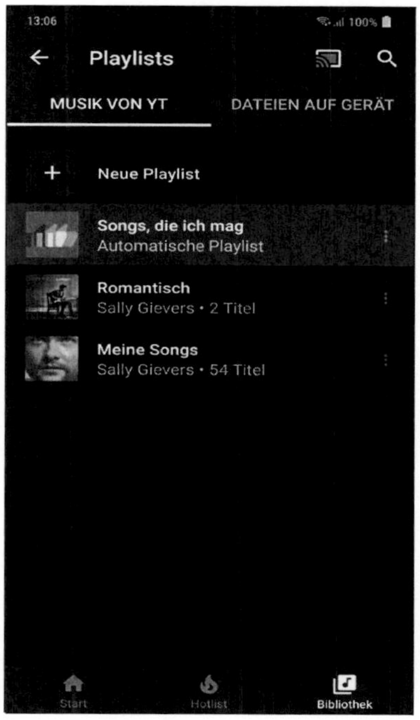

❶ Die favorisierten Songs finden Sie im *Bibliothek*-Register, das Sie aktivieren.

❷❸ Wählen Sie *Playlists* aus und gehen Sie auf *Songs, die ich mag.*

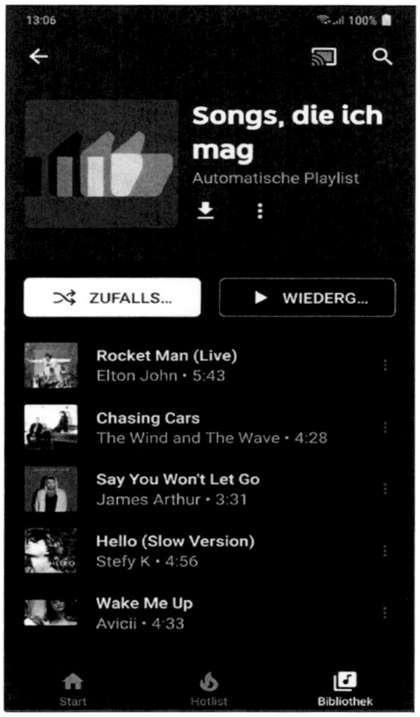

Sie können hier einzelne Titel durch kurzes Antippen abspielen, oder bekommen mit *ZUFALLSMIX* beziehungsweise *WIEDERGEBEN* alle Titel zu hören.

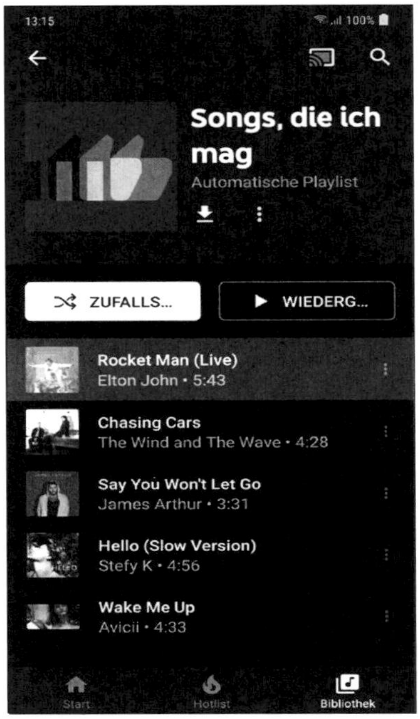

❶❷ Ihnen gefällt ein Song nicht mehr? Tippen und halten Sie den Finger darauf und gehen Sie im Popup auf *Aus mit "Mag ich" bewerteten Titeln entfernen.*

7.3.3 Suche

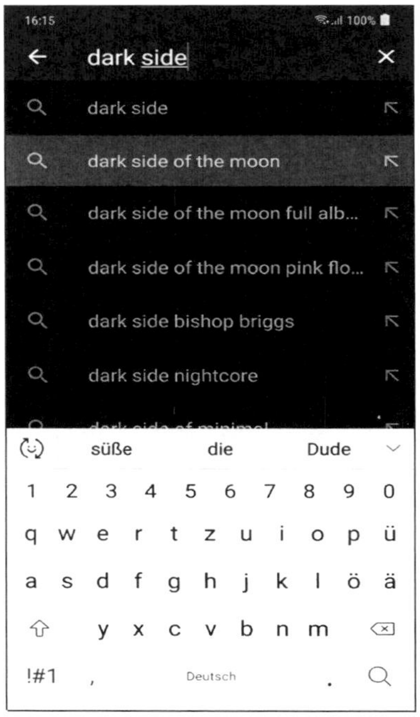

❶ Die Suchfunktion aktivieren Sie über 🔍.

❷ Bereits während der Eingabe erhalten Sie passende Vorschläge, wovon Sie einen auswählen.

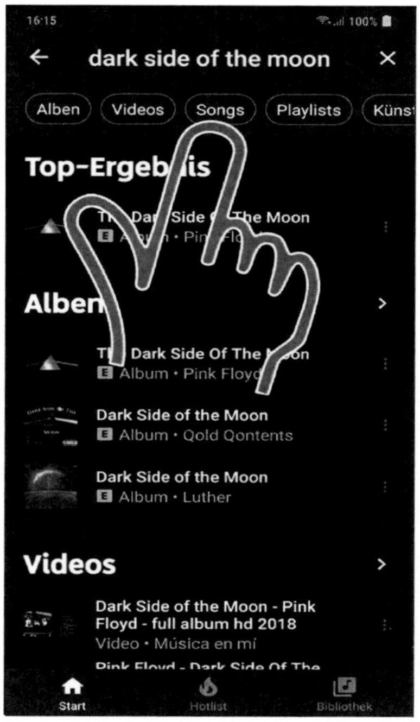

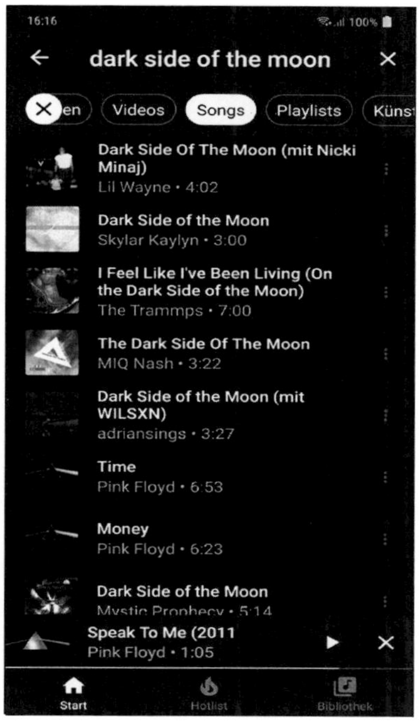

❶❷ Je nach Suchbegriff listet die App mehrere Tausend Ergebnisse auf. Mit den Schaltleisten (Pfeil) am oberen Bildschirmrand grenzen Sie die Suche ein. Wählen Sie dann einen Song, ein Album, Video oder Playlist aus, die dann abgespielt wird.

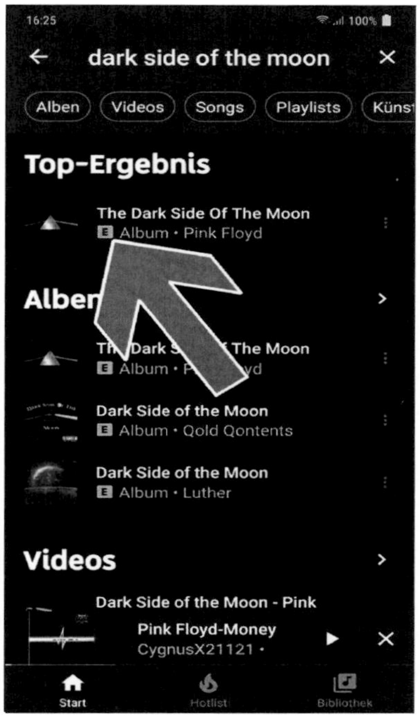

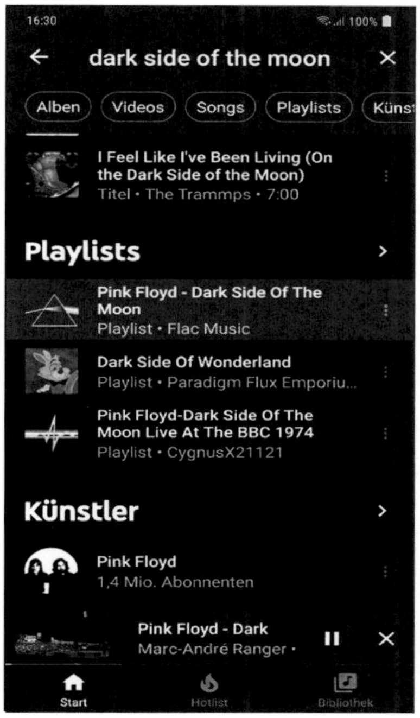

❶ In der Ergebnisliste wird bei einigen Alben und Songs ein »E« angezeigt. Damit markiert Google die offiziell von Musikkonzernen lizenzierte Medien.

❷❸ Alle anderen Songs, Videos, Playlists, usw. stammen direkt von YouTube. Dort haben meistens Fans der jeweiligen Band die Musik hochgeladen. In unserem Beispiel stammt die Playlist »*Pink Floyd – Dark Side Of The Moon*« vom privaten Nutzer »*Flac Music*«. Die ersten zwei Songs seiner Playlist sind bereits ausgegraut und lassen sich nicht mehr abspielen, vermutlich weil ein Rechteinhaber dagegen vorgegangen ist. Ein weiteres Problem der hochgeladenen YouTube-Musik ist teilweise deren schlechte Qualität im Vergleich zum Original und manchmal stimmen Titel und Inhalt eines Songs nicht überein.

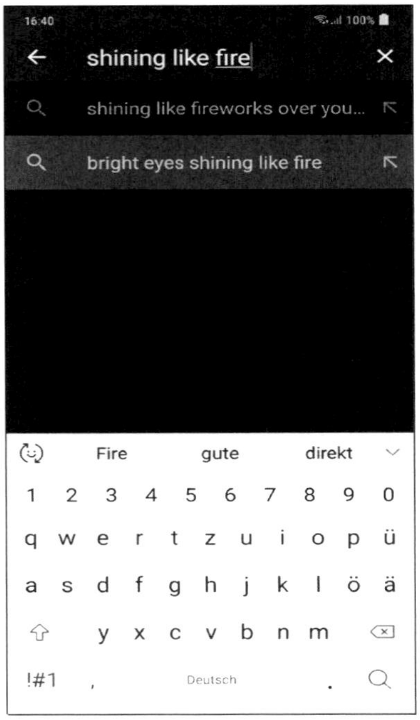

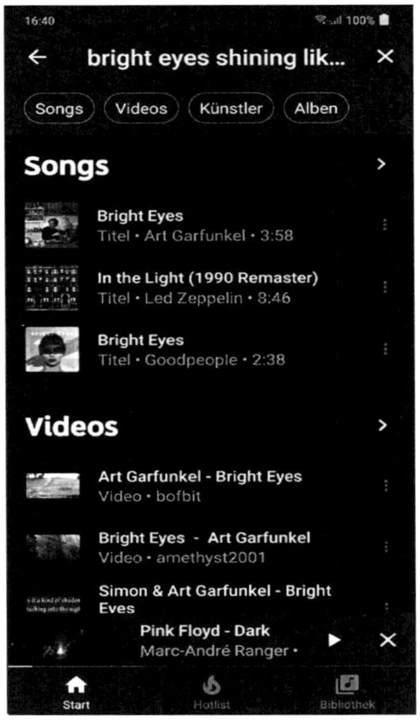

❶❷ Ein tolles Feature ist die automatische Textsuche. Geben Sie einfach als Suchbegriff eine Liedzeile ein, worauf die App passende Songs auflistet, die den Text erhalten. Dies funktioniert nicht nur mit englischsprachigen, sondern auch deutschen Songs.

7.4 YouTube Music Premium

Wie bereits erwähnt, kostet das Musikabo »YouTube Music Premium« standardmäßig 9,99 Euro im Monat. Dafür erhalten Sie folgende zusätzliche Funktionen, die vor allem die im Kapitel *7.2 YouTube Music-App* vorgestellte YouTube Music-App betreffen[17]:

- Keine lästige Werbung mehr
- Wiedergabe im Hintergrund: Wenn Sie die App verlassen, läuft die Musik im Hintergrund weiter
- Musik herunterladen: Sie können Ihre Lieblingsmusik herunterladen, um Sie auch ohne Internetverbindung abzuspielen
- Audiomodus: Die App spielt auch – sofern vorhanden – Musikvideos ab. Im Audiomodus wird davon nur die Audiospur abgespielt, was bei schlechter Internetverbindung vorteilhaft ist.
- Sie dürfen mehr als sechs Mal pro Stunde einen Song auf dem Google Home-Gerät überspringen oder wiederholen[18]
- Chromecast: Die Wiedergabe über Chromecast (siehe Kapitel *14 Chromecast*) wird unterstützt[19].

17 https://support.google.com/youtubemusic/answer/6313529?hl=de&ref_topic=6277001
18 https://www.golem.de/news/smarte-lautsprecher-amazon-und-google-bieten-gratis-musikstreaming-1904-140790.html
19 https://www.golem.de/news/youtube-music-im-test-neuer-musikstreamingdienst-ist-unfertig-hat-aber-potenzial-1806-135063-2.html

7.4.1 YouTube Music Premium-Abo aktivieren

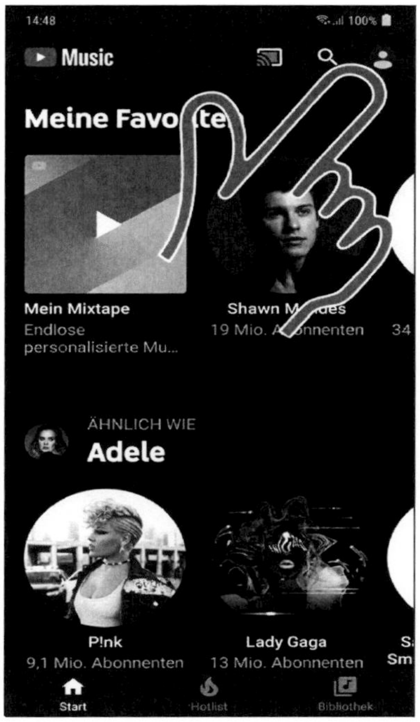

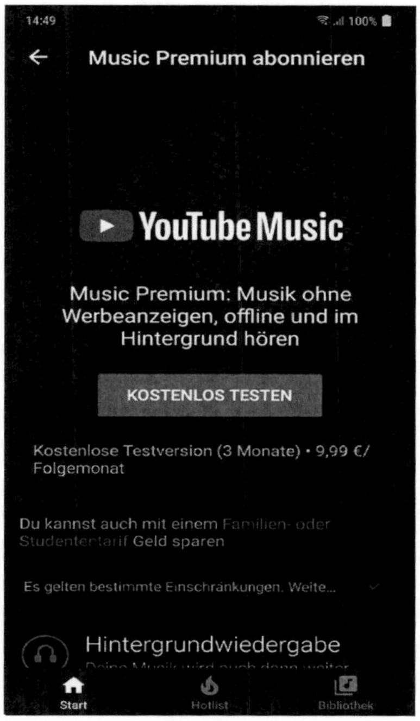

➊ Tippen Sie oben rechts auf das runde Profil-Symbol.

➋ Betätigen Sie *MUSIC PREMIUM ABONNIEREN.*

➌ Gehen Sie auf *KOSTENLOS TESTEN.*

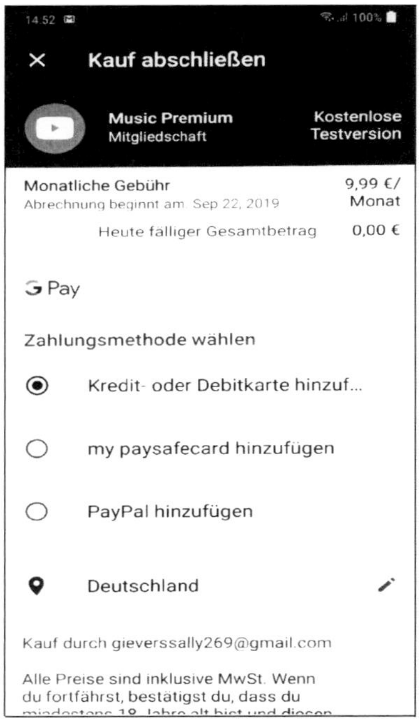

➊ Sie müssen eine Zahlungsmethode auswählen und dann die abgefragten Kontodaten hinterlegen. Sofern Sie in der Vergangenheit Käufe bei Google, beispielsweise im Play Store, durchgeführt hatten, ist diese bereits voreingestellt. **Falls Sie ein iPhone besitzen, sollten Sie das Abo nicht auf dem Handy abschließen, weil sonst hohe Kosten entstehen. Siehe dazu auch den folgenden Hinweis.** Betätigen Sie dann *KAUFEN.*

➋ Schließen Sie die Erfolgsmeldung mit *LOS GEHT'S.*

Beachten Sie, dass das Abo auf dem iPhone einige Euro mehr kostet, weil Apple hohe Transaktionskosten draufschlägt. Pro Jahr zahlen Sie deshalb 36 Euro mehr als ein Android-Nutzer. Sie können das Problem allerdings umgehen, indem Sie *www.youtube.com/musicpremium* im Webbrowser auf dem PC oder iPhone aufrufen und dort das Abo abschließen.

Keine Bange! Das Abo enthält 3 kostenlose Probemonate und erst danach wird das Geld monatlich abgebucht. Sie können auch während der Probezeit jederzeit das Abo beenden.

7.4.2 YouTube Music Premium-Abo verwalten

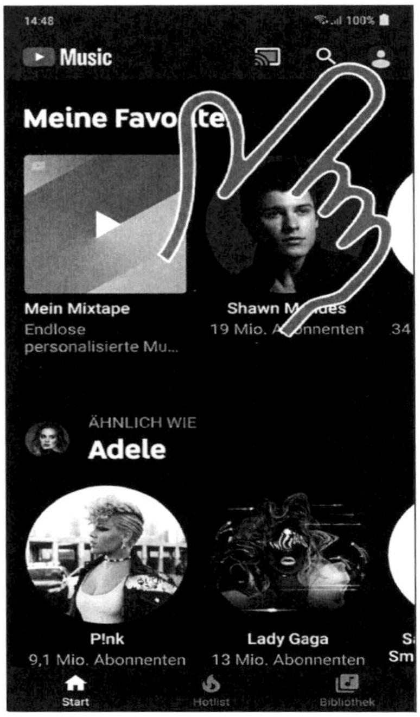

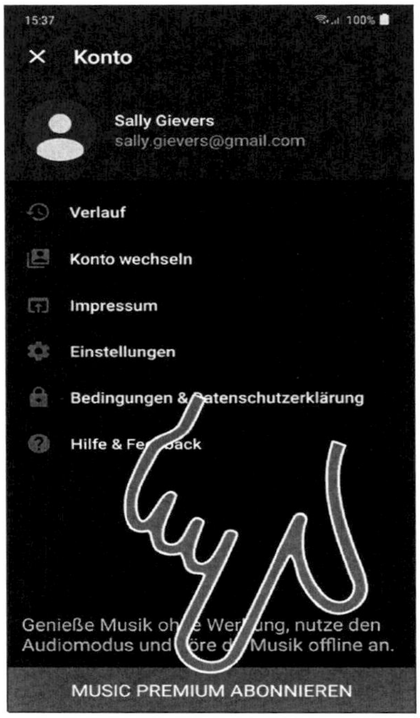

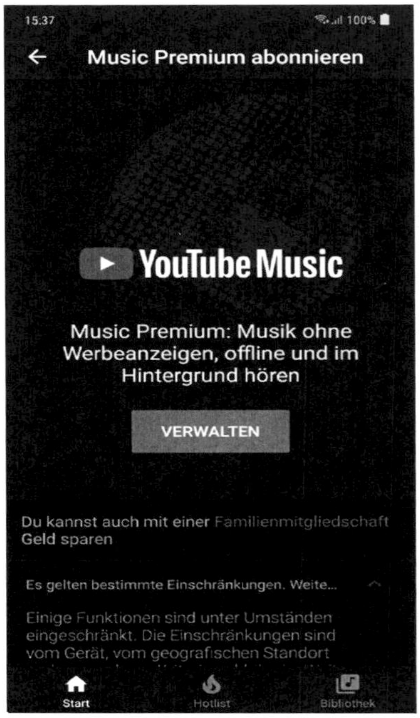

❶ Tippen Sie oben rechts auf das runde Symbol.

❷ Betätigen Sie *MUSIC PREMIUM ABONNIEREN.*

❸ Gehen Sie auf *VERWALTEN.*

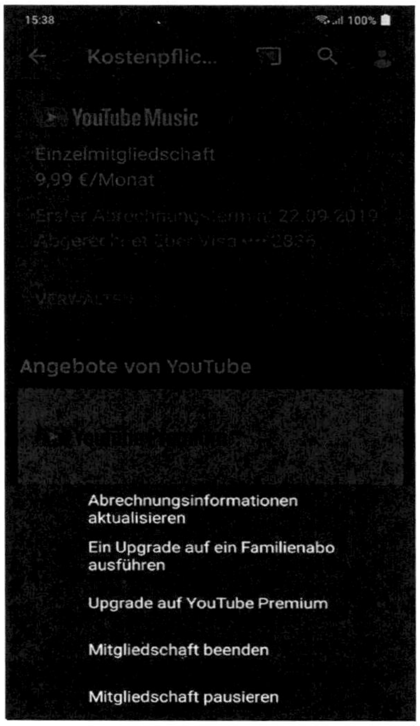

❶❷ Sie öffnen das Popup mit *VERWALTEN:*

- *Abrechnungsinformationen aktualisieren*: Verwendete Kreditkarte beziehungsweise das genutzte PayPal-Konto einstellen.
- *Ein Upgrade auf ein Familienkonto durchführen*: Wenn Sie das Familienkonto abonnieren, erhöht sich der Abopreis um 5 Euro auf 14,99 Euro. Dafür können Sie dann 5 weitere Personen aus Ihrem Haushalt einladen, die dann ohne weitere Kosten ebenfalls YouTube Music Premium nutzen. Die Identifizierung der weiteren Nutzer erfolgt über deren Google-Konto (siehe Kapitel *12 Mehrere Nutzer*).
- *Upgrade auf YouTube Premium*: Neben der werbefreien Nutzung von YouTube Music wird auch YouTube werbefrei und Sie erhalten Zugriff auf extra für YouTube produzierte Inhalte. Weil sich der Mehrwert in Grenzen hält, raten wir davon ab.
- *Mitgliedschaft beenden*: YouTube Music Premium-Abo zum monatlichen Aboablauf beenden.
- *Mitgliedschaft pausieren* (❸): Ein sehr praktisches Feature, mit dem Sie Geld sparen. Wenn Sie wegen Urlaub oder Ähnlichem keine Zeit fürs Musikhören haben, pausieren Sie die Mitgliedschaft monatsweise. Andere Nutzer eines Familientarifs werden ebenfalls pausiert.

7.5 Befehle

Die nachfolgenden Sprachbefehle setzen überwiegend den Abschluss eines Musikabos (siehe Kapitel *7.1 Die Tarife von YouTube Music*) voraus.

»Ok Google, spiele [Song/Album/Künstler]«

»*Ok Google, spiele Yesterday*« startet den Song »Yesterday« von den Beatles. Ab und zu wird der Google Assistant allerdings Ihren Befehl falsch interpretieren, weshalb Sie dann »Song«, »Album« oder »Künstler«, »Band« oder Kombinationen davon mitsprechen müssen. Das gilt insbesondere für Songs und Alben, die unter ähnlichem Namen oder als Remix von verschiedenen Interpreten vorhanden sind.

> Achtung! Es kommt häufig vor, dass Google die Suche nicht im YouTube Music-Katalog durchführt, sondern beispielsweise nach Videos (siehe Kapitel *13.6 YouTube*) oder TuneIn-Radiosender (siehe Kapitel *7.9.3 TuneIn*) sucht. Für diesen Fall sprechen Sie den Befehl erneut, aber mit dem Zusatz »*von YouTube Music*«.

»Ok Google, spiele [Genre]-Musik«

Je nach gewünschter Musik spielt Google nun entweder eine Playlist oder einen »Radiosender«, die Google mit »*Das Album [Albumname] wird von YouTube Music wiedergegeben*« beziehungsweise »*Höre dir mal diesen [Bandname-]Sender an*« ankündigt. Während Playlists eine feste Songzahl enthalten, stellt ist das Repertoire der Radiosender nicht festgelegt, sondern passt sich an Ihre Hörgewohnheiten an.

Probieren Sie beispielsweise mal »*Ok Google, spiele Chillout-Musik*« oder »*Ok Google, spiele House-Musik*« aus. Häufig können Sie übrigens »Musik« in den Befehlen weglassen, zum Beispiel bei »*Ok Google, spiele Pop*« statt »*Ok Google, spiele Pop-Musik*«.

»Ok Google, spiele das neue Album von [Künstler/Band]«

»Ok Google, spiele [Genre/Album/usw.] auf [Gerätename]«

Haben Sie mehrere Home-Geräte im Einsatz, dann dürfen Sie beispielsweise von einem Gerät in der Küche die Musikwiedergabe im Büro steuern. Die Namen Ihrer Home-Geräte vergeben Sie, wie im Kapitel *4.8 Gerätenamen* beschrieben.

»Ok Google, nächster Titel«, »Ok Google, Nächstes«, »Ok Google, Titel zurück«, »Ok Google, Vorheriges«

Befinden Sie sich in einer Playlist oder in einem Radiosender überspringen Sie damit einen Titel.

»Ok Google, Pause«, »Ok Google, [fortsetzen/weiter]«

Eine Unterbrechung der Musikwiedergabe und anschließendes Fortsetzen sind ebenfalls möglich.

»Ok Google, [Zahl] [Sekunden/Minuten] [vorspringen/zurückspringen]«

Im abgespielten Song die angegebene Zeitspanne vor/zurückspringen.

»Ok Google, [Stopp/Pause]«, »Ok Google, fortsetzen«

Beendet/pausiert die Wiedergabe beziehungsweise lässt die Musik weiterlaufen.

»Ok Google, welcher Song ist dies?«

Sie erfahren den Titel und Interpreten. Auf dem Google Nest Hub benötigen Sie diesen Befehl nicht, weil ohnehin alle Titeldaten auf dem Display angezeigt werden.

»OK Google, spiel Musik zum Einschlafen«, »OK Google, spiel Musik zum Frühstück«, »OK Google, spiel Musik zum Sport«

Musik passend zu Aktivitäten.

7.6 Multiroom

Vor einigen Jahren sorgte der Audiospezialist Sonos mit dem Multiroom-Feature (Multiroom = engl. Mehrraum) für Furore. Unter Multiroom versteht man die gleichzeitige Musikwiedergabe auf mehreren räumlich im Haus verteilten Lautsprechern. Falls Sie mindestens zwei Smart Home-Geräte besitzen, können Sie diese ebenfalls als Multiroom zusammenschalten[20]. Unangenehme Schallverzögerungen, wie man Sie sonst von weit auseinander stehenden Lautsprechern kennt (Latenz), kompensieren die Google-Geräte sehr effektiv durch Auswertung der Schallausbreitung über die eingebauten Richtmikrofone.

Damit Multiroom perfekt funktioniert, müssen alle beteiligten Geräte mit demselben WLAN-Zugangspunkt verbunden sein.

Eine Stereo-Wiedergabe (getrennte Wiedergabe vom linken und rechten Kanal) ist nicht möglich[21]. Sie setzen dafür stattdessen die im Kapitel *7.10 Stereo* beschriebene Funktion ein. Dies ist allerdings nur mit zwei Google Home Max-Geräten vorgesehen.

Achtung, Multiroom ist mit YouTube Music, nicht aber mit anderen Musikdiensten wie Spotify (siehe Kapitel *7.9 Andere Musikdienste*) möglich, weil diese aus Lizenzgründen nicht mehrere Streams gleichzeitig zulassen.

Sollten Sie bisher noch nicht Kapitel *4.8 Gerätenamen* durchgearbeitet haben, empfehlen wir Ihnen dies jetzt nachzuholen.

Mit Home-Geräten verbundene Bluetooth-Lautsprecher (siehe Kapitel *8 Bluetooth*) werden während der Multiroom-Nutzung deaktiviert, weil darüber keine synchronisierte Wiedergabe möglich ist.

20 https://support.google.com/googlenest/answer/7174267
21 *www.the-ambient.com/how-to/set-up-amazon-echo-multiroom-audio-547*

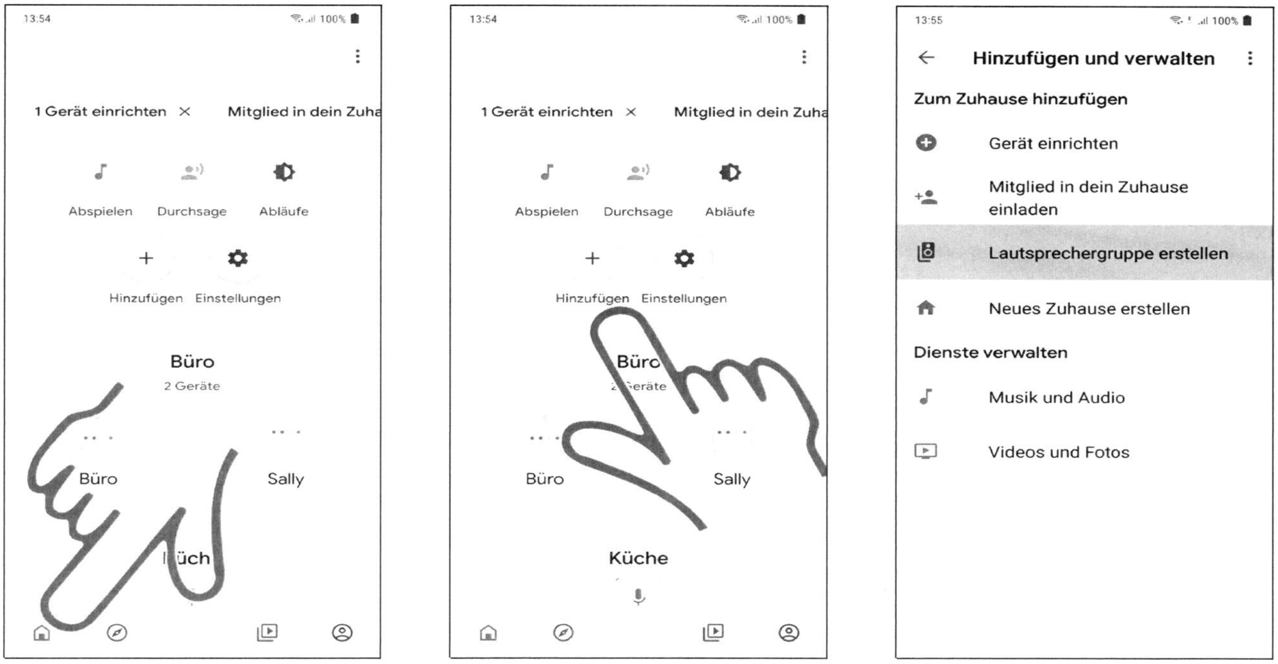

❶ Gehen Sie in das ⌂-Register, sofern es nicht bereits aktiv ist.

❷❸ Betätigen Sie + und dann *Lautsprechergruppe erstellen*.

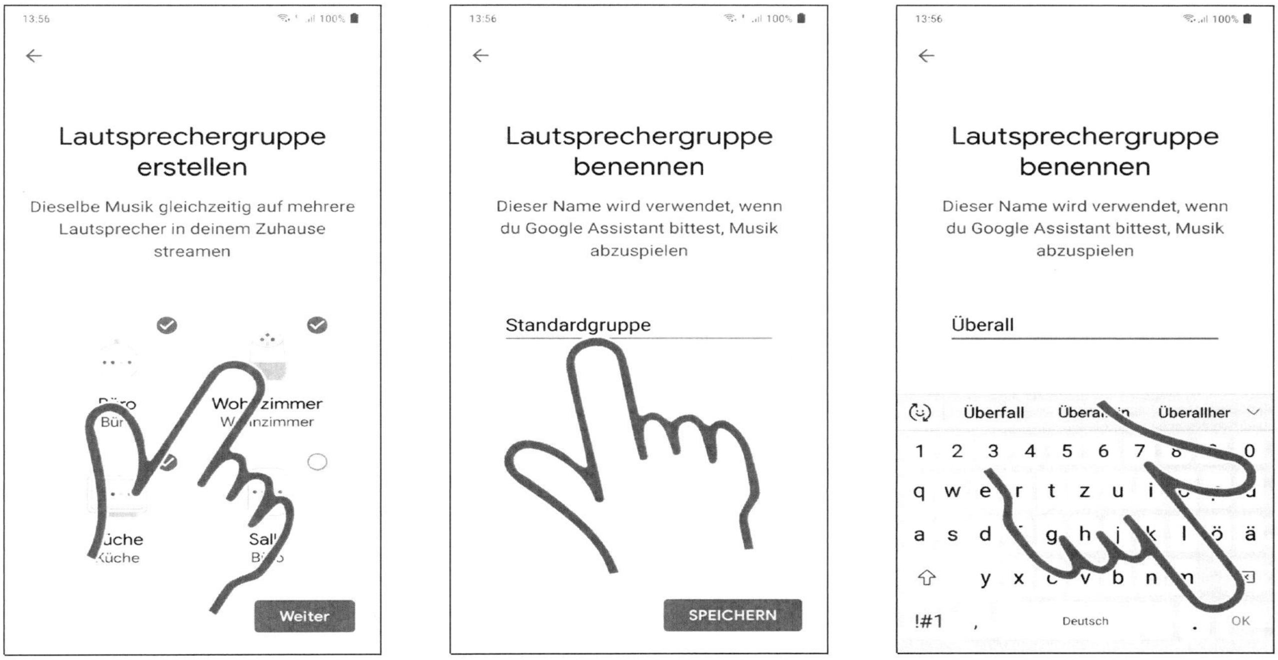

❶ Markieren Sie mit kurzem Antippen die Geräte, welche Sie der Lautsprechergruppe hinzufügen möchten und betätigen *Weiter*.

❷ Den angezeigten Gruppennamen sollten Sie auf etwas Sinnvolles ändern, weshalb Sie ihn antippen.

❸ In unserem Beispiel haben wir alle vorhandenen Home-Geräte der Gruppe zugeordnet, weshalb wir »*Überall*« eingeben. Betätigen Sie dann *OK* auf dem Tastenfeld beziehungsweise *Speichern*.

Tipp: Sie dürfen mehrere Lautsprechergruppen anlegen, dem alle oder einige Home-Geräte angehören. Das ist wirklich praktisch, falls Sie ab und zu unterschiedliche Bereiche Ihres Hauses beschallen möchten. Legen Sie beispielsweise zusätzlich »*Erdgeschoss*« für Geräte in Küche und Wohnzimmer an.

Falls ein oder mehrere Home-Geräte **nicht** gefunden werden, dann sind Handy oder/und Home-Geräte nicht mit dem gleichen WLAN-Zugangspunkt verbunden. Prüfen Sie dann zunächst die WLAN-Einstellungen auf dem Handy.

7.6.1 Lautsprechergruppen verwalten

❶ Achten Sie darauf, dass das ⌂-Register aktiv ist.

❷ Wischen Sie nach oben.

❸ Unter *Gruppen* wählen Sie die zu bearbeitende Lautsprechergruppe aus.

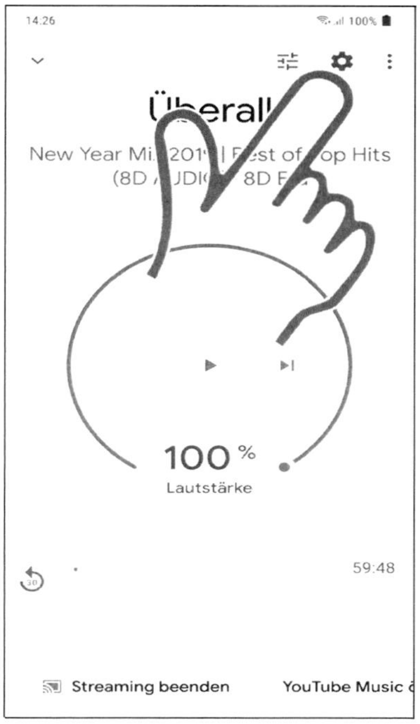

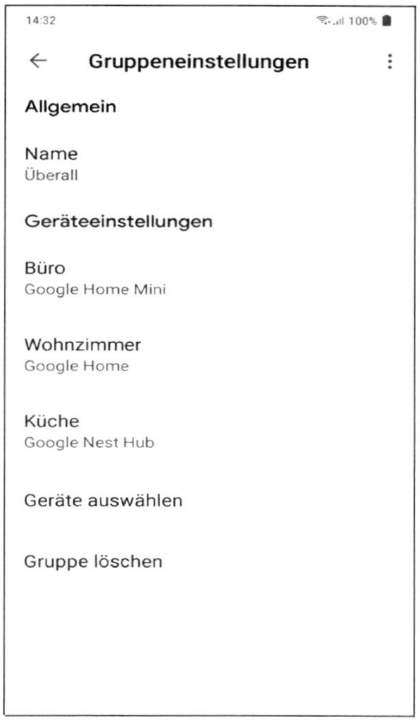

❶ Gehen Sie auf ✲.

❷ Die Einstellungen:

Unter *Allgemein*:

- *Name*: Gruppennamen ändern.

Unter *Geräteeinstellungen*:

- *Büro, Wohnzimmer, usw.*: die zugeordneten Geräte
- *Geräte auswählen*: Home-Geräte aus Gruppe entfernen oder hinzufügen.
- *Gruppe löschen*: Entfernt die Lautsprechergruppe.

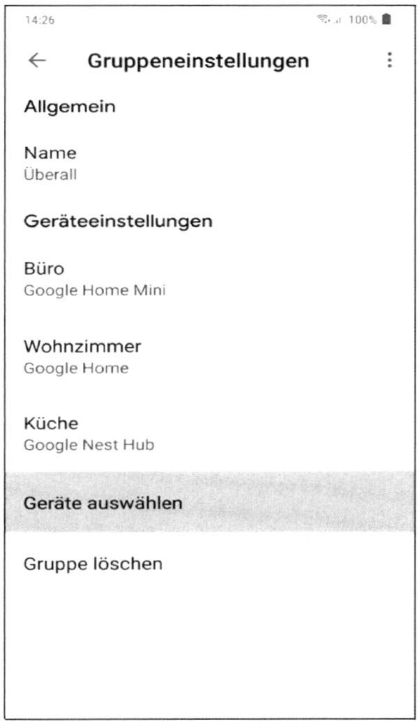

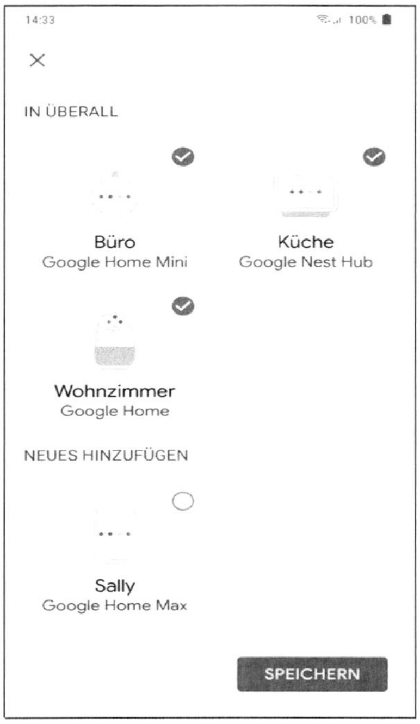

❶❷ Mit *Geräte auswählen* ordnen Sie weitere Home-Geräte der Gruppe zu oder entfernen sie daraus.

7.6.2 Multiroom in der Praxis

Künftig verwenden Sie die bereits vorgestellten Steuerungsbefehle mit dem Zusatz »*auf [Gruppenname]*«. In unserem Beispiel »*Ok Google, spiele Rockmusik auf Erdgeschoss*«. Sollte Google den Gruppennamen als Album oder Songtitel interpretieren, dann verwenden Sie »*Ok Google, spiele Rockmusik auf* ***Gruppe*** *Erdgeschoss*«.

Wir haben festgestellt, dass – sofern Sie einen unverwechselbaren Gruppennamen wie »überall« verwenden – statt »*Ok Google,* ***spiele*** *Popmusik auf* ***Überall***« auch »*Ok Google, Popmusik auf* ***Überall***« funktioniert. Experimentieren Sie ruhig einmal mit Befehlsvarianten.

Auch die Lautstärke regeln Sie einfach für alle Geräte in der Gruppe zum Beispiel mit »*Ok Google, Lautstärke 5 auf Überall*«.

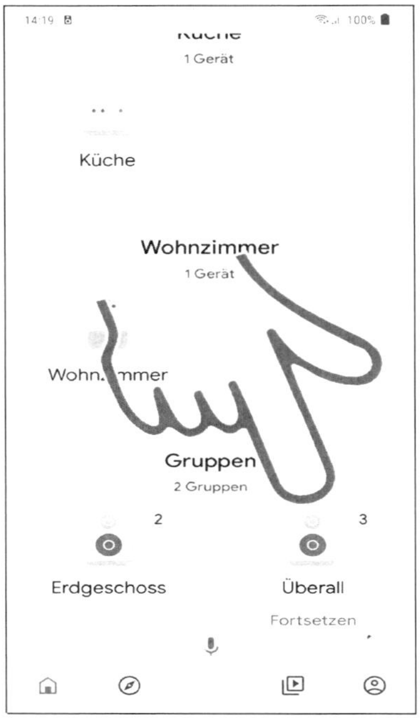

❶❷ Wischen Sie im -Register nach oben und wählen Sie unter *Gruppe* eine Lautsprechergruppe aus, auf der die Musikwiedergabe erfolgt.

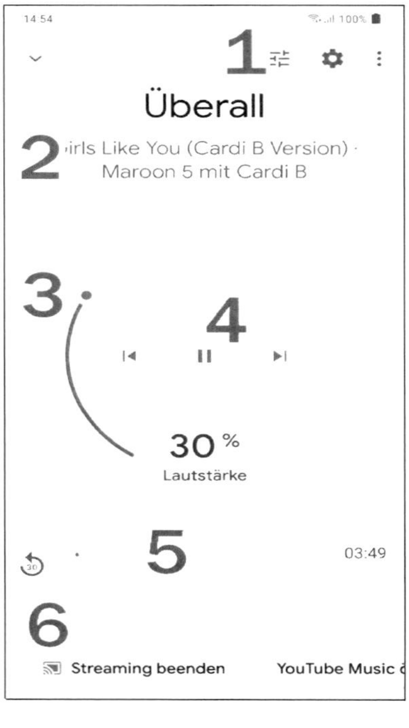

Die Optionen:

1. : Lautstärke für die gruppierten Home-Geräte ändern.
2. Gerade abgespielter Songtitel.
3. Lautstärke: Regelt die Lautstärke aller Home-Geräte in der Gruppe gleichzeitig. Beachten Sie, dass hier die durchschnittliche Lautstärke angezeigt wird.
4. Song pausieren/weiter abspielen/Song vor-/zurück springen.
5. Im abgespielten Song eine bestimmte Stelle anspringen.
6. *Streaming beenden* beendet die Musikwiedergabe auf allen Geräten in der Gruppe.

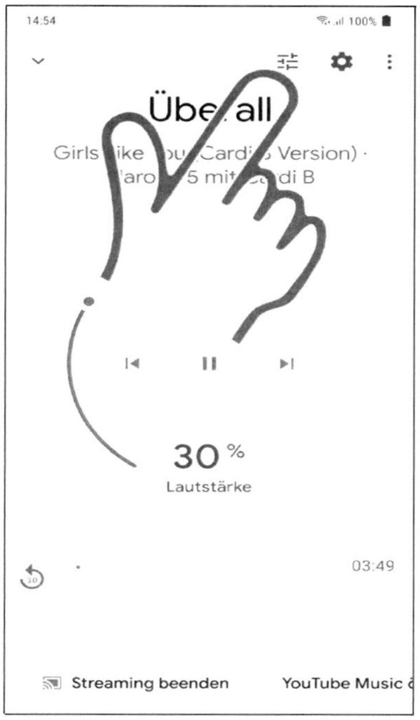

❶❷ Die ☷-Schaltleiste zeigt die Lautstärke für jedes Gerät in der Gruppe an. Verschieben Sie die einzelnen Regler, bis Ihnen die Lautstärke gefällt.

7.7 Equalizer

Je nach Gewohnheit und Musikgeschmack sind Sie vielleicht mit dem Klang Ihres Home-Geräts nicht zufrieden. In diesem Fall ändern Sie die Voreinstellungen für Bass, Mitten und Höhen.

Bluetooth-Boxen (siehe Kapitel *8 Bluetooth*) werden nicht von den Klangeinstellungen behelligt.

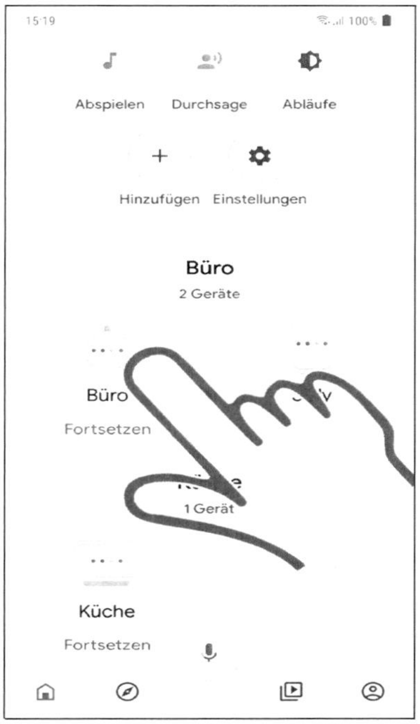

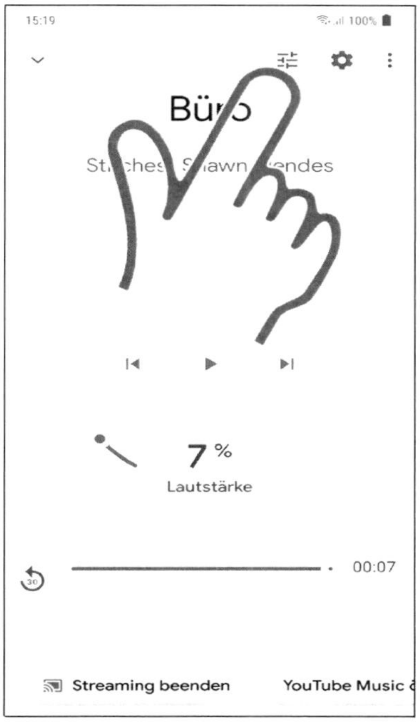

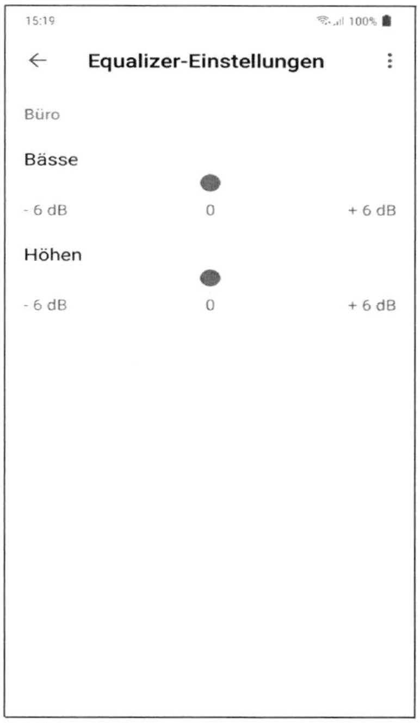

❶ Im ⌂-Register wählen Sie ein Home-Gerät aus.

❷❸ Nach Antippen von ☷ passen Sie Bässe und Höhen an.

7.8 Schnellzugriff

Für die schnelle Anpassung von Lautstärke und Equalizer bietet die Home-App einen Schnellzugriff.

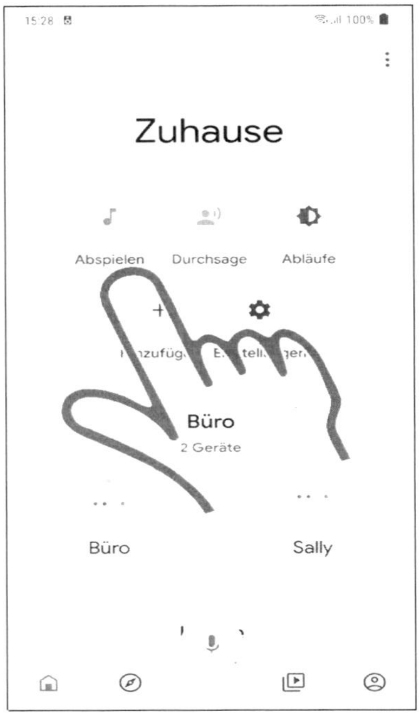

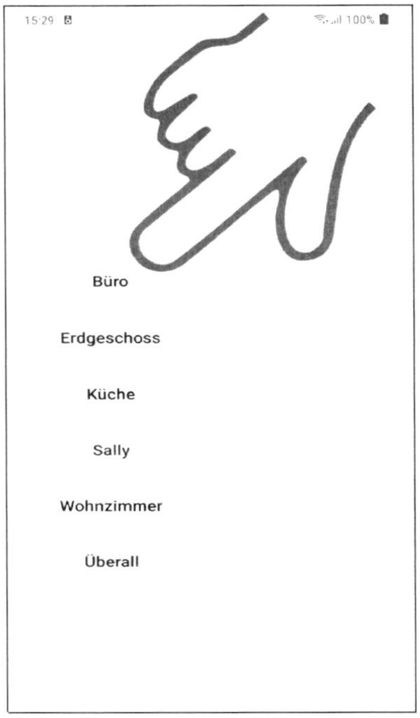

❶❷❸ Im ⌂-Register betätigen Sie die *Abspielen*-Schaltleiste und wählen ein Gerät aus, dessen Einstellungen Sie dann ändern.

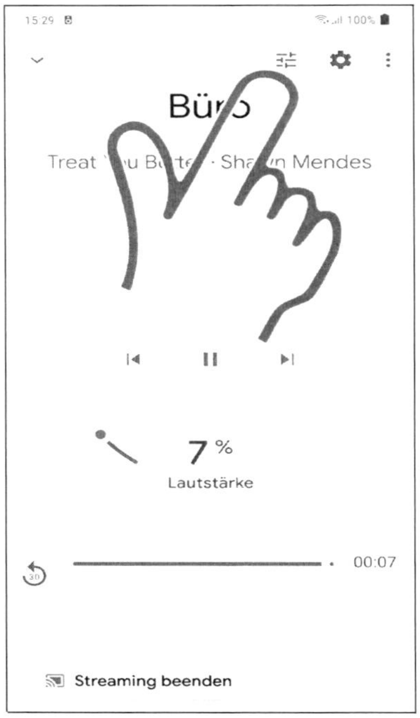

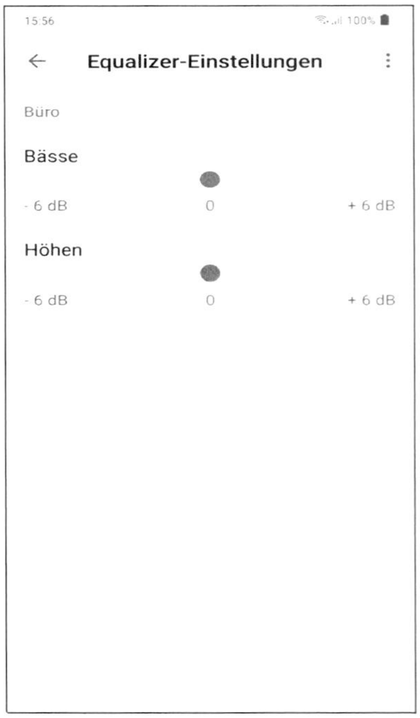

❶ Stellen Sie beispielsweise die Lautstärke ein…

❷❸ … oder ändern Sie Bass und Höhen über ☰.

7.9 Andere Musikdienste

Neben dem hauseigenen YouTube Music unterstützt Google auch diverse konkurrierende Streamingdienste wie Deezer und Spotify. In diesem Buch gehen wir nur auf Spotify ein, die anderen Dienste dürften aber ähnlich funktionieren.

7.9.1 Spotify

Der Musikstreamingdienst Spotify wird auch in der werbefinanzierten kostenlosen Version unterstützt, spielt dann aber nur die vorgegebenen Playlists ab.

Die Spotify-Verwendung lohnt sich auf den Google Home-Geräten eigentlich nur, falls Sie die Abo-Variante nutzen und bereits viel Zeit mit der Zusammenstellung eigener Playlists verbracht haben. Sind Sie noch kein Spotify-Kunde, möchten aber viel Musik hören, dann empfehlen wir das im Kapitel *7.1 Die Tarife von YouTube Music* vorgestellte YouTube Music Premium.

7.9.1.a Einrichtung

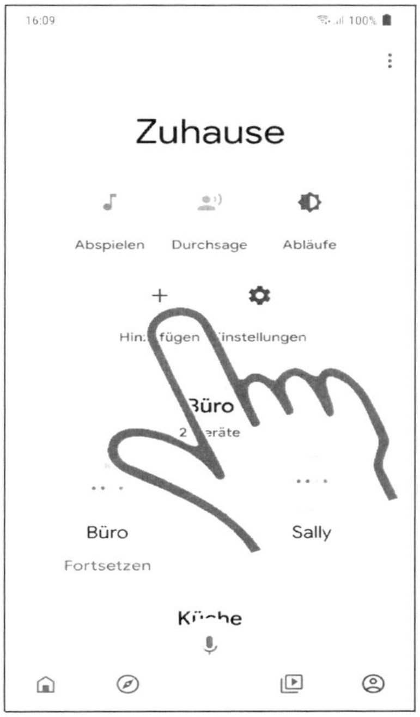

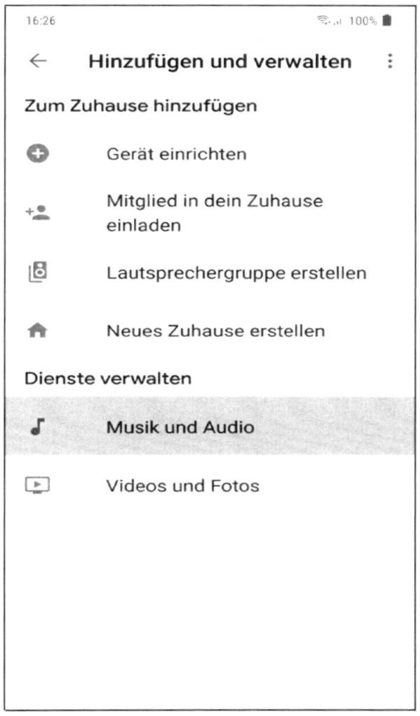

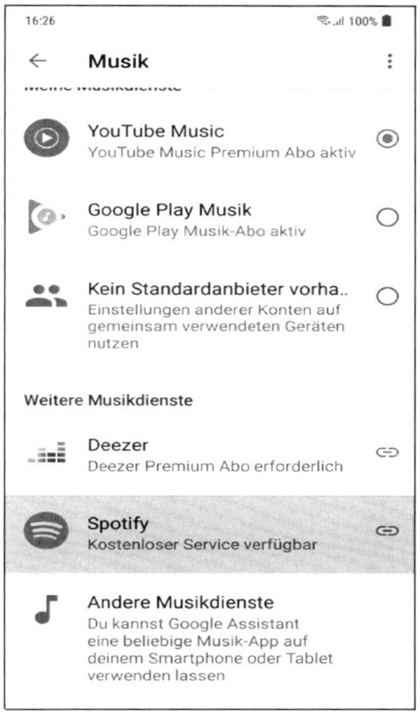

❶ Im -Register betätigen Sie +.

❷❸ Wählen Sie *Musi und Audio* und dann *Spotify*.

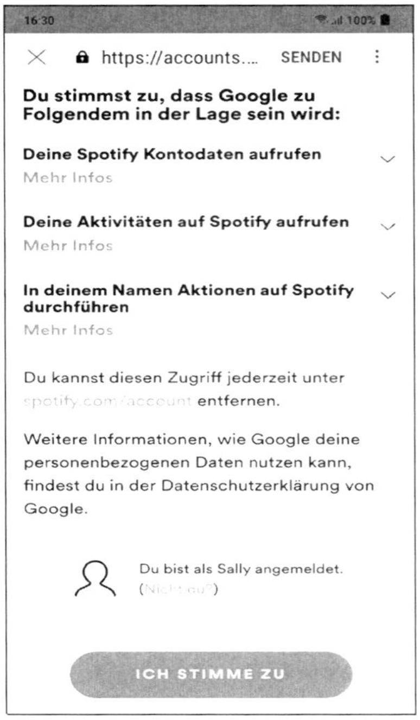

❶ Betätigen Sie *KONTO VERKNÜPFEN.*

❷ Erfassen Sie die Login-Daten Ihres Spotify-Kontos und gehen Sie auf *ANMELDEN*.

❸ Schließen Sie den Vorgang mit *ICH STIMME ZU* ab.

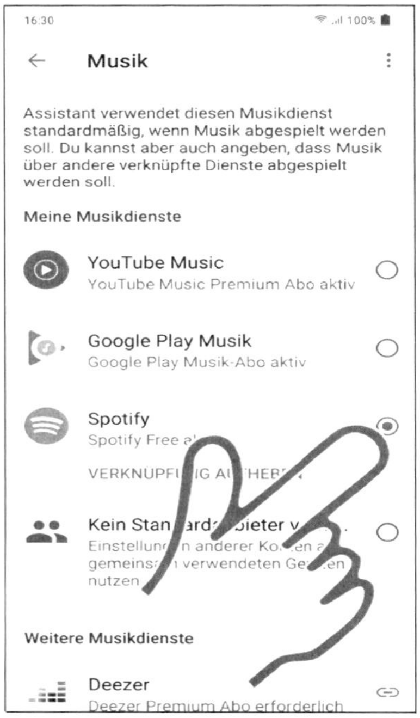

Damit die Google-Geräte Musik automatisch von Spotify und nicht von YouTube Music abspielen, müssen Sie noch *Spotify* in der Liste aktivieren.

Probieren Sie nun aus, ob alles korrekt funktioniert: Sagen Sie »*Ok Google, spiele Musik*«. Ihr Google-Gerät vermeldet die Ausführung und ergänzt »... *auf Spotify*«.

7.9.2 Standard-Musikdienst

Dieses Kapitel brauchen Sie nur durchzuarbeiten, wenn Sie zwei Musikdienste, beispielsweise YouTube Music und Spotify gleichzeitig nutzen möchten. Wir erläutern hier auch, wie Sie den standardmäßig verwendeten Dienst einstellen.

Welchen Musikdienst Google nutzt, wenn Sie mit »*Ok Google, spiele [...]*« die Wiedergabe starten, können Sie in den Einstellungen festlegen. Sie können allerdings mit Ihrem Sprachbefehl auch selbst den Dienst auswählen: Sprechen Sie beispielsweise »*Ok Google, spiele Popmusik* ***auf YouTube Music***« , wenn Spotify voreingestellt ist.

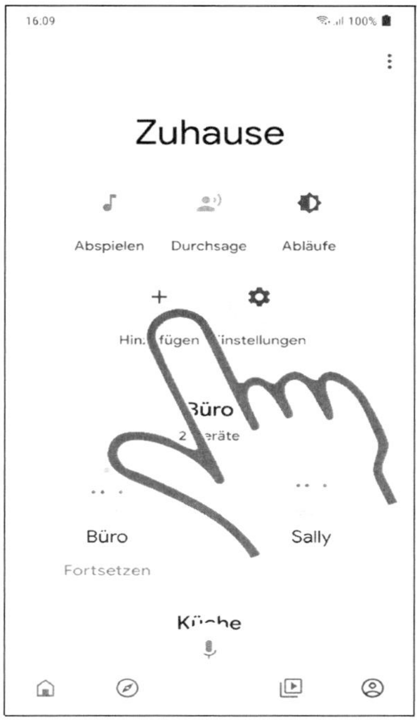

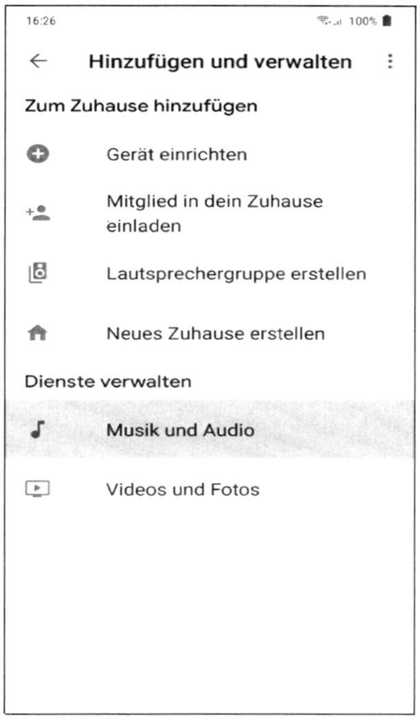

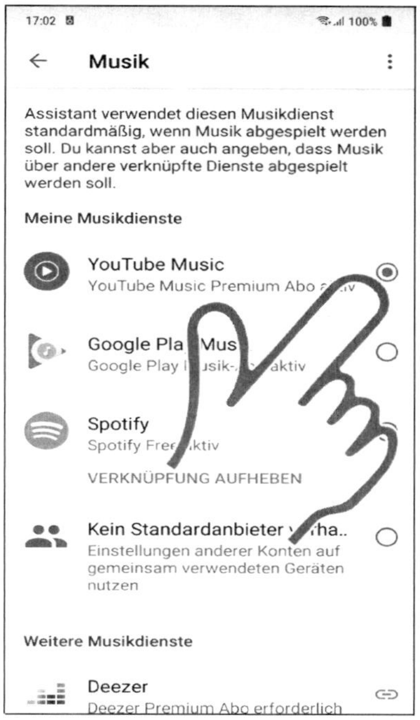

So stellen Sie den Standard-Musikdienst ein:

❶ Im ⌂-Register betätigen Sie +.

❷ Wählen Sie *Musik verwalten.*

❸ In unserem Beispiel haben wir *YouTube Music* als Standard-Musikdienst aktiviert.

7.9.3 TuneIn

Der Onlinedienst TuneIn wird »Tjun-In« ausgesprochen (engl. ungefähr mit »Stelle (den Sender) ein« zu übersetzen). Sie haben über TuneIn Zugriff auf weltweit 100.000 Radiosender, die live abgespielt werden. Eine Liste der verfügbaren deutschen Sender liefert die Webadresse *www.tunein.com/radio/local.*

Der Radiokonsum über TuneIn ist passiv, das heißt, Sie »schalten« per Sprachbefehl einen Sender ein den Sie dann konsumieren. Je nach Sender müssen Sie also mit Werbeunterbrechnungen, langweiligen Ansagen, uninteressanten Reportagen, usw. leben.

In der Regel brauchen Sie TuneIn nicht in Ihren Befehlen zu erwähnen, das heißt, statt *»Ok Google, spiel NDR2* ***auf TuneIn***« reicht auch »*Ok Google, spiel NDR2*«. Manchmal müssen Sie allerdings »*auf TuneIn*« mitsprechen, wenn Google den gewünschten Sender beispielsweise mit einem Musikstück aus YouTube Music verwechselt.

Probieren Sie einfach mal aus, ob TuneIn auch Ihren lokalen Radiosender im Repertoire hat!

7.10 Stereo

Im Kapitel *7.6 Multiroom* hatten wir ein Feature vorgestellt, bei der zwei oder mehr Home-Geräte miteinander für die raumübergreifende Musikwiedergabe gekoppelt werden. Ärgerlich ist dabei allerdings, dass die Ausgabe nur in Mono erfolgt.

Sofern Sie zwei Google Home Max-Geräte Ihr eigen nennen, können Sie diese miteinander für Stereo-Wiedergabe koppeln. Andere Google-Geräte werden dagegen nicht unterstützt.

Beachten Sie:

- Die gekoppelten Geräte müssen mit dem gleichen WLAN-Zugangspunkt verbunden sein. Das dürfte aber bei Ihnen der Fall sein, sofern Sie sich bei der Einrichtung (siehe Kapitel *4.5 Ersteinrichtung Google Home-Gerät*) an unsere Empfehlungen gehalten haben.

- Sie können nur zwei Geräte koppeln. Möchten Sie dagegen im ganzen Haus Musik hören, dann empfehlen wir die im Kapitel *7.6 Multiroom* erklärte Funktion. Die Wiedergabe ist dann allerdings Mono.
- Durch die Kopplung verschwinden beide beteiligten Google Home Max aus der Geräteliste und werden durch ein »Stereo-Gerät« ersetzt. Künftig erfolgt die Sprachausgabe nur noch über eines der beiden Geräte.

Für optimalen Klang sollten Sie folgende Hinweise beachten[22]:

- Stellen Sie die Geräte jeweils auf die mitgelieferte Silikon-Basis, was Vibrationen reduziert.
- Die Geräte sollten ca. 3 Meter auseinander stehen.
- Der ideale Hörabstand ist ca. 2-3 Meter von den Geräten entfernt.
- Soweit möglich, sollten die Geräte in der Höhe Ihrer Ohren stehen.
- Die Ausrichtung beider Geräte muss gleich sein, also entweder beide vertikal oder beide horizontal.

Sollten Sie Ihre Google Home Max-Geräte noch nicht angemeldet haben, dann führen Sie dies für beide nun – wie im Kapitel *4.5.1 Google Home, Home Mini oder Home Max einrichten* beschrieben – durch, bevor Sie hier weiterlesen.

7.10.1 Einrichtung

Die Stereo-Einrichtung erfolgt, wie nachfolgend beschrieben, in der Home-App.

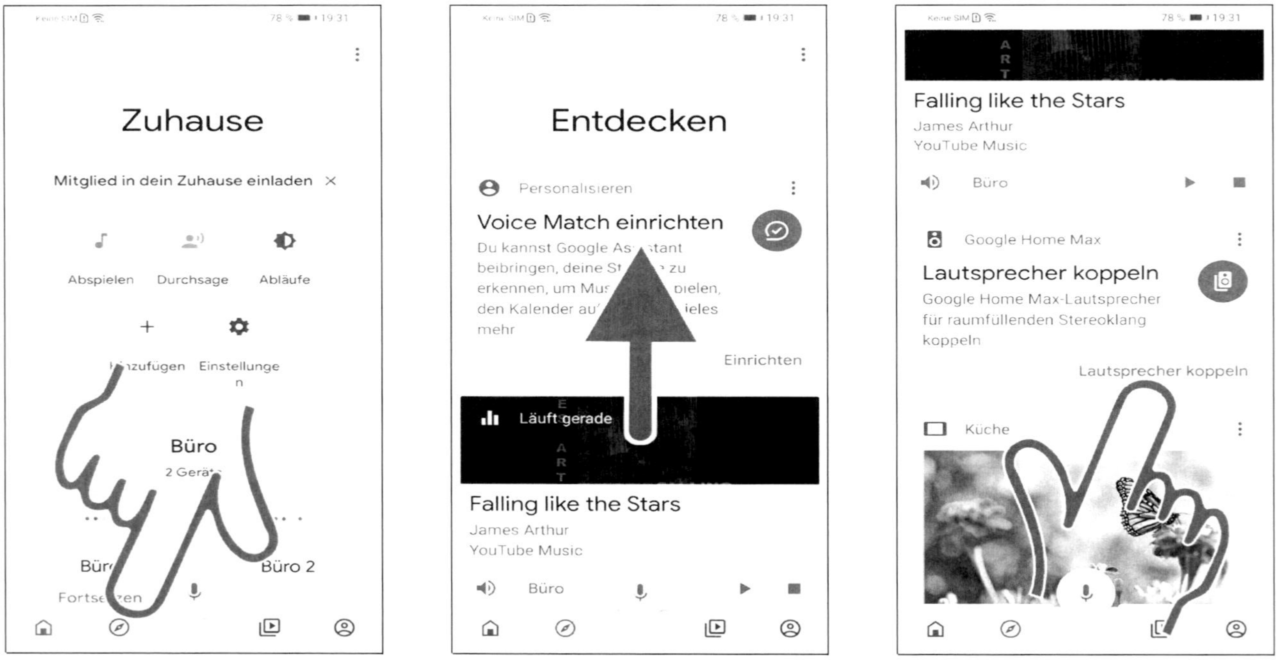

❶ Aktivieren Sie das ⊘-Register.

❷❸ Falls Sie die *Lautsprecher koppeln*-Karte nicht sehen, wischen Sie einmal nach oben. Betätigen Sie dann *Lautsprecher koppeln* (Pfeil).

22 https://support.google.com/googlenest/answer/7559493

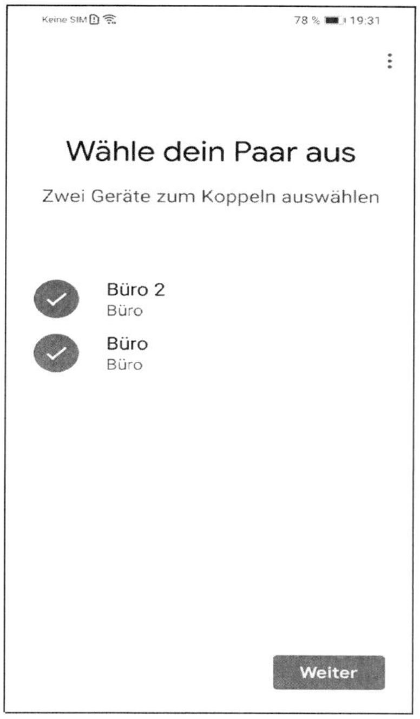

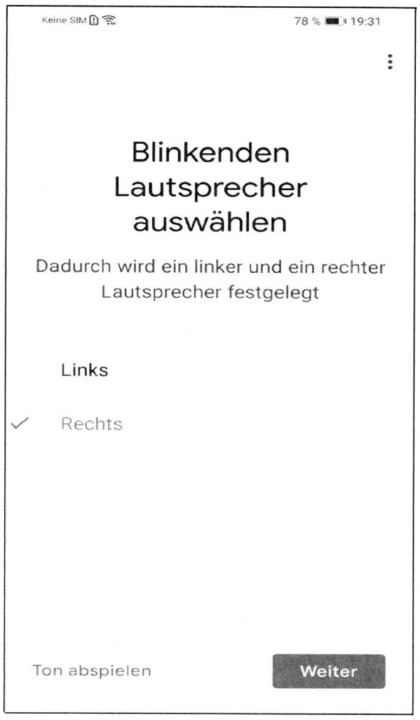

❶ Gehen Sie auf *Weiter.*

❷ Die Home-App zeigt nun die gefunden Home Max-Modelle an. Sind nur zwei in Ihrem Haushalt vorhanden, können Sie *Weiter* betätigen.

❸ Einer der beiden Geräte blinkt und gibt einen Ton aus. Wählen Sie ihn als linken oder rechten Lautsprecher aus und gehen Sie auf *Weiter.*

Beachten Sie bei der Auswahl von links/rechts: Sprachausgaben erfolgen später ausschließlich auf der »linken« Box, während die rechte stumm bleibt!

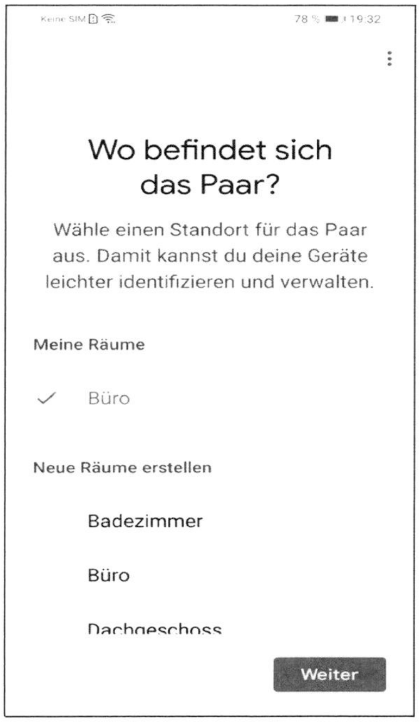

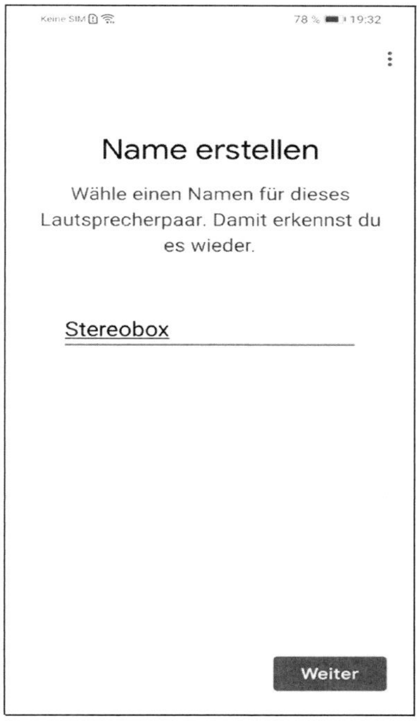

❶ Beide Google Max befinden sich im selben Raum, den Sie nun auswählen. Betätigen Sie dann *Weiter.*

❷❸ Vergeben Sie dem Stereo-Paar einen neuen Namen und schließen Sie mit *OK* beziehungsweise *Weiter* ab.

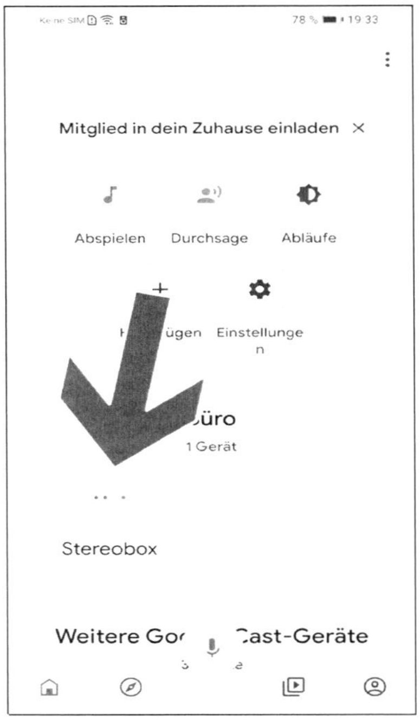

❶ Schließen Sie den Erfolgshinweis mit *OK*.

❷ Die beiden Google Max-Geräte sind in der Geräteauflistung verschwunden. Stattdessen finden Sie dort nun ein »Stereo-Gerät«.

Probieren Sie ruhig einmal aus, wie das Stereo-Paar auf Ihre Befehle reagiert:

- *»Ok Google, wie wird das Wetter«* → Nur die linke Box reagiert.
- *»Ok Google, spiele Popmusik«* → Beide Boxen spielen die Musik in Stereo ab.
- *»Ok Google, Lautstärke 80 Prozent«* → Setzt die Lautstärke bei beiden Boxen auf 80%.

7.10.2 Einstellungen

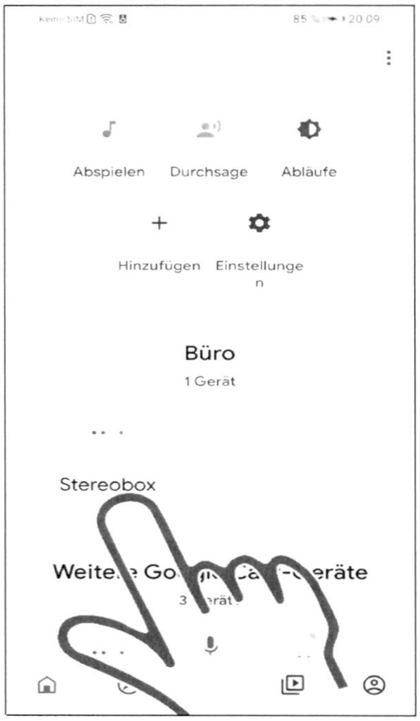

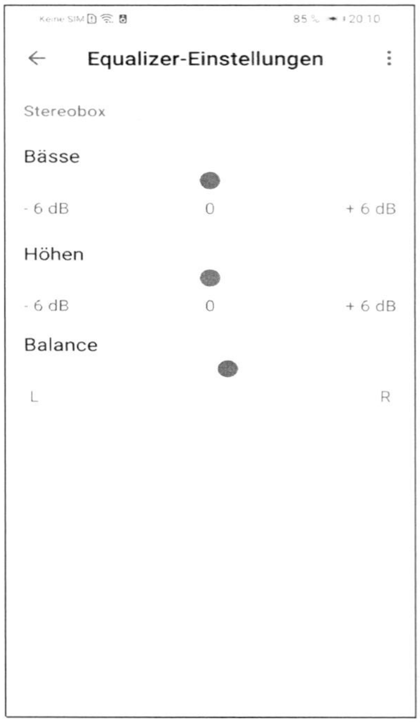

❶ Sie möchten die Balance oder den Equalizer einstellen? Dann Tippen Sie das Stereogerät im -Register an.

❷ Betätigen Sie .

❸ Hier passen Sie die gewünschten Parameter an. Interessant ist insbesondere die Balance, also der Pegel auf linker und rechter Seite, denn Sie können die Lautstärke mit Sprachbefehlen nur für beide Geräte gleichzeitig regulieren.

7.10.3 Kopplung beenden

Wenn Ihnen ein Home Max für die Hintergrundbeschallung ausreicht, oder Sie ohnehin nur das im Kapitel *7.6 Multiroom* Beschriebene nutzen, können Sie die Kopplung wieder aufheben.

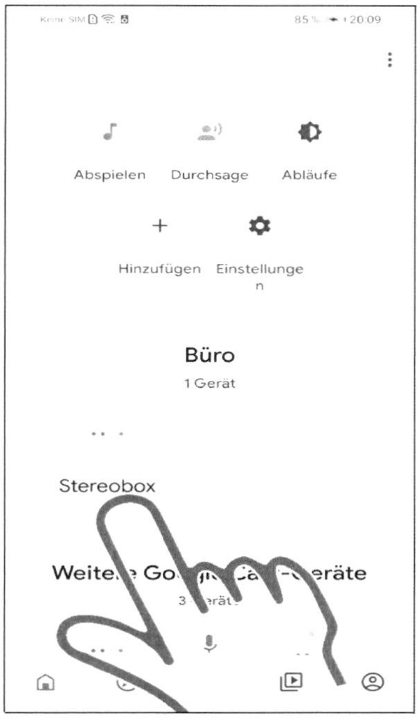

❶ Tippen Sie das Stereogerät im -Register an.

❷ Betätigen Sie .

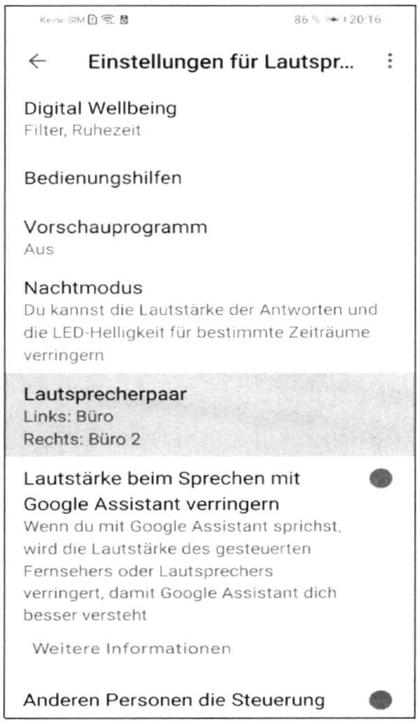

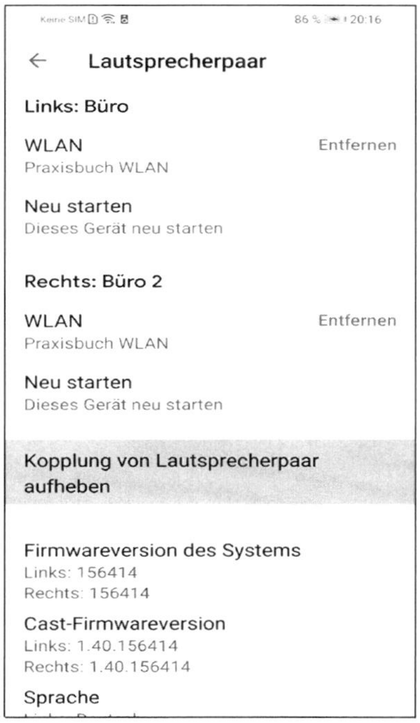

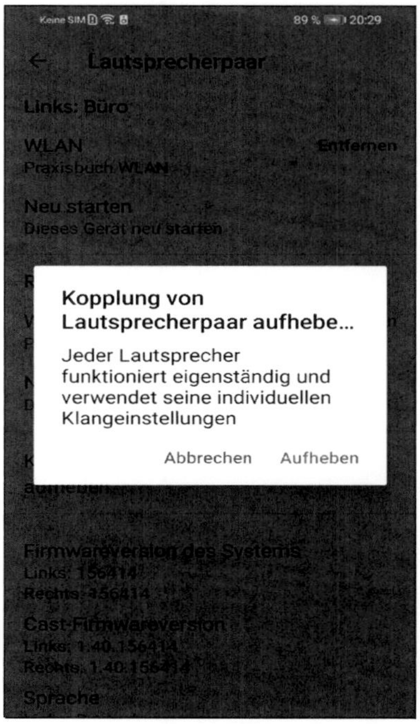

❶❷ Nach Auswahl von *Lautsprecherpaar* betätigen Sie *Kopplung von Lautsprecherpaar aufheben*.

❸ Schließen Sie den Dialog mit *Aufheben*. Sie finden die beiden Google Max-Geräte wieder unter ihrem ursprünglichen Namen in der Geräteliste des -Registers.

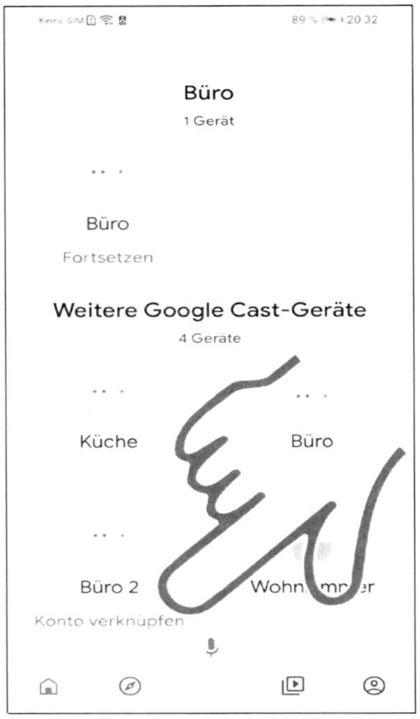

Leider wird eines der beiden Google Max-Geräte aus Ihrem Google-Konto abgemeldet.

❶❷ Sie müssen die Box daher erneut anmelden, indem Sie es im ⌂-Register suchen und dort *Konto verknüpfen* antippen. Die folgenden Einrichtungsbildschirme beschreibt bereits Kapitel *4.5 Ersteinrichtung Google Home-Gerät*.

7.11 Musiksteuerung mit dem Home-Gerät

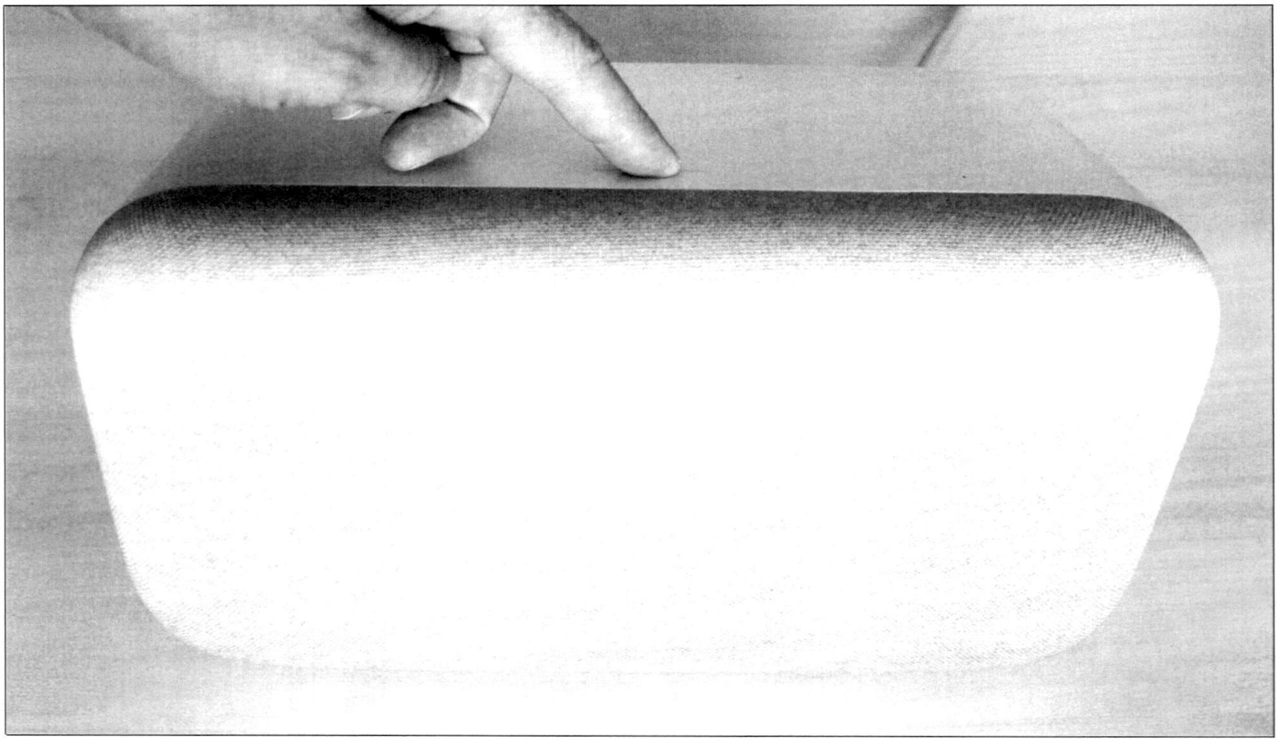

Beim Google Home Max tippen Sie kurz auf der Oberseite in die Linie, was die Wiedergabe pausiert/fortsetzt.

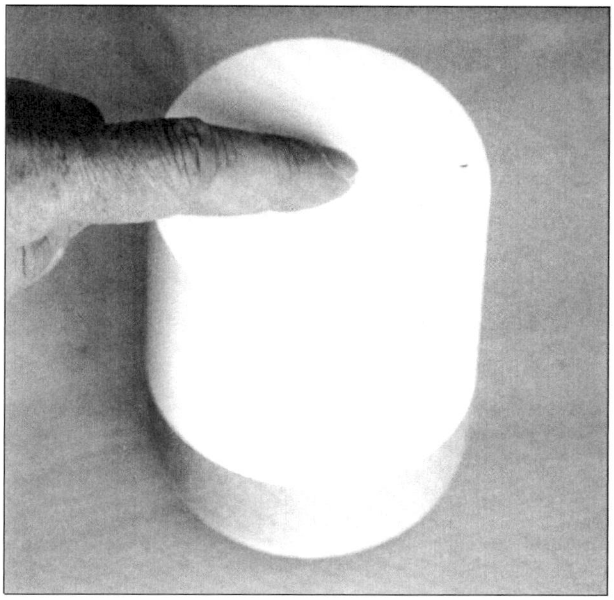

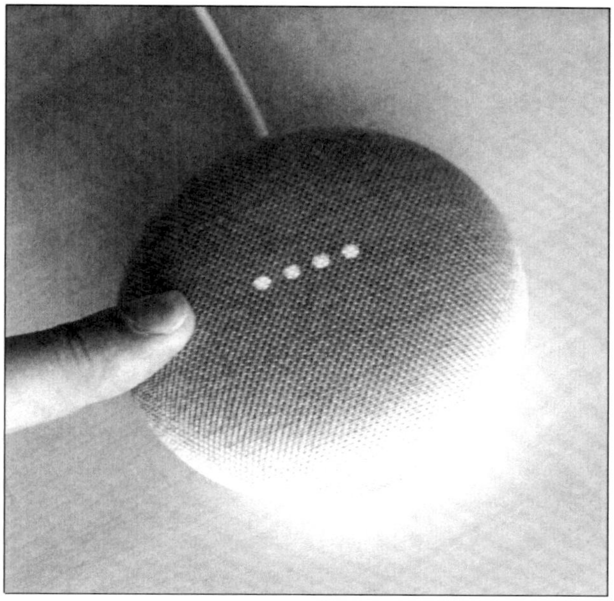

Links: Beim Google Home tippen Sie kurz auf der Oberseite in die Mitte.

Rechts: Tippen und halten Sie beim Google Home Mini den Finger auf eine der beiden Seiten. Die Musik hält an beziehungsweise wird fortgesetzt.

7.12 Musiksteuerung mit dem Nest Hub

❶ Die Bedienelemente blenden Sie mit Antippen des Bildschirms auf.

❷ Hier können Sie Titel vor- und zurückspringen, sowie pausieren/fortsetzen.

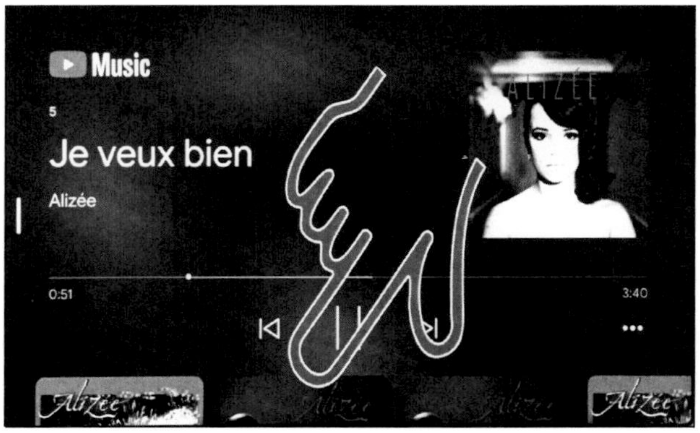

❶ Antippen des unteren Bildschirmrands öffnet die Abspielliste.

❷ Blättern Sie mit einer Wischgeste durch die aufgelisteten Songs und tippen Sie einen an, den Sie als Nächstes abspielen möchten.

7.13 Standard-Musikdienst

Dieses Kapitel ist für Sie nur interessant, sofern Sie in Ihrem Haushalt mehrere Home-Geräte verwenden. Sie können dann festlegen, dass Musikwiedergabe nicht auf dem Gerät erfolgt, mit dem Sie sprechen, sondern auf einem anderen.

Beispiel: Sie haben jeweils ein Home-Gerät in der Küche und im angrenzenden Wohnzimmer stehen. Möchten sie die Musikwiedergabe auf dem Wohnzimmergerät starten, dann müssten Sie dorthin laufen und »*Ok Google, spiele Popmusik*« sprechen. Alternativ geben Sie dem Küchen-Home-Gerät den Befehl »*Ok, Google, spiele Popmusik* ***auf Wohnzimmer***« (»Wohnzimmer« ist der Gerätename).

Es geht aber noch einfacher, indem Sie einfach ein Standardgerät festlegen, auf dem immer die Musikwiedergabe erfolgt. Wie das geht, erfahren Sie im Folgenden.

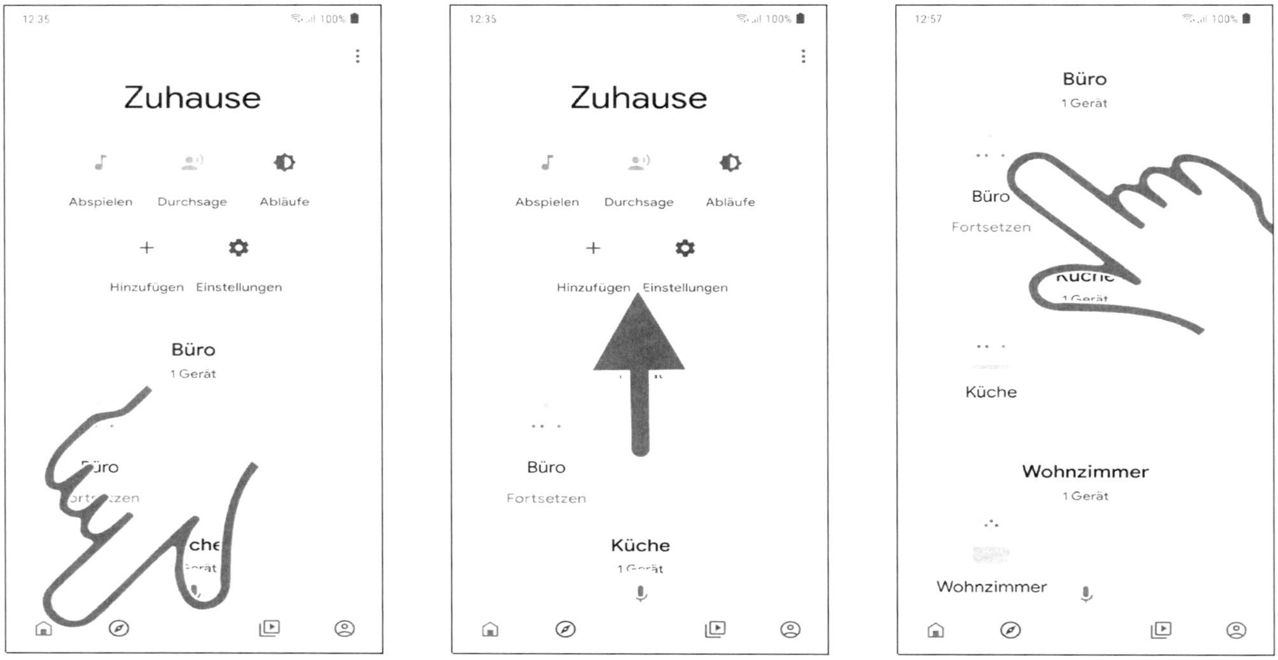

❶ Gehen Sie in der Home-App auf das ⌂-Register, sofern es nicht bereits aktiv ist.

❷❸ In der Geräteauflistung blättern Sie mit einer Wischgeste und wählen ein Home-Gerät aus, dessen Standard-Musikdienst Sie ändern möchten.

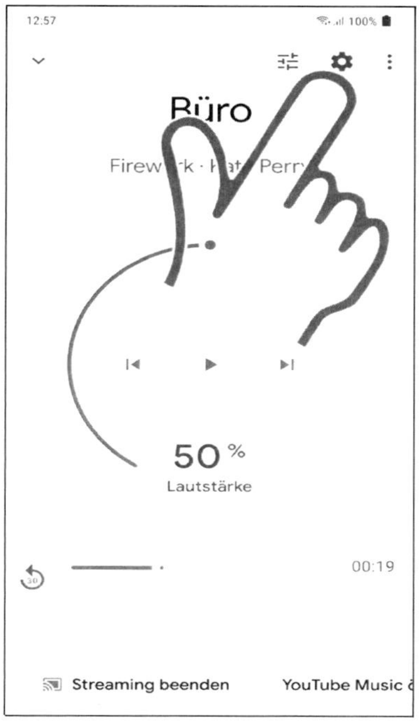

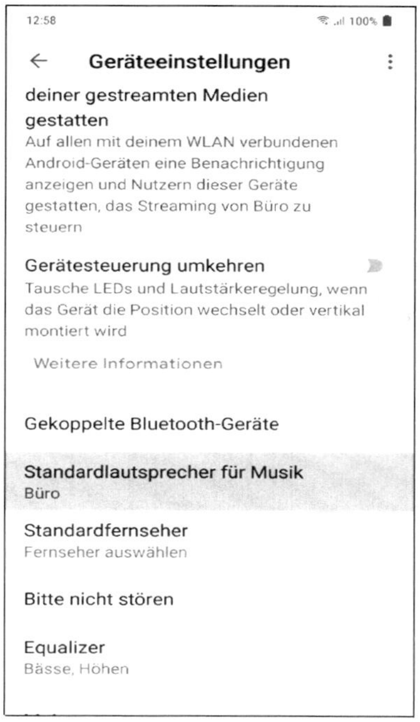

❶ Gehen Sie auf ✲.

❷ Rufen Sie *Standardlautsprecher für Musik* auf.

❸ Die Home-App listet alle im Haushalt vorhandenen Home-Geräte auf, wovon Sie eines auswählen, welches künftig als Standardlautsprecher dient.

In der Geräteauflistung erscheint auch ein gekoppelter Bluetooth-Lautsprecher (siehe Kapitel *8 Bluetooth*), den Sie ebenfalls als Standardlautsprecher festlegen können.

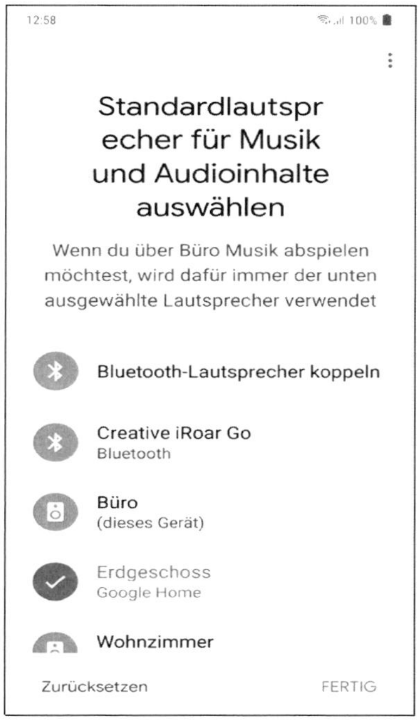

Schließen Sie den Vorgang mit *FERTIG* ab. Künftig wird Musik immer über das ausgewählte Gerät wiedergegeben.

Soll später wieder die Musikausgabe auf dem Gerät erfolgen, mit dem Sie sprechen, dann rufen Sie erneut diesen Bildschirm auf und stellen das verwendete Gerät ein (erkennbar am Hinweis »*dieses Gerät*«).

8. Bluetooth

Der Bluetooth-Funkstandard ist vor 20 Jahren zur drahtlosen Kopplung und Datenübertragung entwickelt worden. Heute setzt man Bluetooth vor allem für den Betrieb von Headsets, Kopfhörern oder Lautsprechern am Handy ein. Vielleicht haben Sie ja bereits mal Autofreisprecheinrichtung oder einen Bluetooth-Lautsprecher damit gekoppelt?

Es gibt zwei Optionen bei Bluetooth-Verbindungen:

- Handy-Verbindung, um über das Google-Gerät Musik abzuspielen.
- Google-Gerät-Verbindung mit einem Bluetooth-Lautsprecher.

8.1 Handy-Kopplung mit dem Home-Gerät

Dieser Anwendungsfall dürfte zugegebenermaßen selten auftreten. In der Regel werden Sie ja Musik direkt über die vom Home-Gerät unterstützten Musikdienste abspielen. Falls Sie allerdings ab und zu Gäste haben, die Musik von ihrem Handy auf einem externen Lautsprecher abspielen möchten, dann ist die Home-Geräte-Kopplung interessant. Oder vielleicht haben Sie noch ein altes Tablet oder Handy herumliegen, das Sie unabhängig von Ihrem Haupthandy als Medienzentrale verwenden möchten.

Die Handy-Kopplung funktioniert mit allen Home-Geräten, also Home, Home Mini, Home Max und Nest Hub.

8.1.1 Einrichtung

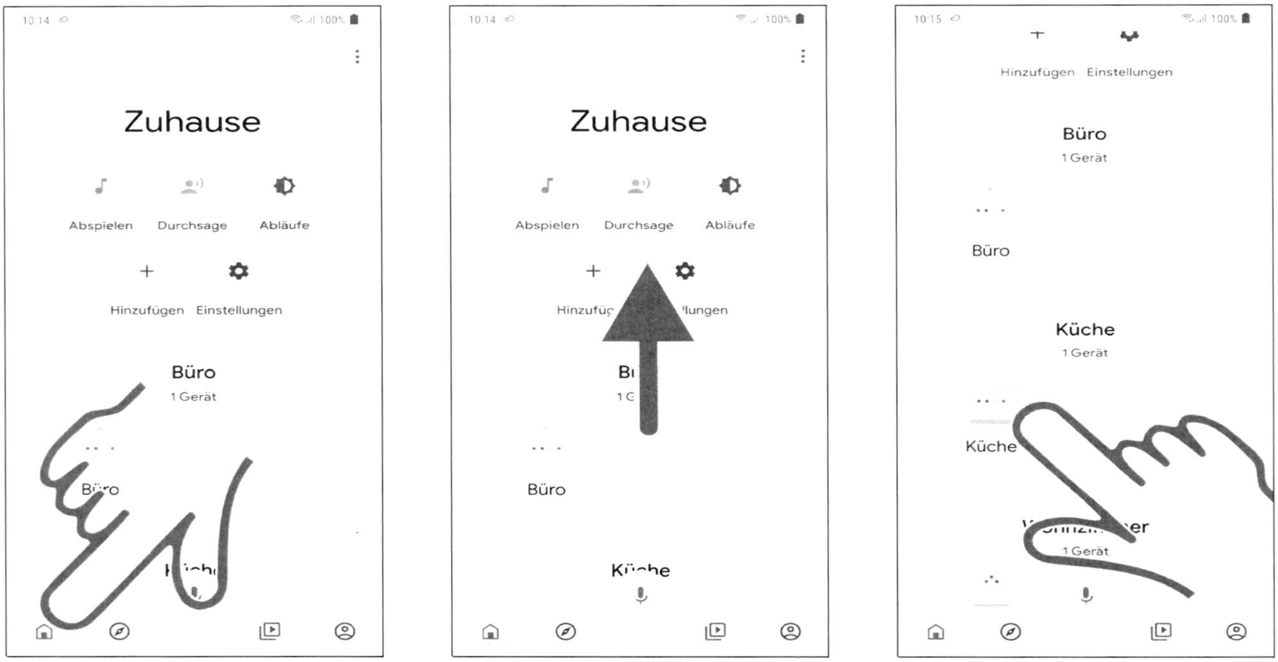

❶ Gehen Sie in der Home-App auf das ⌂-Register, sofern es nicht bereits aktiv ist.

❷❸ In der Geräteauflistung blättern Sie mit einer Wischgeste und wählen ein Home-Gerät aus, mit dem Sie das Handy verbinden möchten.

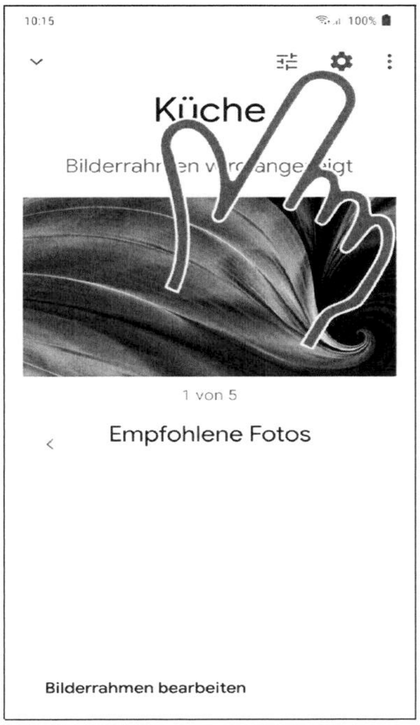

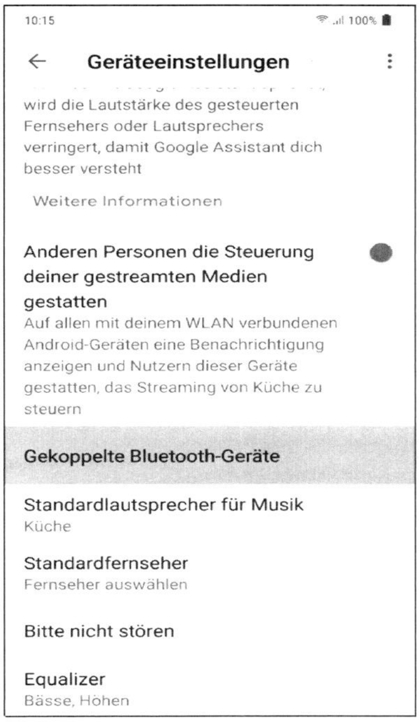

➊ Gehen Sie auf ⚙.

➋ Nach Aufruf von *Gekoppelte Bluetooth-Geräte* betätigen Sie *KOPPLUNGSMODUS AKTIVIEREN.*

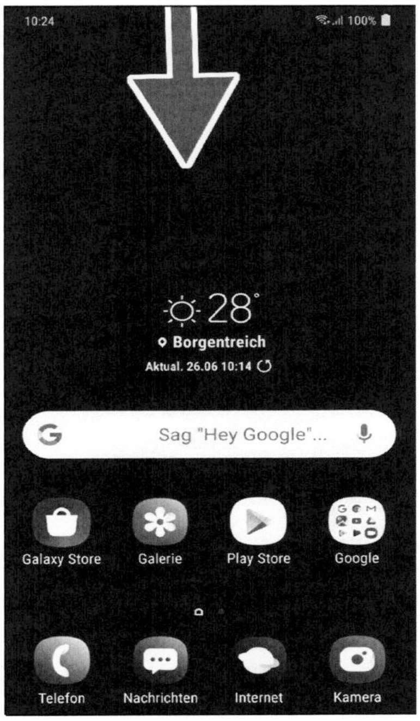

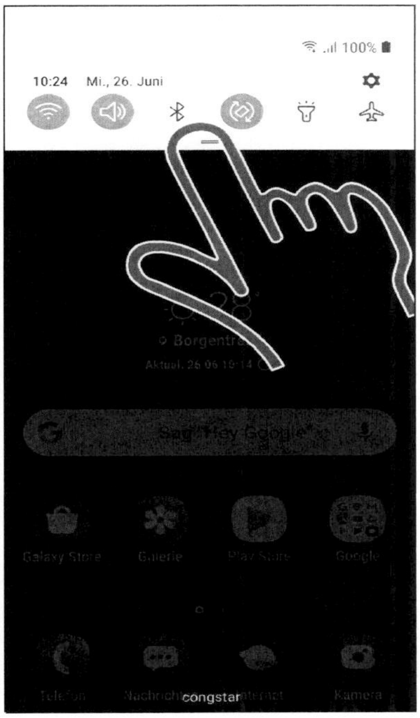

Führen Sie nun auf dem Handy/Tablet, das Sie mit dem Home-Gerät verbinden möchten, die Bluetooth-Kopplung durch. Der Ablauf leider bei jedem Handy etwas anders, funktioniert aber genauso, als ob Sie eine ganz normale Bluetooth-Box mit dem jeweiligem Handy koppeln möchten.

➊ In unserem Beispiel verwenden wir ein Samsung-Handy, auf dem wir mit einer Wischgeste von oben außerhalb des Displays das Benachrichtigungsfeld öffnen.

➋ Dort aktivieren wir mit der ✱-Schaltleiste Bluetooth – sollte dieses bereits aktiv sein, betätigen Sie sie zweimal hintereinander, damit das Handy automatisch nach Bluetooth-Geräten sucht.

➌ Wählen Sie das Home-Gerät aus (der Name ist natürlich bei Ihnen anders).

Ein Erfolgshinweis erfolgt.

8.1.2 Praxiseinsatz

Starten Sie nun auf dem Handy/Tablet die Musikwiedergabe, welche daraufhin über das Home-Gerät erfolgt.

Die Musiksteuerung kann nicht nur auf dem Handy/Tablet, sondern auch per Sprachsteuerung auf dem Home-Gerät erfolgen.

Einige Beispielbefehle:

- »*Ok Google, leiser*«
- »*Ok Google, Lautstärke 7*«
- »*Ok Google, nächster Song*«
- »*Ok Google, vorheriger Song*«,
- »*Ok Google, Pause*«
- »*Ok Google, fortsetzen*«
- »*Ok Google, stopp*« beendet die Medienwiedergabe.

Darüber hinaus reagiert das Google-Gerät weiterhin auf alle Befehle, die nichts mit der Medienwiedergabe zu tun haben und setzt danach die Musikausgabe fort.

Der Nest Hub zeigt während der Wiedergabe einen Abspielbildschirm mit Songtitel und Interpret, sowie Bedienelementen an.

8.1.3 Kopplung beenden

Wenn Sie nur zwischendurch die Bluetooth-Verbindung beenden möchten, sagen Sie einfach »*Bluetooth aus*« beziehungsweise »*Bluetooth an*« zum Einschalten.

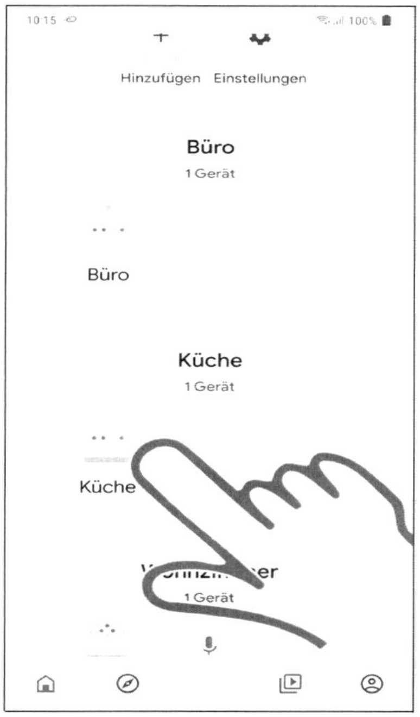

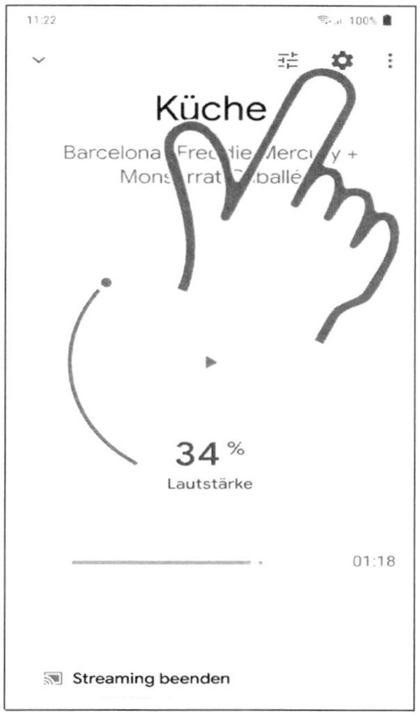

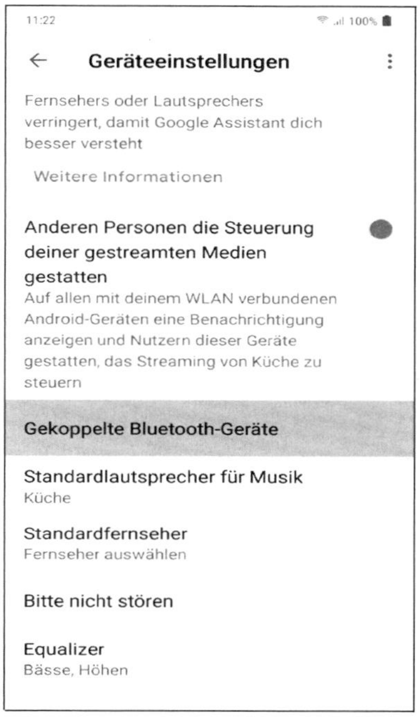

Zum permanenten Entkoppeln müssen Sie dagegen die Home-App bemühen.

❶ Gehen Sie in der Home-App auf das ⌂-Register, sofern es nicht bereits aktiv ist. In der Geräteauflistung blättern Sie mit einer Wischgeste und wählen das Home-Gerät aus, mit dem das Handy verbunden ist.

❷❸ Betätigen Sie ✲ für die Einstellungen und rufen Sie *Gekoppelte Bluetooth-Geräte* auf.

❶❷ Betätigen Sie X und gehen Sie im Popup auf *Entkoppeln.*

8.2 Bluetooth-Lautsprecher mit Home-Gerät koppeln

Die Google Home-Geräte lassen sich mit einem Bluetooth-Lautsprecher (»Bluetooth-Box«) für die Musikwiedergabe koppeln. Daraus ergeben sich gleich mehrere Vorteile, denn zum einen ist der Klang von hochwertigen Bluetooth-Lautsprechern häufig besser, zum anderen sind diese meistens mit einem Akku ausgestattet. Letzteres erlaubt es, den Bluetooth-Lautsprecher beliebig im Raum zu positionieren. Möchten Sie zum Beispiel auch unter der Dusche oder im Garten Musik hören, dann nehmen Sie einfach die Bluetooth-Box statt des Home-Geräts mit.

Die Bluetooth-Reichweite beträgt im Optimalfall (direkte Sichtverbindung zwischen Box und Home-Gerät) einige dutzend Meter. Stahlbetonwände, Metallschränke, metallbedampfte Glasscheiben und Ähnliches dämpfen dagegen die Bluetooth-Verbindung kräftig.

Zwar werden Bluetooth-Boxen bereits ab etwa 20 Euro angeboten, wenn Sie allerdings auf guten Klang und lange Akkulaufzeit Wert legen, müssen Sie schon etwas mehr auf den Tisch legen, denn erst ab 100 bis 150 Euro erhalten Sie Lautsprecher, die klanglich überzeugen können. Eine Empfehlung möchten wir an dieser Stelle übrigens nicht geben, denn dazu ist der Markt viel zu unübersichtlich und jeder Händler führt eine andere Lautsprecherauswahl.

Unsere Liste, worauf Sie beim Kauf eines Bluetooth-Lautsprechers achten sollten, bietet einige Anhaltspunkte zur Kaufentscheidung:

- Akkugröße beziehungsweise garantierte Laufzeit.
- Die RMS-Angabe ist ein Indiz für die maximale Lautstärke. Achten aber darauf, dass diese letztendlich auch Einfluss auf die Akkubetriebsdauer hat.
- Wasserdichtheit oder zumindest Spritzwasserschutz für den Einsatz draußen.
- 360 Grad: Einige Lautsprecher bieten einen 360-Grad-Abstrahlwinkel. Statt sie wie einen normalen Lautsprecher in eine Zimmerecke zu platzieren, stellt man sie direkt in der Raummitte, beispielsweise einen Tisch. Der Vorteil ist eine gleichmäßige Beschallung.
- Einige Zusatzfunktionen sind abseits des Einsatzes mit den Home-Geräten praktisch: Aufladen (Powerpack-Funktion) und Freisprechfunktion für Handys, direkte Musikwiedergabe von einer eingesteckten Speicherkarte, usw.
- In der Praxis funktioniert praktisch jede Bluetooth-Box mit den Home-Geräten.

Die Modelle Home und Home Max haben einen guten Klang und eine hohe maximale Lautstärke, weshalb sich der Bluetooth-Betrieb eigentlich nur beim Home Mini und Nest Hub lohnt.

Beachten Sie, dass das Home-Gerät weiterhin alle Sprachausgaben über den eingebauten Lautsprecher macht.

8.2.1 Einrichtung

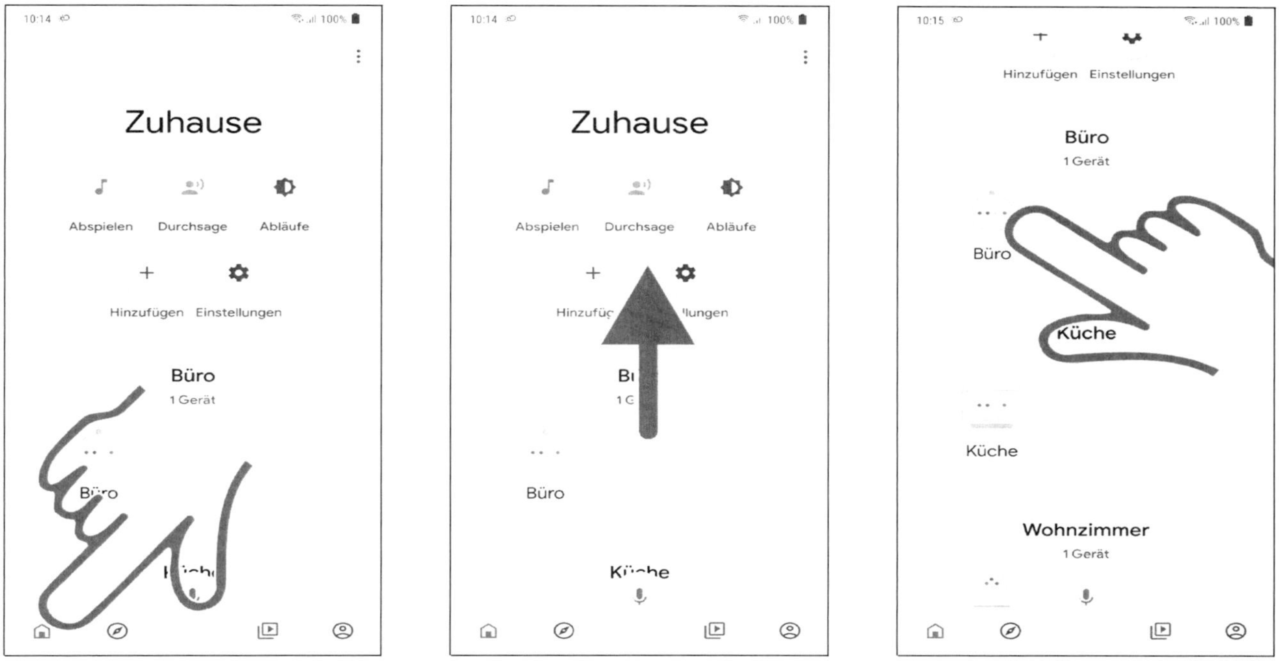

❶ Gehen Sie in der Home-App auf das ⌂-Register, sofern es nicht bereits aktiv ist.

❷❸ In der Geräteauflistung blättern Sie mit einer Wischgeste und wählen ein Home-Gerät aus, mit dem Sie den Bluetooth-Lautsprecher verbinden möchten.

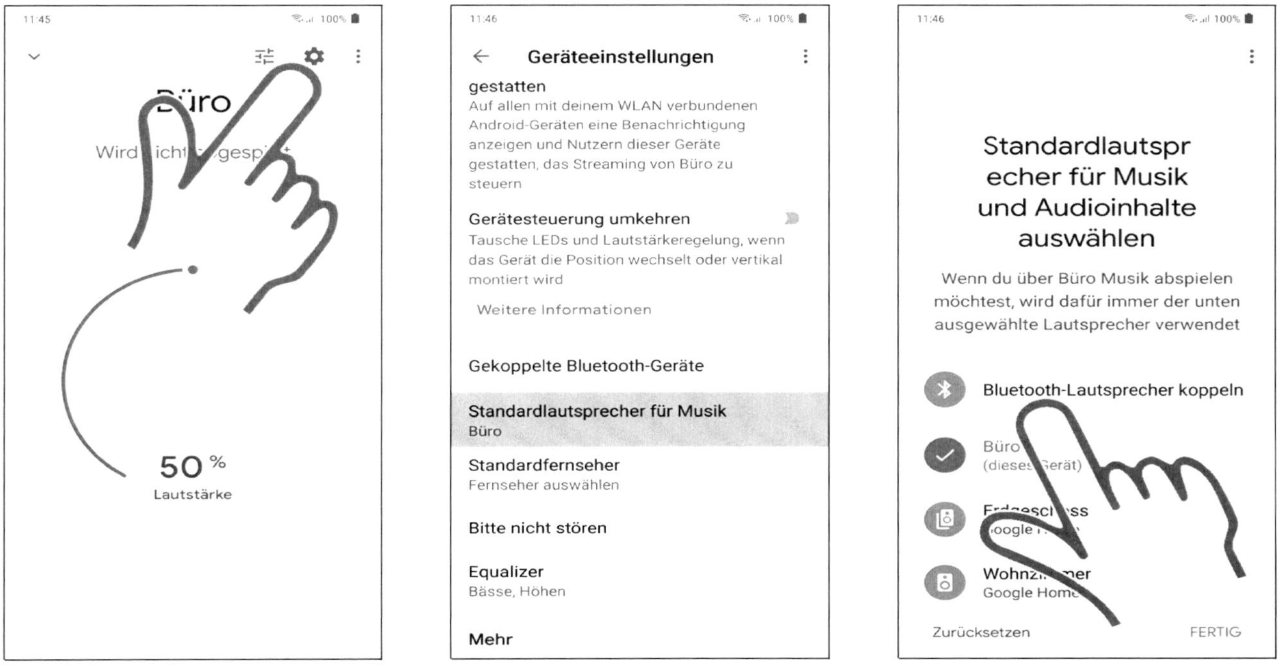

❶❷ Betätigen Sie ⚙ für die Einstellungen und rufen Sie *Standardlautsprecher für Musik* auf.

❸ Gehen Sie auf *Bluetooth-Lautsprecher koppeln.*

Spätestens jetzt müssen Sie Ihren Bluetooth-Lautsprecher in den Kopplungsmodus schalten, was meistens über eine extra Taste erfolgt.

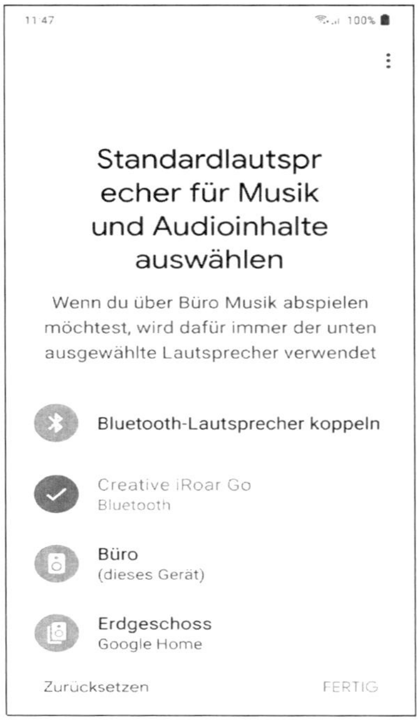

❶ Wählen sie das gefundene Bluetooth-Gerät aus.

❷ Schließen Sie den Bildschirm mit *FERTIG*.

❸ Das Bluetooth-Gerät ist nun als Standardlautsprecher für die Medienwiedergabe eingerichtet.

8.2.2 Praxiseinsatz

Probieren Sie die Wiedergabe aus, indem Sie beispielsweise »*Ok Google, spiele Popmusik*« sagen. Die Lautstärke stellen Sie wahlweise über die Tasten/Regler am Bluetooth-Lautsprecher oder mit den bereits im Kapitel *7.5 Befehle* vorgestellten Befehlen wie »*OK Google, lauter*« oder »*OK Google, leiser*«.

Platzieren Sie unbedingt das Home-Gerät **vor** dem Bluetooth-Lautsprecher, weil sonst Ihre Sprachbefehle nicht verstanden werden.

8.2.3 Kopplung beenden

Schalten Sie den Bluetooth-Lautsprecher aus, damit die Musikausgabe auf dem Home-Gerät erfolgt. Nach dem Einschalten des Bluetooth-Lautsprechers wird automatisch die Verbindung wieder aufgebaut und die Wiedergabe schaltet auf Bluetooth um. Alternativ sprechen Sie »*Ok Google, Bluetooth aus*« beziehungsweise »*Ok Google Bluetooth an*«.

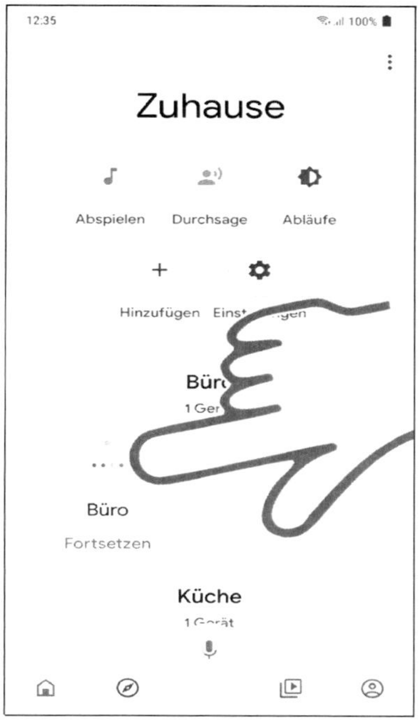

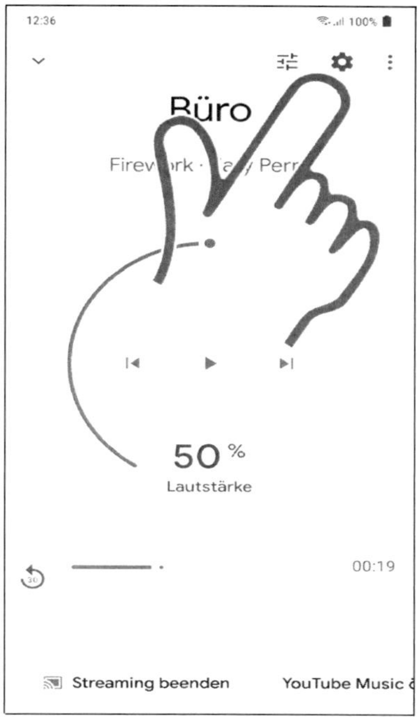

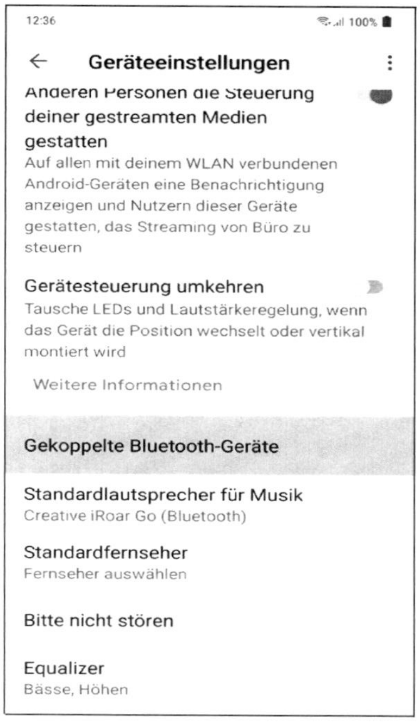

Zum permanenten Entkoppeln verwenden Sie dagegen die Home-App.

❶ Gehen Sie in der Home-App auf das ⌂-Register, sofern es nicht bereits aktiv ist und tippen Sie das Home-Gerät an, mit dem Sie den Bluetooth-Lautsprecher gekoppelt hatten.

❷ Betätigen Sie ✲ für die Einstellungen und rufen Sie *Gekoppelte Bluetooth-Geräte* auf.

❶❷ Betätigen Sie ✕ und gehen Sie im Popup auf *Entkoppeln.*

9. Zeitfunktionen

Von Google wurden zahlreiche Funktionen in den Google Assistant integriert, die Sie beim Zeitmanagement unterstützen.

9.1 Wecker

Sprechen Sie einfach »*Ok Google, wecke mich um [Uhrzeit] Uhr*« oder »*Ok Google, stelle Wecker auf [Uhrzeit] Uhr*. Es erfolgt eine Bestätigung »[…], dein *Wecker für morgen xx Uhr gestellt*«.

Achtung: Der Wecker ist geräteabhängig. Achten Sie also darauf, dass Sie dem Home-Gerät im Schlafzimmer den Weckbefehl zu geben, damit Sie morgens aus den Federn kommen.

Die wichtigsten Befehle[23] (bitte leiten Sie jeden Befehl mit »*OK Google*« oder »*Hey Google*« ein:

- »*Stelle meinen Wecker auf 6 Uhr 30*«
  Alarm erfolgt um 6:30 Uhr
- »*Stelle einen Wecker 'Aufstehen' auf 7 Uhr*«
  Erstellt einen Alarm mit der gewählten Bezeichnung.
- »*Stelle einen Wecker für jeden Tag der Woche auf 7 Uhr*«
  »*Stelle einen Wecker für jeden Donnerstag auf 18 Uhr*«
  Alarm für bestimmte Wochentage setzen.
- »*Wann klingelt mein Wecker*?«
  »*Wann klingelt mein Wecker am Freitag?*«
  »*Wann klingelt mein Wecker 'Aufstehen'?*«
  Nennt die von Ihnen nachgefragten Wecker.
- »*Welche Wecker habe ich gestellt?*«
  Informiert Sie über alle gestellten Wecker.
- »*Lösche meinen Wecker*«
  »*Lösche meinen Wecker um 6 Uhr*«
  »*Lösche meinen Wecker 'Aufstehen'*«
  Einzelnen Alarm löschen
- »*Stelle den Wecker aus*«
  »*Schlummern*«
  »*Aktiviere die Schlummerfunktion für 10 Minuten*«
  Alarm ausstellen beziehungsweise für eine gewissen Zeitspanne verzögern (»Snooze«)
- »*Stelle Wecker*«
  Sprachgeführte Einrichtung eines Weckers.

Wenn der Alarm ertönt, können Sie den Wecker mit Antippen des Home-Geräts abschalten:

- Google Home: Oberseite antippen.
- Google Home Mini: Auf eine Seite des Geräts tippen, worüber Sie sonst die Lautstärke einstellen.
- Google Home Max: Auf die linierte Fläche auf der Oberseite tippen.
- Nest Hub: Lautstärketaste betätigen oder auf den Bildschirm tippen.

Sie dürfen übrigens beliebig viele Weckzeiten anlegen. In Kombination mit der Wochentagsangabe stellen Sie sich somit ein individuelles Weckprofil zusammen.

23 https://support.google.com/googlenest/answer/7071598

Einschränkungen und Besonderheiten des Weckers[24]:

- Der Alarmton wird nur vom Home-Gerät selbst, nicht aber über angeschlossene Geräte (TV oder Bluetooth-Lautsprecher) ausgegeben.
- Sie können den Alarmton nicht ändern.
- Der Alarmton wird für 10 Minuten ausgegeben, sofern Sie ihn nicht vorher abstellen

Auch das Wecken mit Musik ist möglich, allerdings nur in den USA. Ob und wann dieses Feature auch in Deutschland unterstützt wird, ist derzeit unbekannt.

9.1.1 Weckerlautstärke

Die Weckerlautstärke von fast allen Home-Geräten lässt sich nur in der Home-App einstellen.

Tipp: Beim Nest Hub können Sie die Weckerlautstärke auch über den Bildschirm einstellen, worauf Kapitel *13.3 Einstellungen* eingeht.

➊ Gehen Sie in der Home-App auf das ⌂-Register, sofern es nicht bereits aktiv ist.

➋➌ In der Geräteauflistung blättern Sie mit einer Wischgeste und wählen ein Home-Gerät aus für den Sie die Weckerlautstärke ändern möchten.

24 https://support.google.com/googlenest/answer/7071598

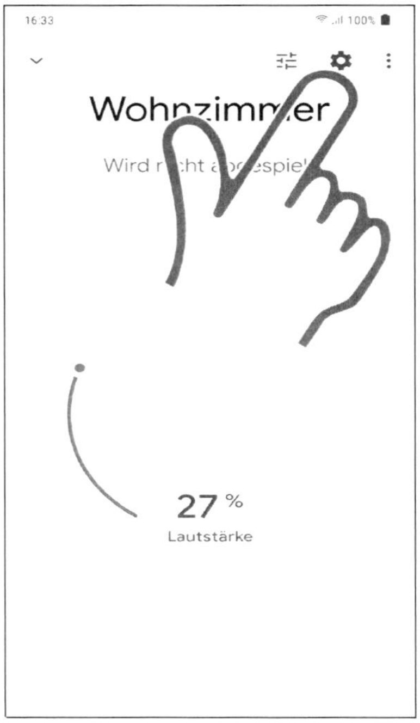

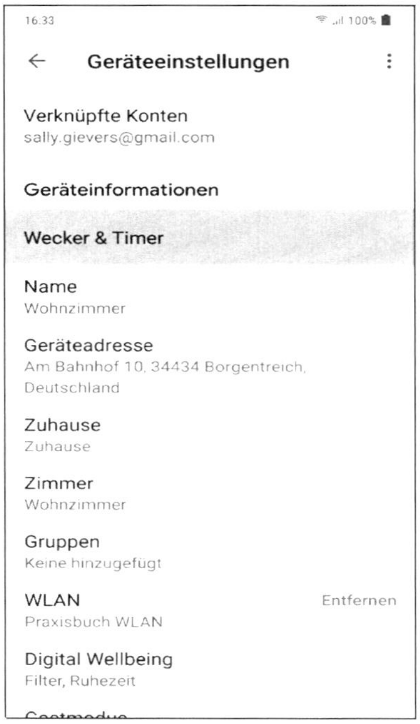

❶ Gehen Sie auf ✿.

❷❸ In *Wecker & Timer* stellen Sie die Lautstärke ein.

9.2 Timer

Der Timer zählt die vorgegebene Zeit herunter und gibt dann ein Signal aus. Auch der Timer ist nur auf dem Gerät aktiv, dem Sie den Befehl dazu gegeben haben.

Die Befehle[25] (bitte leiten Sie jeden Befehl mit »*OK Google*« oder »*Hey Google*« ein:

- »*Stelle einen Timer auf 1 Minute*«
- »*Stelle den Timer für meine Pizza auf 10 Minuten*«
  Der Timer erhält den Namen »Pizza«
- »*Brich den Timer ab*«
  »*Brich den Timer Pizza ab*«
  Timer abbrechen.
- »*Stopp*«
  Beendet den klingenden Timer.
- »*Pausiere den Timer*«
  »*Setze den Timer fort*«
  »*Starte den Timer neu*«

Wenn der Alarm nach Timer-Ablauf ertönt, können Sie ihn mit Antippen des Home-Geräts abschalten:

- Google Home: Oberseite antippen.
- Google Home Mini: Auf eine Seite des Geräts tippen, worüber Sie sonst die Lautstärke einstellen.
- Google Home Max: Auf die linierte Fläche auf der Oberseite tippen.
- Nest Hub: Lautstärketaste betätigen oder auf den Bildschirm tippen.

25 https://support.google.com/googlenest/answer/7028899

Der Alarmton bei Timerablauf wird nur vom Home-Gerät selbst, nicht aber über angeschlossene Geräte (TV oder Bluetooth-Lautsprecher) ausgegeben. Sie können den Alarmton nicht ändern.

Die Lautstärke des Alarmtons stellen Sie, wie im Kapitel *9.1.1 Weckerlautstärke* beschrieben, in der Home-App ein.

9.3 Zeitfunktionen auf dem Google Nest Hub

Der Google Nest Hub informiert nicht nur per Sprachausgabe über die eingestellten Timer und Wecker, wenn Sie mit »*Ok Google, welche Timer sind eingestellt?*« oder »*Ok Google, welche Wecker sind eingestellt?*« danach fragen. Sie erhalten auch eine Auflistung auf dem Display. Probieren Sie es ruhig einmal aus!

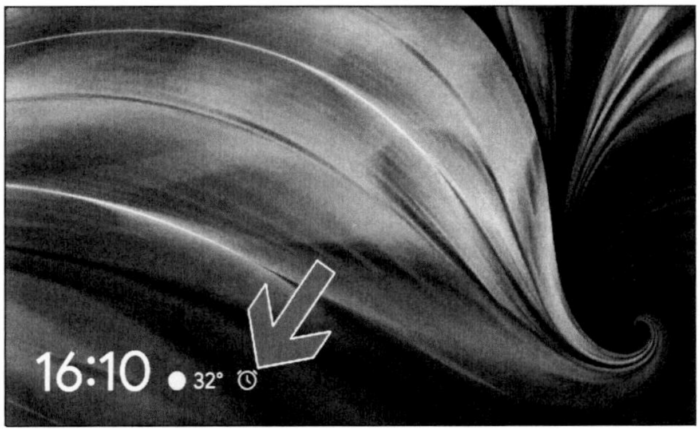

Dass mindestens ein Wecker aktiv ist, erkennen Sie am Symbol im Standby-Bildschirm (Pfeil).

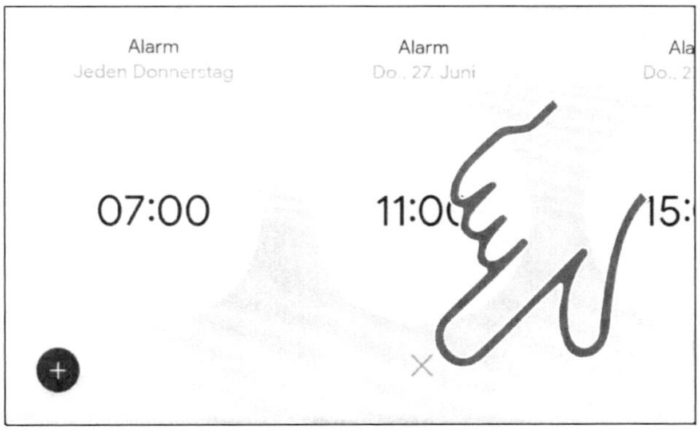

❶❷ Beispielanzeige, wenn Sie »*Ok Google, zeige Wecker*« sagen. Tippen Sie einen Wecker an, den Sie löschen möchten und betätigen Sie dann ✕.

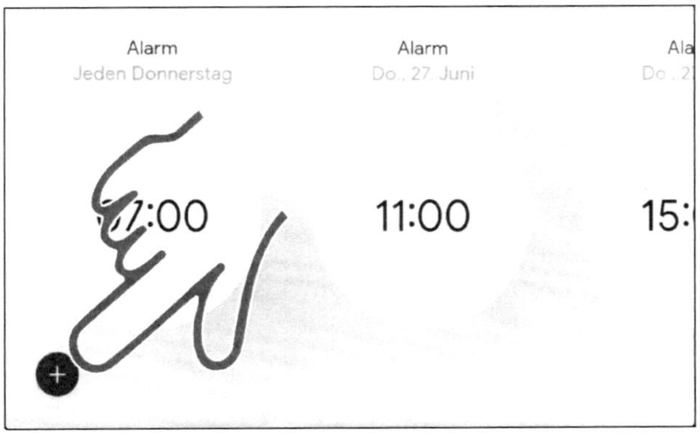

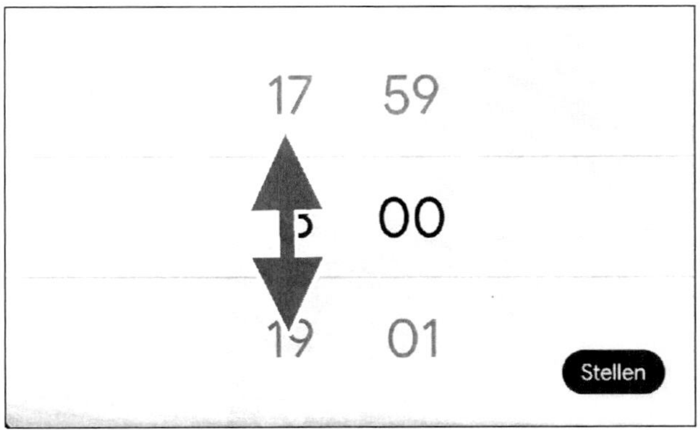

❶ + erstellt einen neuen Wecker.

❷ Wischen Sie über den Zahlen nach oben/unten, dann bestätigen Sie mit *Stellen.*

9.4 Kalender

Der Google Assistant unterstützt ausschließlich den Google-eigenen Kalender[26]. Diesen können Sie unter der Webadresse *calendar.google.com* im Webbrowser auf dem PC oder Handy aufrufen. Melden Sie sich dann mit Ihrem Google-Konto (siehe Kapitel *4.2 Google-Konto*) an, das Sie auch schon für die Einrichtung der Google Home-App verwendet hatten.

Bequemer als über eine Webadresse ist natürlich die Kalendernutzung über die eigene App »Google Kalender«, die Sie für das iPhone aus dem App Store installieren. Bei Android-Handys ist dies nicht unbedingt nötig, weil dort bereits eine kompatible Kalender-Anwendung vorinstalliert ist.

Alle Termine, die Sie auf dem Handy oder Home-Gerät anlegen, werden automatisch im Google-Konto gespeichert. Handy und Home-Gerät machen Sie nun rechtzeitig auf anstehende Termine aufmerksam.

9.4.1 Installation und Nutzung auf dem iPhone

An dieser Stelle können wir leider aus Platzgründen nur die Grundfunktionen vorstellen.

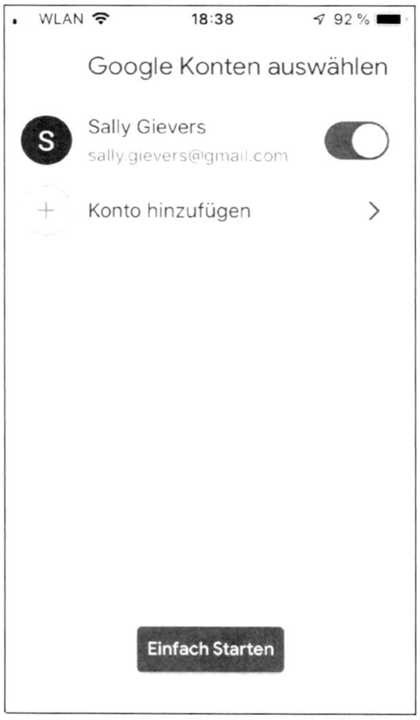

❶ Suchen und installieren Sie den *Google Kalender* im App Store auf dem iPhone.

❷ Starten Sie danach den Google Kalender aus dem Desktop. Weil Sie bereits die Google Home-App verwenden, wird Ihnen Ihr Google-Konto vorgeschlagen, das Sie auswählen. Betätigen Sie *Einfach Starten.*

> Sie vereinfachen sich die Nutzung, wenn Sie für Kalender und Home-Gerät beziehungsweise Home-App jeweils das gleiche Google-Konto verwenden.

26 https://www.otto.de/updated/ratgeber/mit-google-home-durch-den-tag-so-nutzen-sie-kalender-und-erinnerungsfunktionen-30770/

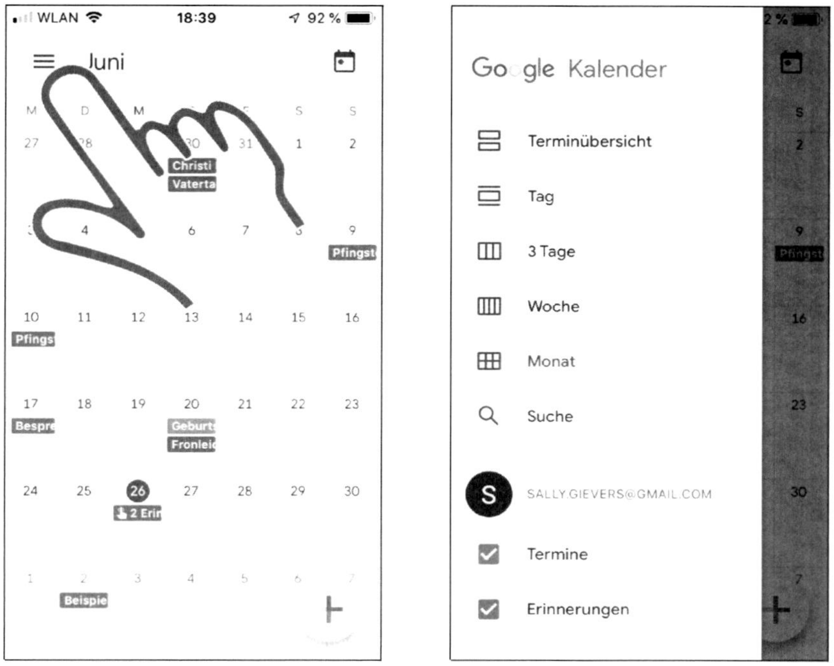

❶❷ Zwischen den verschiedenen Kalenderansichten schalten Sie über das Ausklappmenü (Pfeil) um.

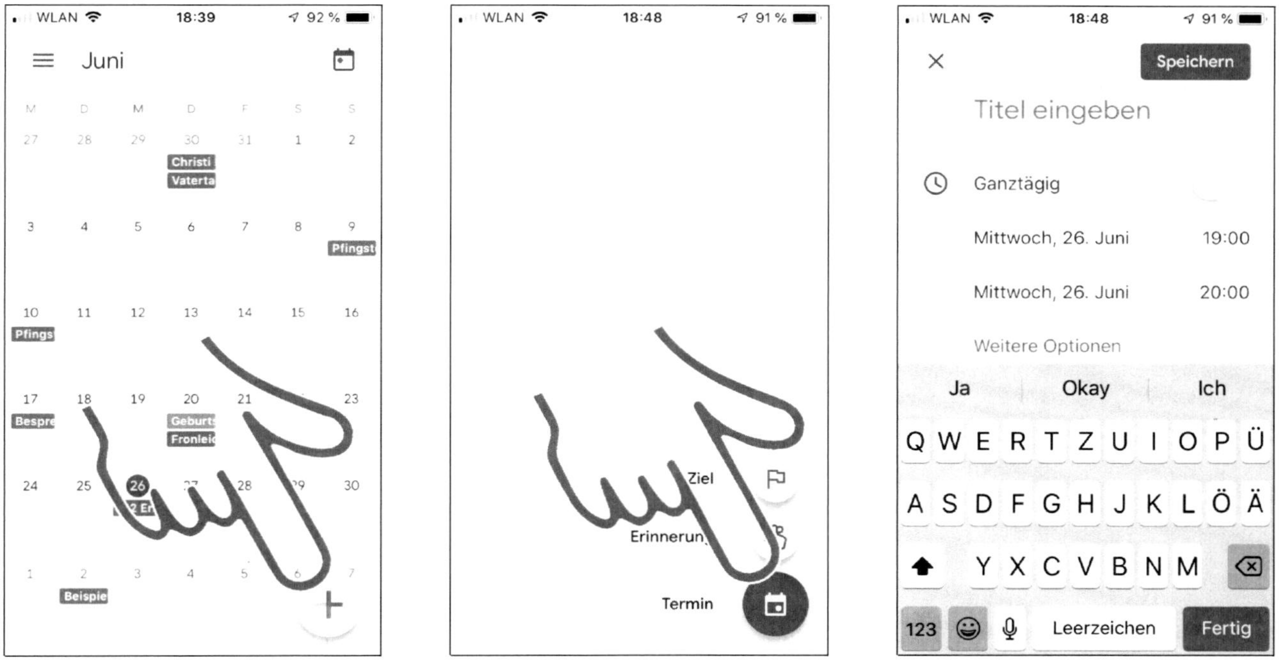

❶ Einen weiteren Termin legt + an.

❷❸ Wählen Sie *Termin* aus und erfassen Sie die Termindaten.

9.4.2 Nutzung auf dem Android-Handy

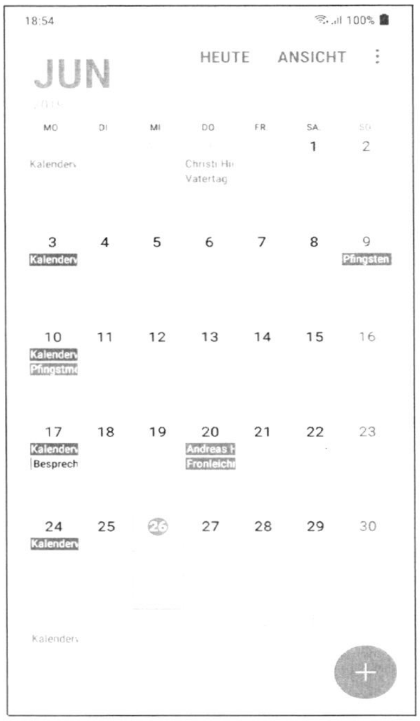

❶ Rufen Sie den *Kalender* auf Ihrem Android-Handy auf. Der Kalender ist bei jedem Handy woanders im Startbildschirm beziehungsweise Hauptmenü zu finden.

❷ Die Benutzeroberfläche und die Bedienung (hier auf einem Samsung-Handy) sieht ebenfalls bei Ihnen eventuell anders aus.

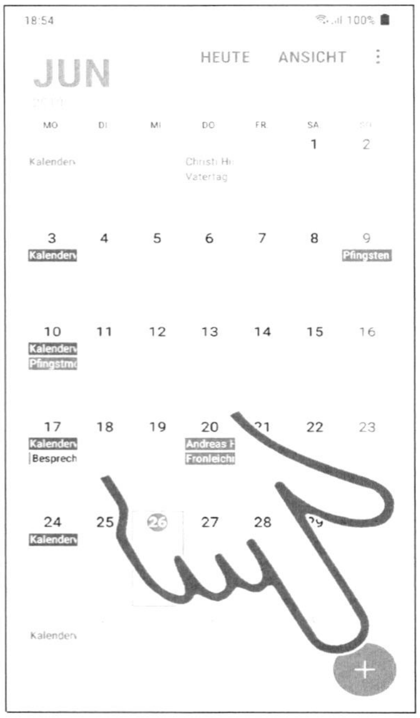

❶ Achten Sie darauf, dass Ihre Termine nicht lokal auf Ihrem Gerät, sondern in Ihrem Google-Konto abgelegt werden. Dazu erzeugen Sie mit + einen neuen Termineintrag.

❷ Ihr Google-Konto muss als Speicherort eingestellt sein. Sollte dies nicht der Fall sein, tippen Sie darauf und wählen Ihr Google-Konto aus.

9.4.3 Kalender auf dem Home-Gerät

Folgendermaßen fügen Sie einen neuen Termin hinzu[27] (sprechen Sie jeweils vorher »*Ok Google*« oder »*Hey Google*«):

- »*Neuer Termin*«
  »*Neuer Termin am 15.10.*«
  »*Neuer Termin um 13 Uhr*«
  Google fragt die fehlenden Informationen ab und trägt den Termin nach Rückfrage ein.
- »*Füg meinem Kalender 'Besprechung' hinzu*«
  »*Plan für mich am Samstag um 20 Uhr Besprechung*"
  »*Füg Termin mit dem Namen 'Geburtstag' hinzu*«
  Auch Synonyme wertet Google meistens korrekt aus, weshalb Sie bei der Terminerfassung nicht an eine bestimmte Form gebunden sind.
- »*Wann ist mein erster Termin?*«
  »*Wo ist mein nächster Termin?*«
  »*Welche Termine stehen an?*«
  »*Liste alle Termine für den 1. August auf*«
  »*Liste alle Termine für Oktober auf*«
  »*Was steht Donnerstag in meinem Kalender?*«
  Termine abfragen. Beachten Sie, dass aus Übersichtsgründen – je nach abgefragten Zeitraum – nur maximal drei Termine angesagt werden.

Das Löschen oder Ändern von Terminen ist nur auf der Kalender-Website (*calendar.google.com*) oder in der Kalender-App auf dem Handy möglich.

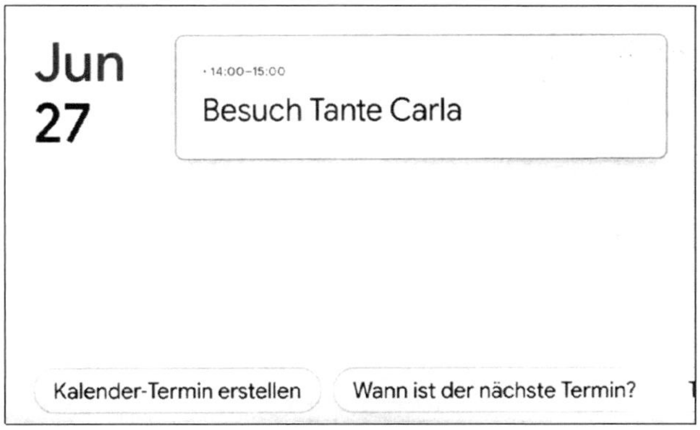

❶ Der Nest Hub listet während der Terminerfassung mit »*Neuer Termin*« die von Ihnen angegebenen Daten auf.

❷ »*Welche Termine stehen an*« listet die Termine übersichtlich auf. Tippen Sie auf einen Termineintrag, zu dem Sie weitere Infos benötigen.

9.5 Erinnerungen

Erinnerungen[28] funktionieren ähnlich wie Termine, sind aber entweder ortsabhängig (per GPS auf dem Handy ermittelt) oder zeitabhängig. Beides gleichzeitig ist **nicht** möglich. Von den Home-Geräten wird nur die zeitabhängige Erinnerung unterstützt.

27 https://support.google.com/googlenest/answer/7029002
28 https://support.google.com/googlenest/answer/7387866

9.5.1 Einrichtung

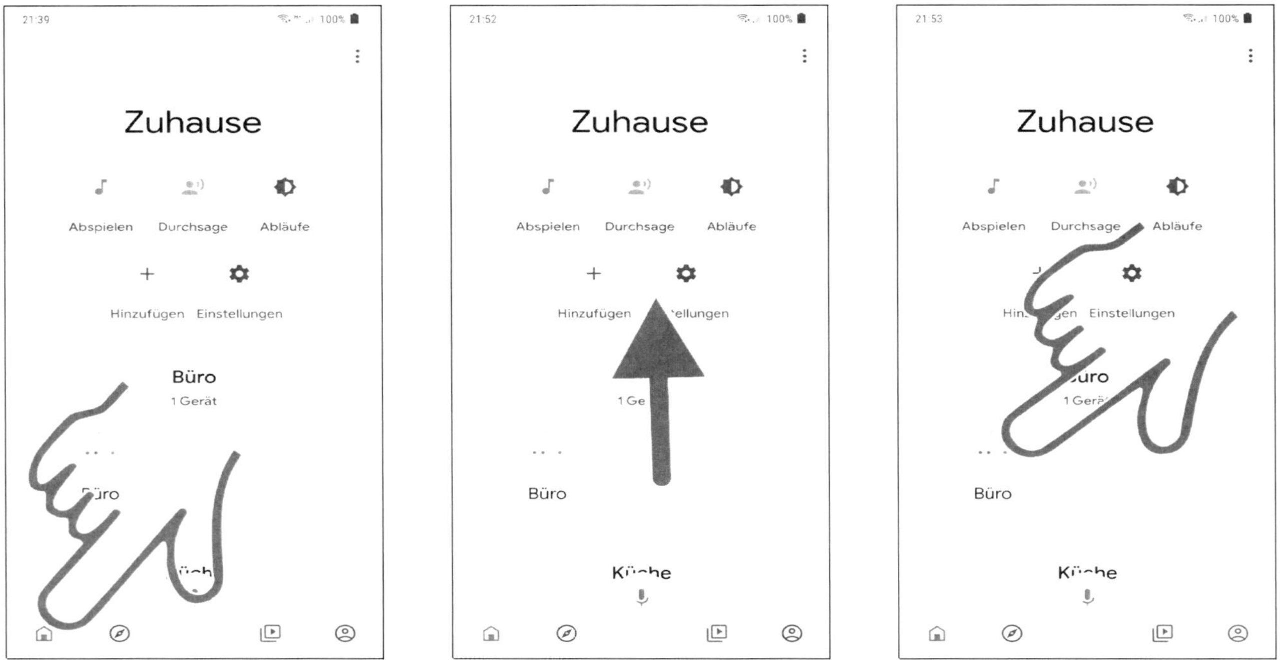

Prüfen Sie zunächst, ob die für Erinnerungen nötigen Einstellungen korrekt sind:

❶ Gehen Sie in der Home-App auf das ⌂-Register, sofern es nicht bereits aktiv ist.

❷❸ In der Geräteauflistung blättern Sie mit einer Wischgeste und wählen ein Home-Gerät aus, mit dem Sie das Handy verbinden möchten.

❶ Gehen Sie auf ⚙.

❷ Die Optionen *Persönliche Ergebnisse* und *Benachrichtigungen* müssen eingeschaltet sein. Aktivieren Sie sie gegebenenfalls.

9.5.2 Erinnerungen in der Praxis

Das Befehlsformat ist (jeweils vorher »*Ok Google*« oder »*Hey Google*« sprechen):

- »*Erinnere mich daran, am [Datum] um [Uhrzeit] [Aufgabe]*«
  Beispiel: »*Erinnere mich daran, am Samstag um 11 Uhr Rita anzurufen*«
- »*Erinnere mich*«
  Der Google Assistant fragt nach dem Titel und der Erinnerungszeit.
- »*Erinnere mich daran, morgen um 17 Uhr einzukaufen*«
- »*Erinnere mich daran, am 17.10.2019 Eva anzurufen*«
  Google Assistant fragt nach der Erinnerungszeit

Hat Google den Titel, das Datum oder die Zeit falsch verstanden, so können Sie diese auch nachträglich ändern, indem Sie »*Datum ändern*«, »*Uhrzeit ändern*« oder »*Titel ändern*« sprechen (natürlich immer mit dem Weckbefehl »*Ok Google*« oder »*Hey Google*«). Das funktioniert natürlich nur, wenn Sie noch keinen weiteren Befehl gegeben haben.

»*Erinnerung für morgen einrichten*« wird abhängig von der Uhrzeit interpretiert:

- Vor 5 Uhr: Erinnerung erfolgt noch am gleichen Tag.
- Nach 5 Uhr: Erinnerung erfolgt am nächsten Tag.

Auch Wiederholungen sind möglich:

- »*Erinnere mich [Häufigkeit] um [Uhrzeit] daran, [Aktion]*«
  »*Erinnere mich jeden Tag um 20 Uhr daran, das Tor abzuschließen*«
  »*Erinnere mich jeden Donnerstag, Helga anzurufen*«

Neben den zeitbezogenen werden auch ortsabhängige Erinnerungen unterstützt. Beachten Sie, dass diese nur auf dem Handy erfolgen, denn Ihr Home-Gerät ist ja permanent zuhause aufgestellt:

- »*Erinnere mich daran [Aufgabe][Ort]*«
  »*Erinnere mich daran, den Geschirrspüler auszuräumen, wenn ich nach Hause komme*«
  »*Erinnere mich daran, einzukaufen, wenn ich nach Paderborn komme*«

Infos zu den anstehenden Erinnerungen erhalten Sie über:

- »*Woran sollst du mich erinnern?*«
- »*Woran sollst du mich morgen erinnern?*«
- »*Wann sollst du mich erinnern, [Aufgabe]?*«

Löschen von Erinnerungen:

- »*Lösch meine Erinnerungen für morgen*«
- »*Lösch die Erinnerung an [Aufgabe]*«
- »*Lösch alle meine Erinnerungen*«

9.5.3 Erinnerungen erhalten

Das Home-Gerät weist mit einer Sprachmitteilung auf die Erinnerung hin: »I*ch habe eine Erinnerung für [Name]*«. Zunächst blinken die LEDs Ihres Home-Geräts, danach leuchtet noch 10 Minuten eine einzelne LED.

Sie können sich die Erinnerung anhand der folgenden Sprachbefehle anhören:

- »*Ok Google, welche Benachrichtigungen habe ich?*«
- »*Ok Google, woran sollst du mich erinnern?*«

Die vorgelesenen Erinnerungen werden automatisch als »gelesen« markiert.

9.5.4 Erinnerungen deaktivieren

Falls Sie generell auf einem Home-Gerät keine Erinnerungen erhalten möchten, beispielsweise im Schlafzimmer, dann deaktivieren Sie sie. Beachten Sie dazu auch die im Kapitel *10.2 Bitte nicht stören* vorgestellte Alternative.

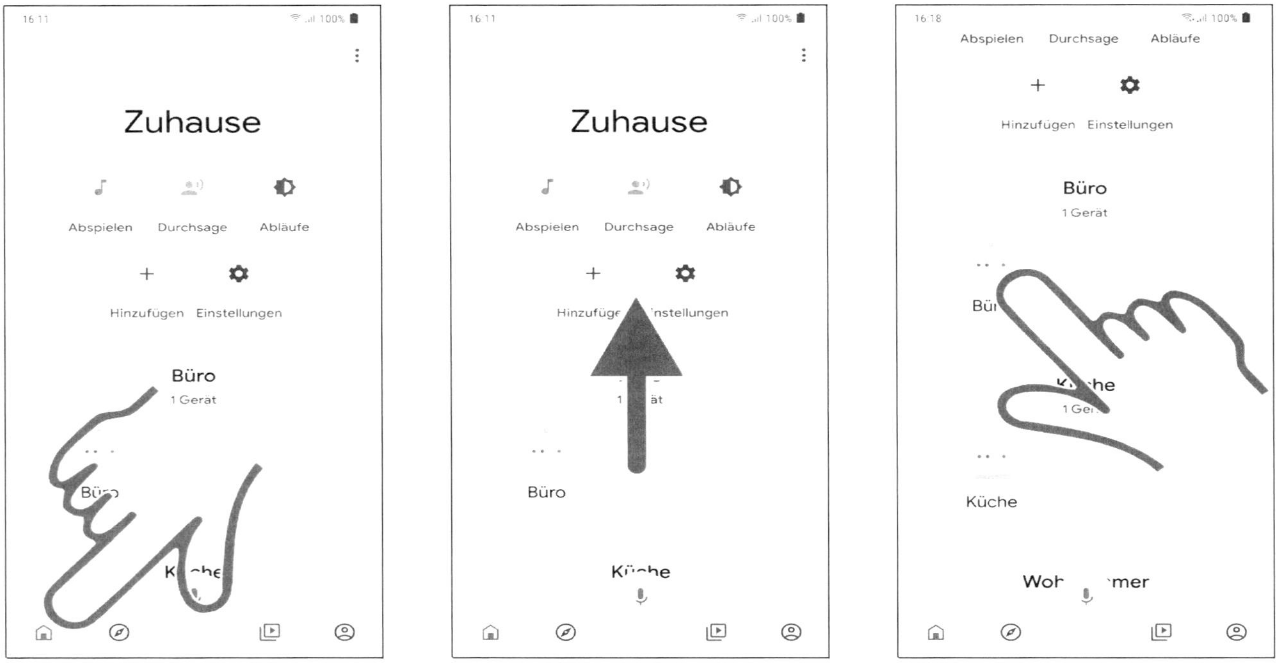

❶ Achten Sie in der Home-App darauf, dass das ⌂-Register aktiv ist.

❷❸ Mit einer Wischgeste blättern Sie in der Geräteliste. Tippen Sie dort das Gerät an, für das Sie Erinnerungen deaktivieren möchten.

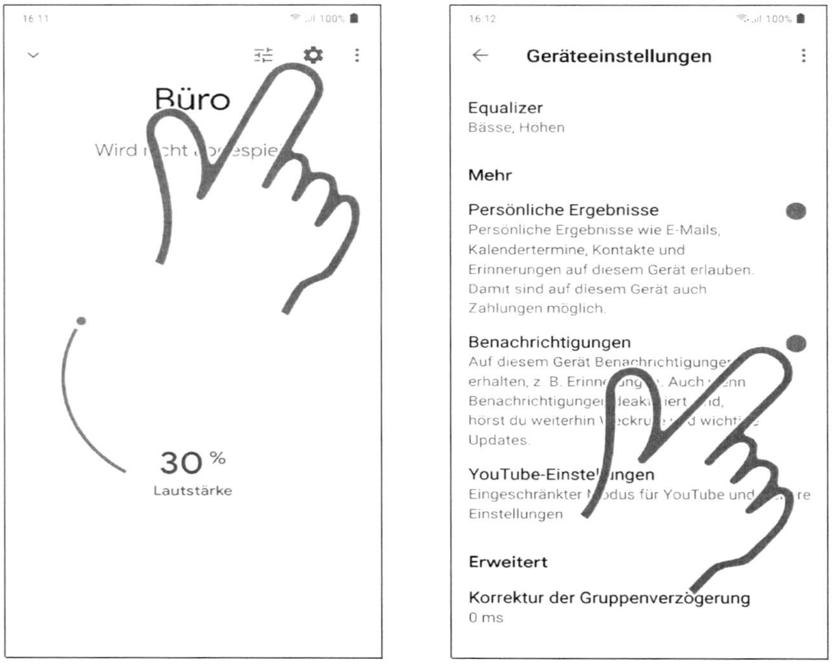

❶❷ Gehen Sie auf ⚙ und deaktivieren Sie *Benachrichtigungen*. Umgekehrt aktivieren Sie *Benachrichtigungen* wieder, wenn Erinnerungen erhalten möchten.

9.5.5 Erinnerungen auf dem Handy abrufen

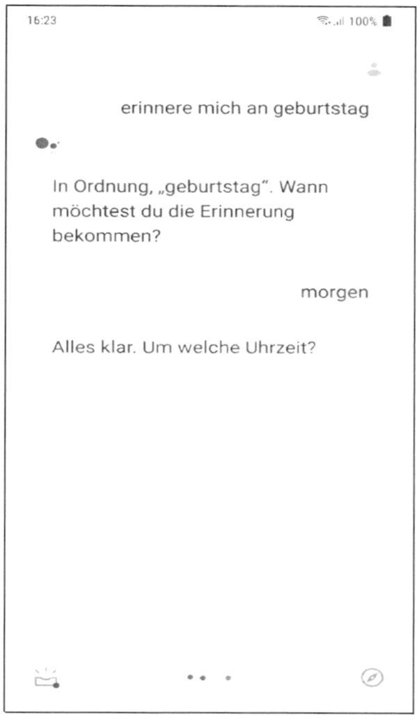

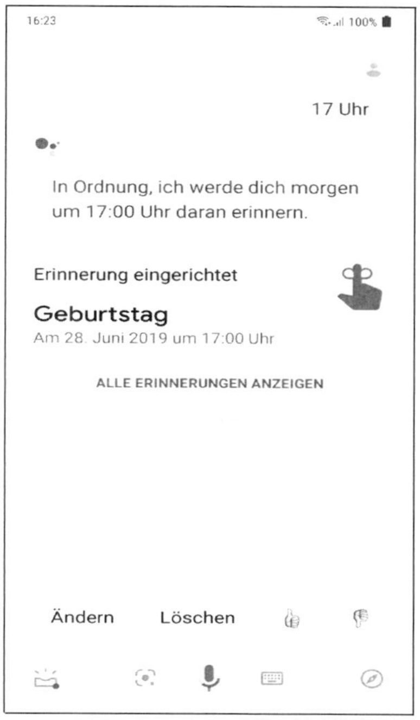

❶❷❸ Auf dem Android-Handy rufen Sie einfach mit »*Ok Google*« die Sprachsteuerung auf und sprechen einen der im Kapitel *9.5.2 Erinnerungen in der Praxis* vorgestellten Erinnerungsbefehle. Falls nötig, fragt der Google Assistant nach den nötigen Daten.

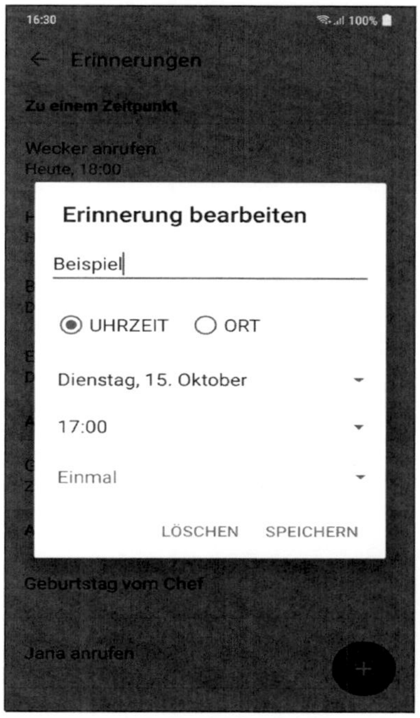

❶ Die Befehle »*Ok Google, welche Benachrichtigungen habe ich?*« oder »*Ok Google, woran sollst du mich erinnern?*« listen die anstehenden Erinnerungen auf. Tippen Sie sie für die Verwaltung an.

❷❸ Tippen Sie eine Erinnerung an, die Sie ändern oder entfernen möchten.

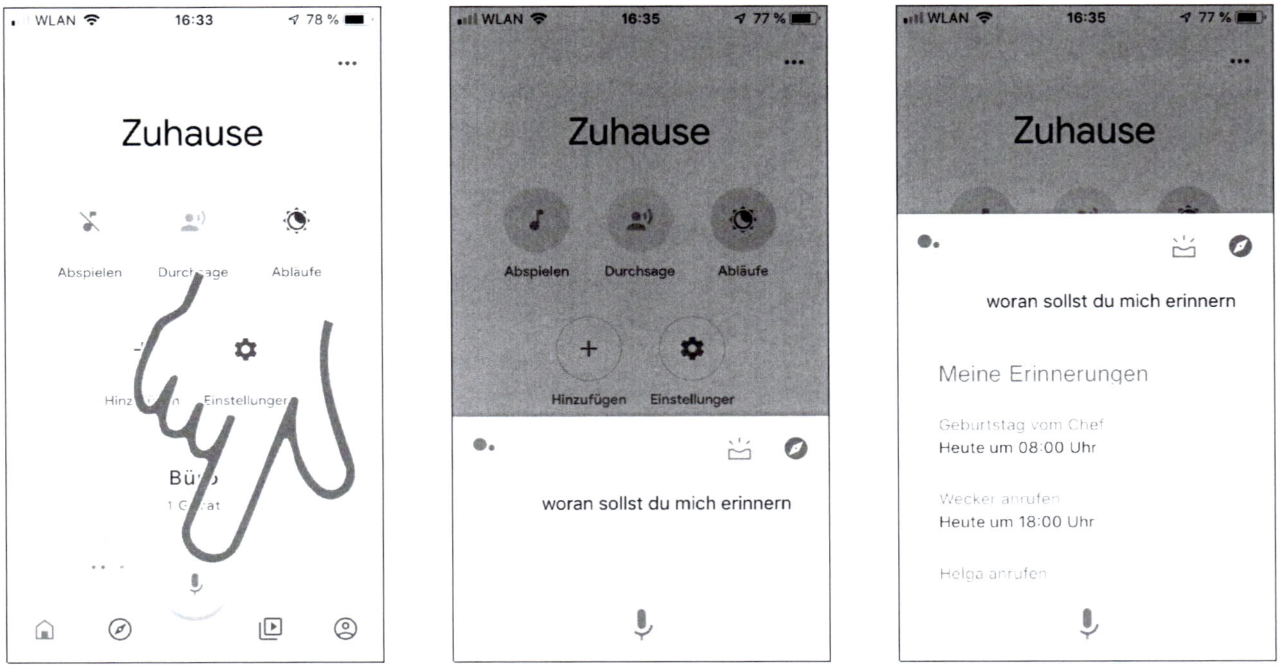

❶❷❸ In der Home-App ist auf iPhone und Android-Handy ebenfalls eine Erinnerungsanzeige möglich: Tippen Sie auf 🎙 und sprechen Sie »*Woran sollst du mich erinnern?*«

9.5.6 Erinnerungen auf dem Handy verwalten

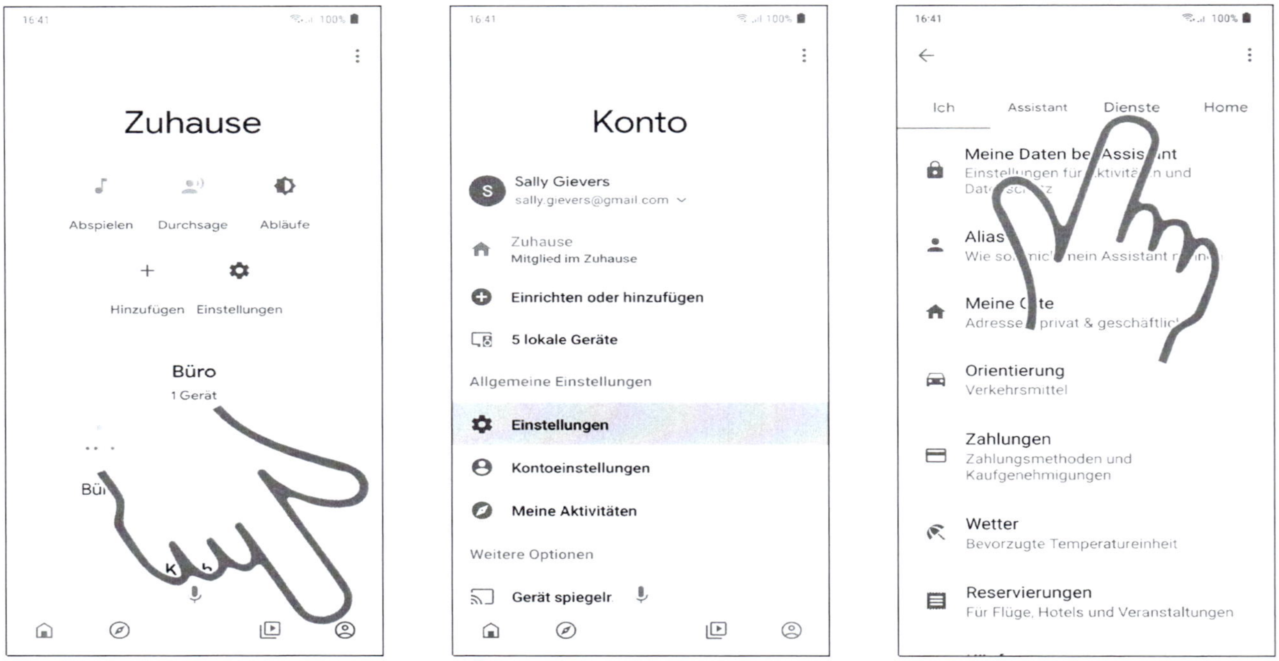

❶ Aktivieren Sie das 👤-Register in der Home-App.

❷ Wählen Sie *Einstellungen*.

❸ Aktivieren Sie das *Dienste*-Register.

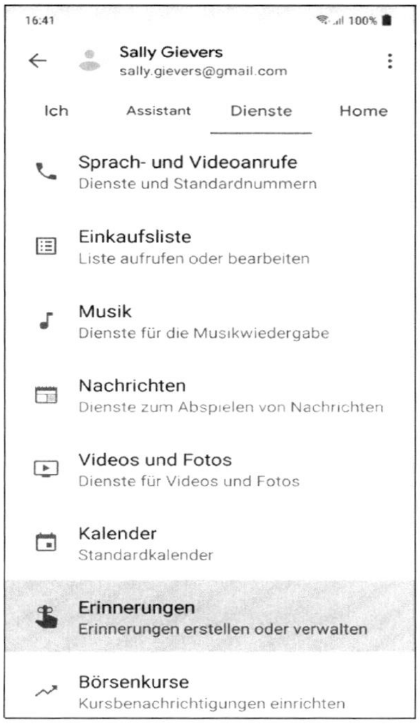

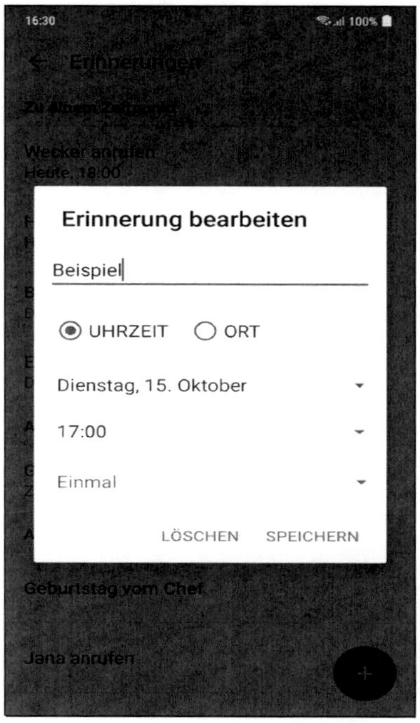

❶ Wählen Sie *Erinnerungen* aus.

❷❸ Tippen Sie eine Erinnerung an, die Sie bearbeiten oder löschen möchten.

10. Weitere Funktionen

In diesem Kapitel haben wir verschiedenen Features des Google Assistant zusammengestellt, die Sie im Alltag unterstützen.

10.1 Nachricht an alle

Zwischen Ihrem Handy beziehungsweise den Home-Geräten im Haushalt ist die Übertragung von Sprachnachrichten möglich[29]. Dafür müssen sich die beteiligten Geräte im selben WLAN befinden (siehe Kapitel *4.1 WLAN*) und mit dem selben Google-Konto (siehe Kapitel *4.2 Google-Konto*) angemeldet sein. Außerdem muss »Nicht stören« (siehe Kapitel *10.2 Bitte nicht stören*) deaktiviert sein.

Sagen Sie einfach »*Ok Google, Nachricht an alle [Ihre Nachricht]*« worauf Ihre Ansage auf allen Home-Geräten abgespielt wird. Sprechen Sie fließend und ohne Stocken, denn eine Pause interpretiert der Google Assistant als Befehlsende.

Als kleinen Gag erkennt der Google Assistant die Bedeutung Ihrer Nachricht und ersetzt sie gegebenenfalls durch eine vorgefertigte Ansage inklusive Hintergrundgeräuschen (sagen Sie jeweils »*Ok Google*« oder »*Hey Google*« vor dem Befehl):

- »*Nachricht an alle, aufstehen*«
- »*Nachricht an alle, Frühstück*«
- »*Nachricht an alle, Mittagessen*«
- »*Nachricht an alle, Abendessen*«
- »*Nachricht an alle, Essen ist fertig*«
- »*Nachricht an alle, wir müssen los*«
- »*Nachricht an alle, ich bin zuhause*«
- »*Nachricht an alle, bin gleich da*«
- »*Nachricht an alle, der Film geht los*«
- »*Nachricht an alle, lasst uns fernsehen*«
- »*Nachricht an alle, Schlafenszeit*«

Es funktionieren natürlich auch Abwandlungen, also statt »*Schlafenszeit*« zum Beispiel »*Es wird Zeit fürs Bett*« oder »*Es ist Schlafenszeit*«.

Möchten Sie dagegen sichergehen, dass Ihre Sprachansage nicht durch die Computerstimme ersetzt wird, dann sprechen Sie einfach »*Nachricht an alle*«, warten bis zur Sprachaufforderung »*Wie lautet deine Nachricht?*« und sagen dann erst die Nachricht.

29 https://support.google.com/googlenest/answer/7531913

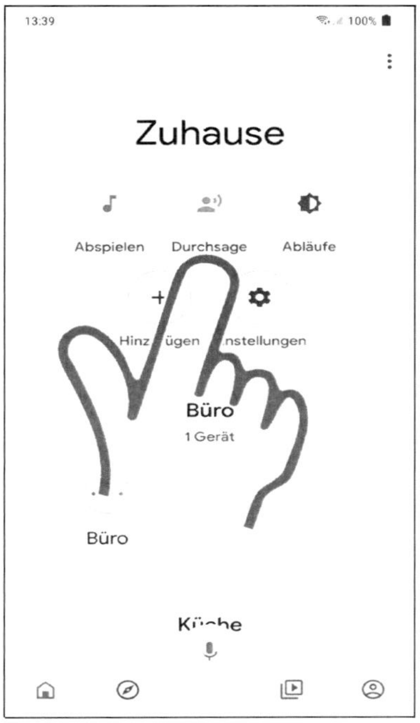

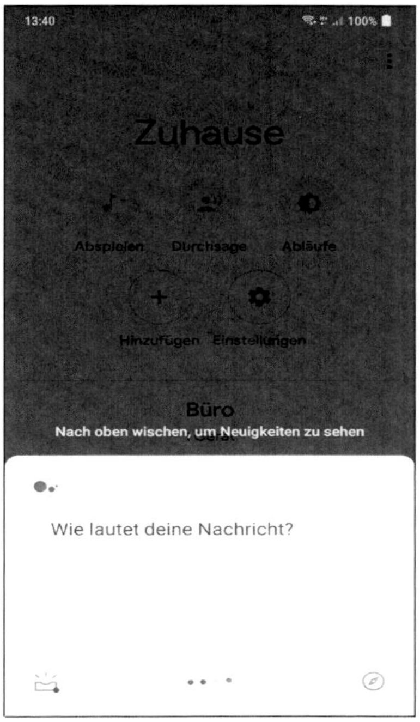

❶ Auch über die Home-App ist das Nachrichtensenden möglich: Tippen Sie dort im ⌂-Register auf *Durchsage*.

❷❸ Sprechen Sie die Nachricht, welche dann auf allen Home-Geräten abgespielt wird.

10.2 Bitte nicht stören

Die »Bitte nicht stören«-Funktion[30] sorgt dafür, dass Sie keine Erinnerungen (siehe Kapitel *9.5 Erinnerungen*) und keine Sprachnachrichten (siehe Kapitel 10.1 Nachricht an alle) erhalten. Möchten Sie dagegen nur die Erinnerungen stumm schalten, dann gehen Sie, wie im Kapitel *9.5.4 Erinnerungen deaktivieren* beschrieben, vor. Timer und Wecker sind übrigens weiterhin aktiv.

»Bitte nicht stören« ist geräteabhängig, das heißt Sie stellen sich vor dem jeweiligen Home-Gerät und sprechen »*Ok Google, bitte nicht stören*« beziehungsweise »*Ok Google, bitte nicht stören aus*«.

10.3 Nachtmodus

Mit dem Nachtmodus reduzieren Sie zu bestimmten Uhrzeiten die Helligkeit der LEDs und die Lautstärke. Ein praktisches Feature, beispielsweise für das Home-Gerät im Schlafzimmer und sonstigen abgedunkelten Umgebungen.

30 https://support.google.com/googlenest/answer/7552172

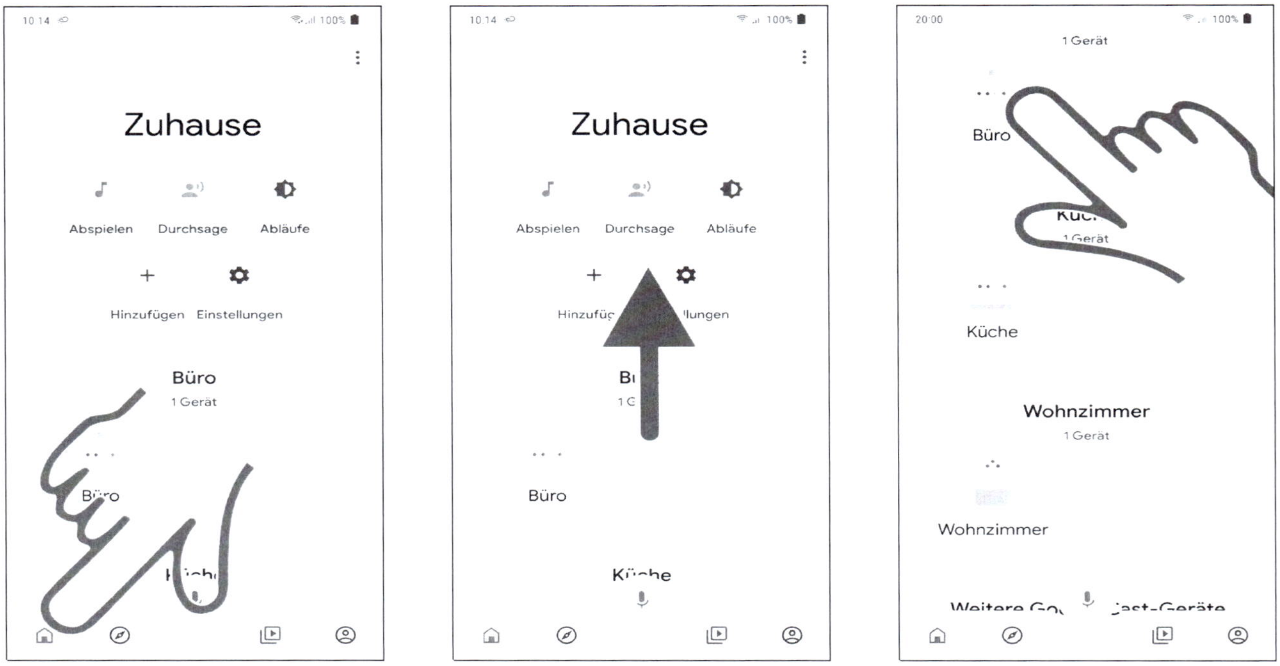

❶ Gehen Sie in der Home-App auf das ⌂-Register, sofern es nicht bereits aktiv ist.

❷❸ In der Geräteauflistung blättern Sie mit einer Wischgeste und wählen ein Home-Gerät für das Sie den Nachtmodus festlegen möchten.

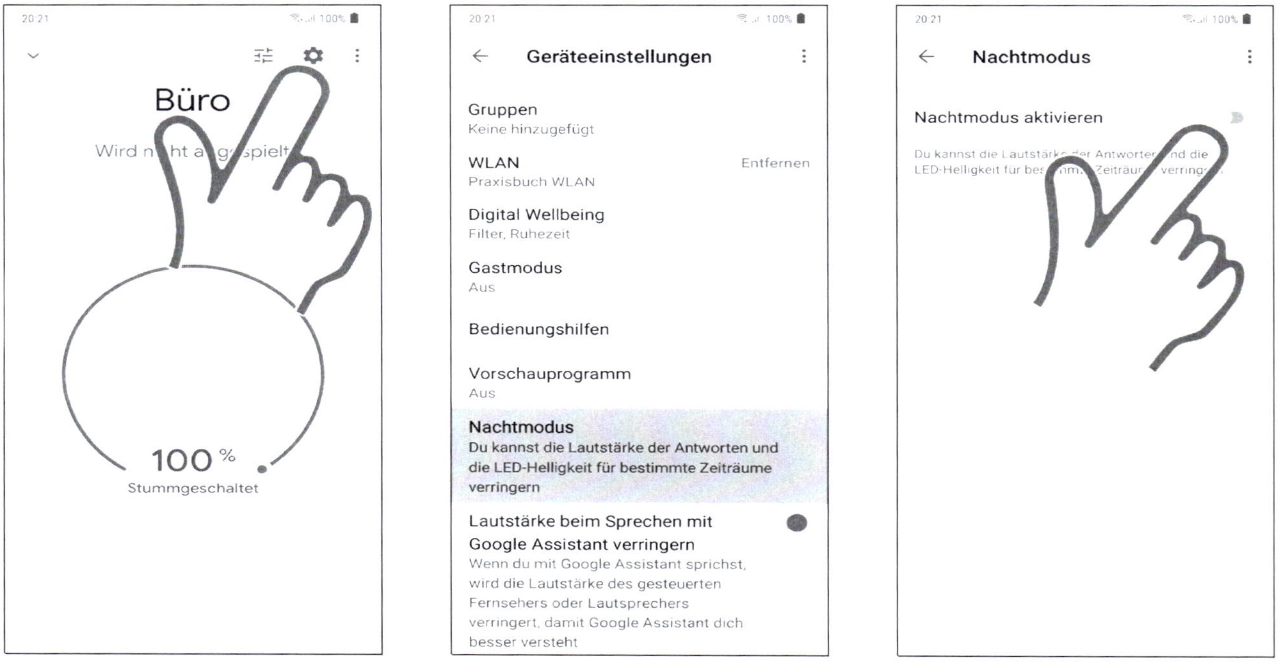

❶ Betätigen Sie ⚙.

❷ Wählen Sie *Nachtmodus*.

❸ Schalten Sie *Nachtmodus aktivieren* ein.

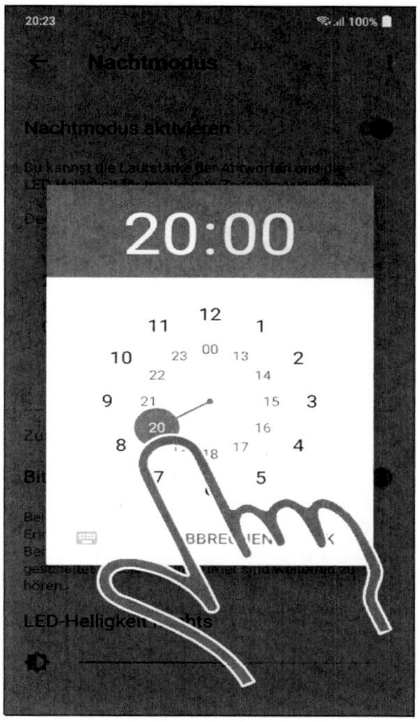

❶ Sie können nun die Start- und Enduhrzeit, sowie die betroffenen Wochentage einstellen.

Weitere Optionen:

- *Bitte nicht stören*: Schaltet Erinnerungen und »Nachricht an alle« an, während der Nachtmodus aktiv ist. Siehe dazu auch Kapitel *10.2 Bitte nicht stören*.
- *LED-Helligkeit nachts*: Prozentuale LED-Helligkeit im Vergleich zum Standard.
- *Maximale Lautstärke nachts*: Reduziert die voreingestellte Lautstärke um den hier festgelegten Prozentsatz. Haben Sie beispielsweise 50 Prozent Lautstärke eingestellt und setzen Sie hier den Regler in die Mitte, dann halbieren Sie die Lautstärke auf ungefähr 25 Prozent.

❷❸ Die Uhrzeiteinstellung ist ungewöhnlich: Nach Betätigen von ✎ erscheint eine Uhrzeitscheibe, in der Sie zuerst die Stunde, dann die Minute mit einer Wischgeste festlegen. Ein nummerisches Tastenfeld erhalten Sie dagegen mit der ⌨-Schaltleiste. Schließen Sie den Vorgang mit *OK* ab.

10.4 Bedienungshilfen

Wenn Sie einen Befehl sprechen, zeigen die vier LEDs (das Display beim Nest Hub) an, dass »*Ok Google*« beziehungsweise »*Hey Google*« verstanden wurden. Nicht immer haben Sie aber einen freien Blick auf Ihr Gerät. Es ist dann ärgerlich, wenn Sie einen langen Befehl gesprochen haben und Google offenbar schon das »*Ok Google*« nicht registriert hat. Für diese Fälle lässt sich eine akustische Rückmeldung aktivieren.

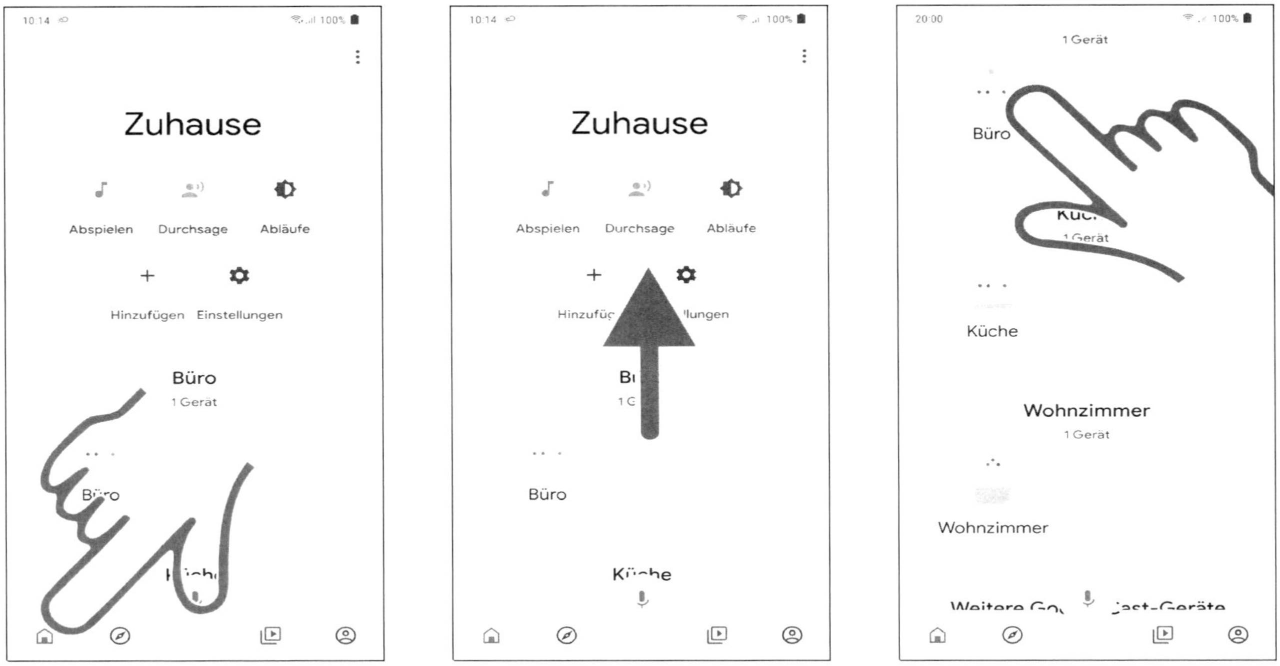

❶ Gehen Sie in der Home-App auf das ⌂-Register, sofern es nicht bereits aktiv ist.

❷❸ In der Geräteauflistung blättern Sie mit einer Wischgeste und wählen ein Home-Gerät, das akustische Rückmeldung geben soll.

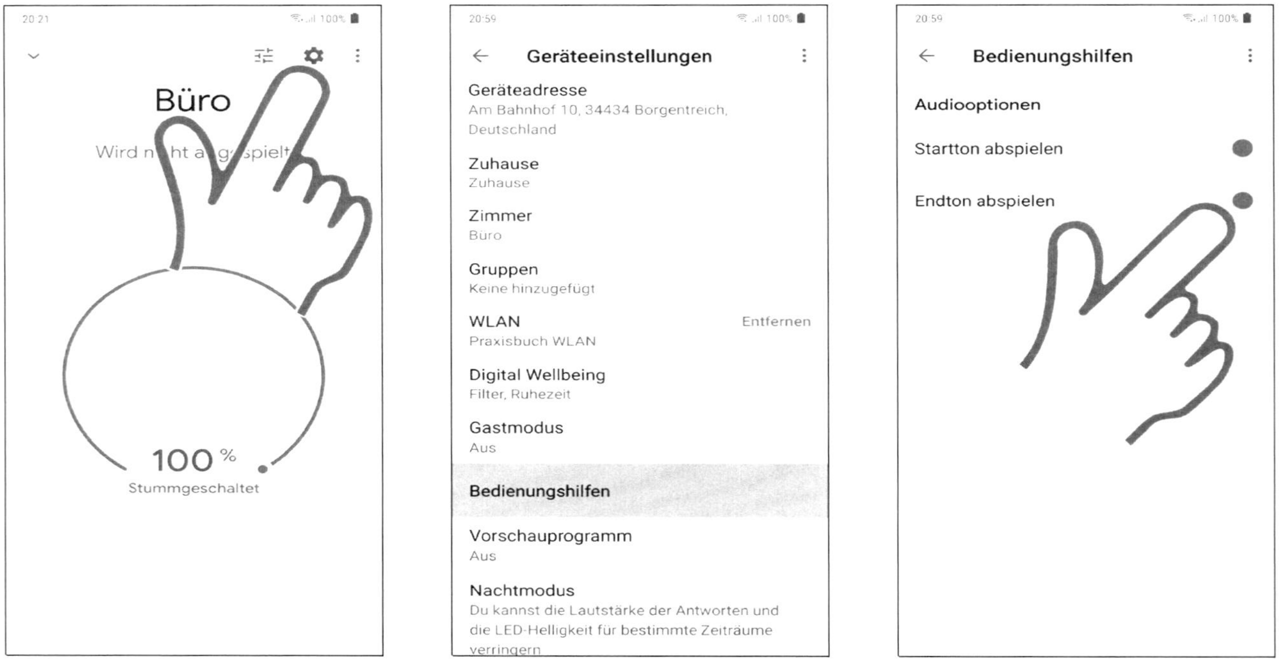

❶ Betätigen Sie ⚙.

❷ Wählen Sie *Bedienungshilfen*.

❸ Aktivieren Sie *Startton abspielen* und *Endton abspielen*. Künftig hören Sie ein »Pling«, sobald der Google Assistant auf dem Home-Gerät Ihren Aufweckbefehl erkannt hat.

10.5 Einkaufsliste

Der Google Assistant führt für Sie eine Einkaufsliste[31].

10.5.1 Einrichtung

Damit die Einkaufslistenfunktion nutzbar ist, müssen die »persönlichen Ergebnisse« aktiv sein.

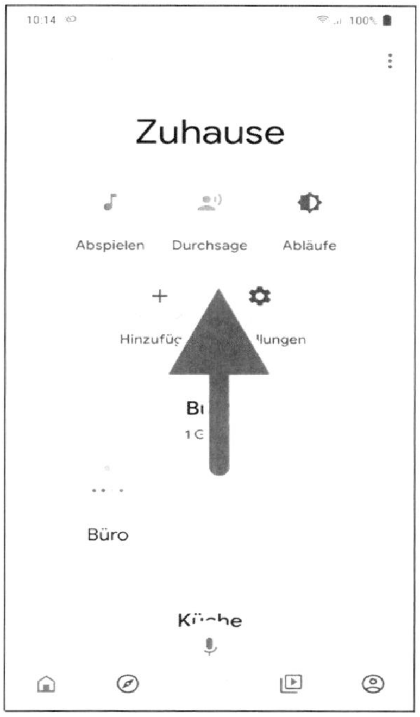

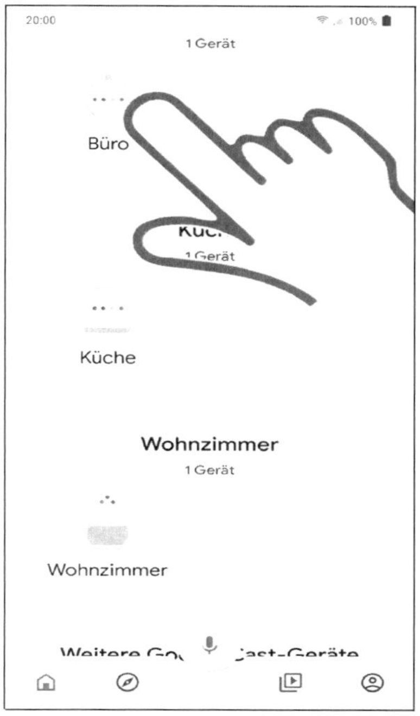

❶ Gehen Sie in der Home-App auf das ⌂-Register, sofern es nicht bereits aktiv ist.

❷❸ In der Geräteauflistung blättern Sie mit einer Wischgeste und wählen das Home-Gerät aus, über das Sie Ihre Einkaufsliste verwalten möchten.

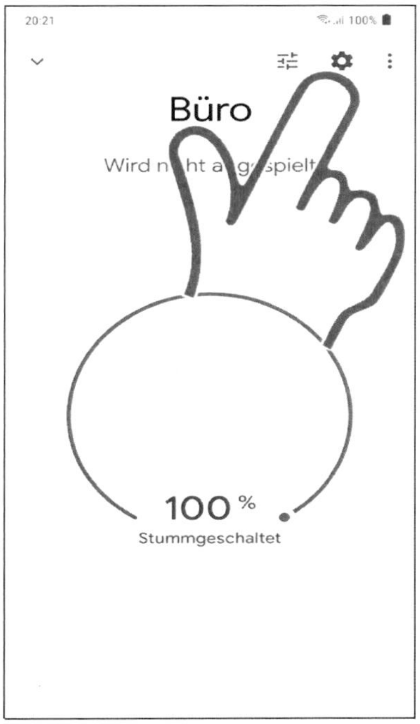

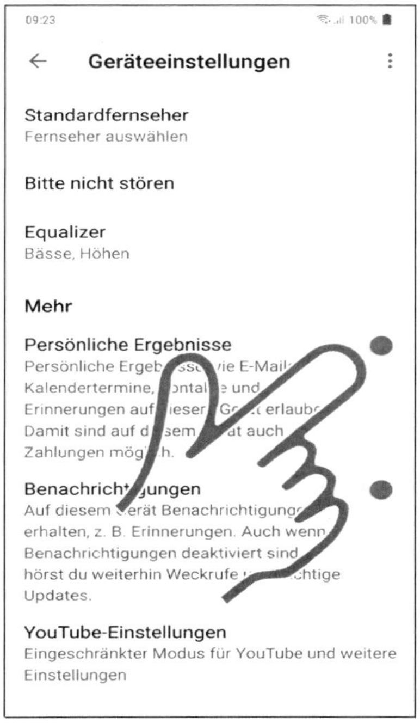

❶ Betätigen Sie ⚙.

❷ Prüfen Sie, ob *Persönliche Ergebnisse* aktiv ist und schalten Sie es gegebenenfalls ein.

31 https://support.google.com/googlenest/answer/7029190

10.5.2 Einkaufsliste in der Praxis

Die folgenden Beispiele illustrieren, wie Sie die Einkaufsliste nutzen. Sagen Sie bitte vor jedem Befehl »*Ok Google*« beziehungsweise »*Hey Google*«.

- »*Füge meiner Einkaufsliste Äpfel hinzu*«
- »*Füge meiner Einkaufsliste Butter und Milch hinzu*«
  Zwei Artikel gleichzeitig auf die Einkaufsliste setzen.
- »*Was steht auf meiner Einkaufsliste?*«
  »*Einkaufsliste*«
  Alle Artikel in der Einkaufsliste aufsagen.

Leider ist die Listenverwaltung auf Google Home, Home Mini und Home Max sehr rudimentär gelöst, denn Sie können per Sprachsteuerung weder Artikel abhaken noch löschen.

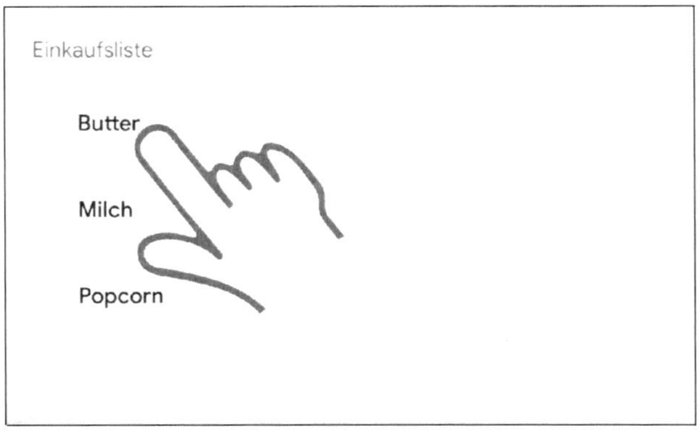

❶❷ Etwas besser ist es beim Nest Hub gelöst. Zeigen Sie mit »*Was steht auf meiner Einkaufsliste?*« beziehungsweise »*Einkaufsliste*« die Liste an, worauf Sie durch Antippen einzelne Artikel abhaken können. Die abgehakten Artikel verschwinden aus der Einkaufsliste.

10.5.3 Einkaufsliste online verwalten

Die Einkaufslistenverwaltung erfolgt über die Webadresse *shoppinglist.google.com*, welche Sie auf Ihrem Handy oder PC im Webbrowser aufrufen. Sie melden sich anschließend mit Ihrem Google-Konto (siehe Kapitel *4.2 Google-Konto*) an.

Alternativ gehen Sie den nachfolgend beschriebenen Weg, der allerdings zum gleichen Ergebnis, also dem Webseitenaufruf von *shoppinglist.google.com*, führt.

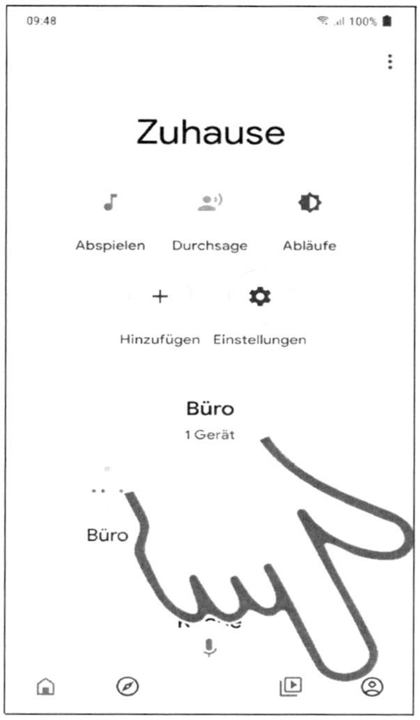

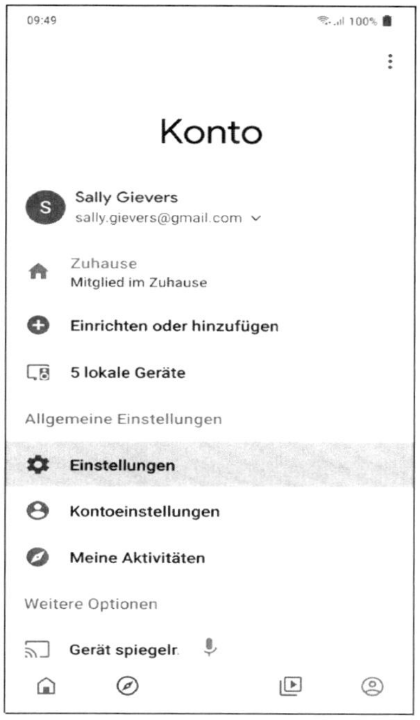

❶ Aktivieren Sie in der Home-App das ☺-Register.

❷ Wählen Sie *Einstellungen*.

❸ Aktivieren Sie das *Dienste*-Register.

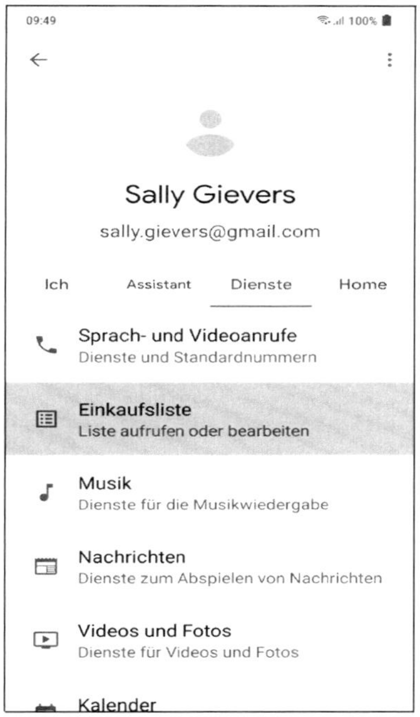

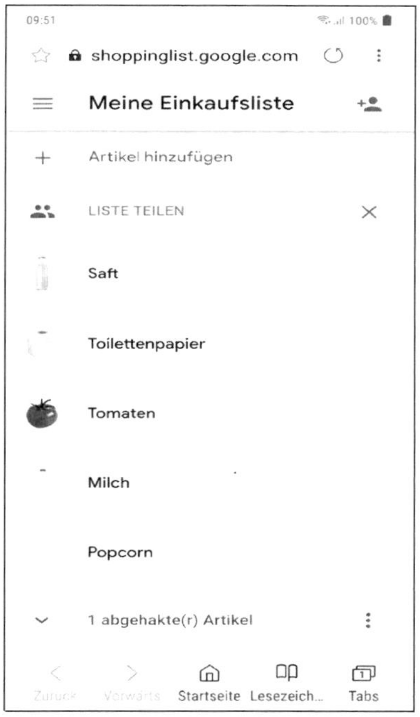

❶❷ Gehen Sie auf *Einkaufsliste*, worauf der Webbrowser mit der Einkaufslistenverwaltung startet.

Tipp: Speichern Sie die angezeigten Webseite in Ihrem Webbrowser als Lesezeichen, damit Sie nicht umständlich die Webadresse eingeben beziehungsweise über die Home-App gehen müssen.

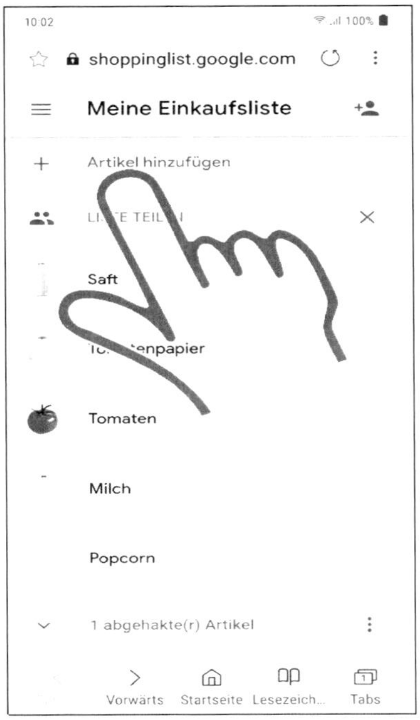

❶ Weitere Artikel landen über *Artikel hinzufügen* in der Einkaufsliste.

❷ Erfassen Sie einen Namen oder tippen Sie unter dem Eingabefeld einen der Vorschläge an.

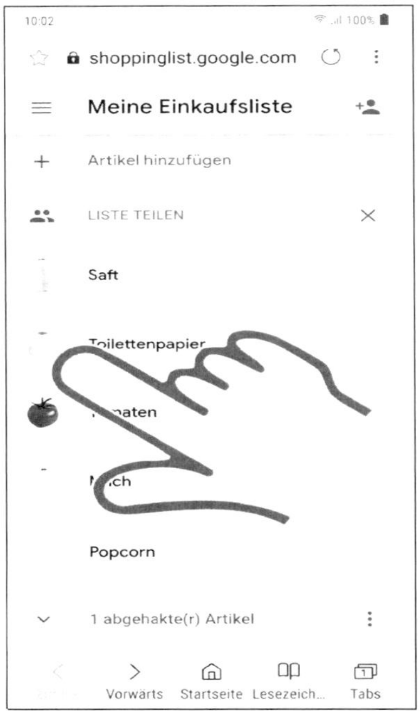

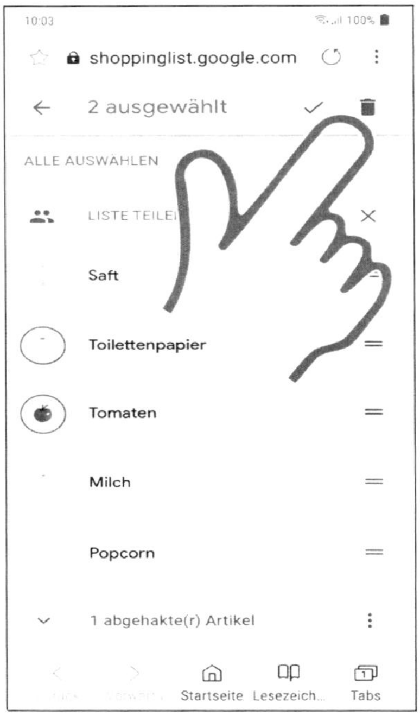

❶❷ Zum Entfernen von Artikeln aus der Einkaufsliste tippen Sie auf das Symbol vor dem Artikel, was diesen markiert. Markieren Sie danach eventuell weitere Artikel und betätigen Sie 🗑.

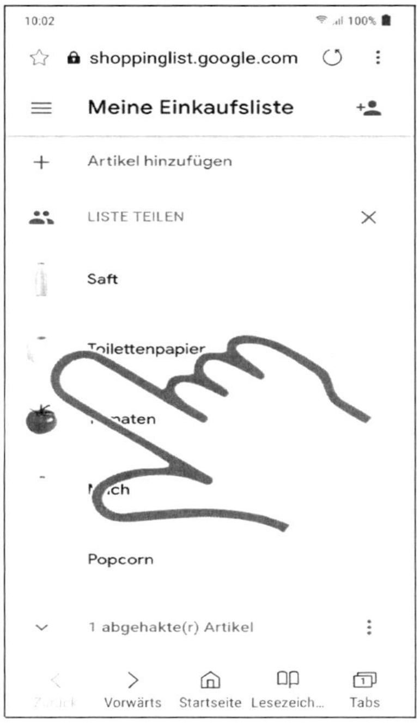

❶❷ Ähnlich erfolgt auch das Abhaken von erledigten Einkäufen: Tippen Sie jeweils auf das Symbol vor den Artikeln und gehen Sie dann auf ✓.

❶ Die erledigten, das heißt abgehakten Artikel, zeigt »*x abgehakte Artikel*« an.

❷ + macht das Abhaken rückgängig.

10.6 Smartphone finden

Haben Sie schon wieder mal Ihr Handy verlegt? Der Google Assistant kann Ihr Handy klingeln lassen, damit Sie es schnell wiederfinden[32]. Voraussetzungen: Das Handy muss die Standortermittlung aktiviert haben, es besteht eine Internetverbindung über WLAN oder Mobilfunknetz und Sie sind darauf im gleichen Google-Konto angemeldet, das Sie auch mit den Home-Geräten nutzen.

32 https://support.google.com/googlenest/answer/7535860

Sagen Sie einfach »*Ok Google, finde mein Handy*« und das Handy fängt an zu klingeln. Durch Betätigen einer Lautstärketaste am Handy beenden Sie den Klingelton.

Sofern Sie mehrere Handys mit dem gleichen Google-Konto verwenden, fragt der Google Assistant nach, welches er anrufen soll. Das Klingeln erfolgt auch, wenn sich das Handy im »Nicht stören«-Modus befindet.

10.7 Dolmetscher

Der Google-Assistant übersetzt für Sie bei Bedarf automatisch in beliebige Sprachen. Sagen Sie einfach:

- »*Ok Google, Dolmetschermodus*«: Google fragt nach der zweiten Sprache.
- »*Ok Google, ich brauche einen [Sprache]-Dolmetscher*«
- »*Ok Google, [Sprache]-Dolmetscher*«

Beispiel: »*Ok, Google Spanisch-Dolmetscher*«

Warten Sie, bis zum Ping-Signal, bevor Sie oder Ihr Gesprächspartner etwas sagen. Der Google Assistant erkennt automatisch die verwendete Sprache und übersetzt entsprechend.

»*Ok Google, Abbruch*« beendet den Dolmetscher.

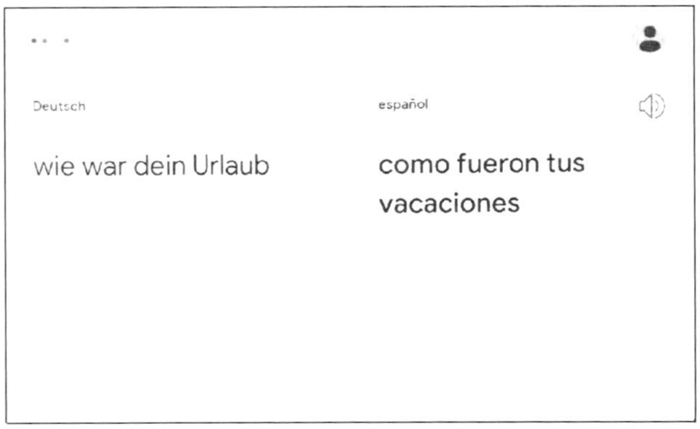

Auf dem Nest Hub zeigt der Google Assistant die Übersetzung als Text an.

10.8 Digital Wellbeing

Über »Digital Wellbeing«, was sich mit »Digitales Wohlbefinden« übersetzen lässt, limitieren Sie die Nutzung Ihres Home-Geräts. Sinnvoll ist diese Funktion genau genommen nur, wenn Sie Kinder in Ihrem Haushalt haben, die zu intensivem Medienkonsum neigen und darüber beispielsweise ihre Schulaufgaben vernachlässigen. Der Google Assistant verweigert die Befehlsausführung mit einem entsprechenden Hinweis.

Für Jugendliche ist »Digital Wellbeing« nur eingeschränkt sinnvoll, weil sie andere Möglichkeiten der Mediennutzung haben, beispielsweise das eigene Handy. Davon abgesehen, sollten Kinder ab einem gewissen Alter genügend Medienkompetenz und Selbstdisziplin aufbringen, dass Kindersicherungen, die einen Misstrauensvorwurf darstellen, nicht nötig sind.

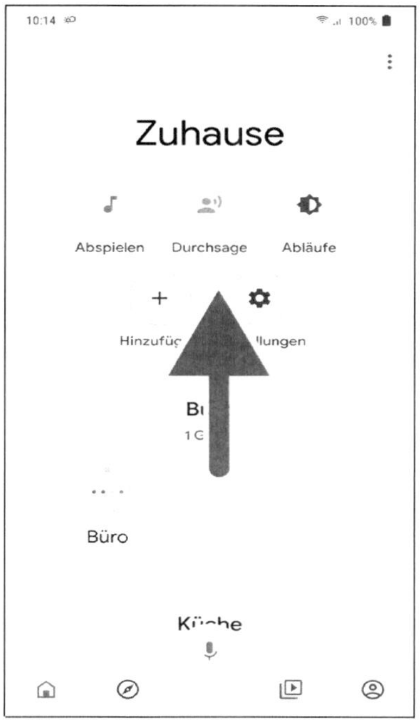

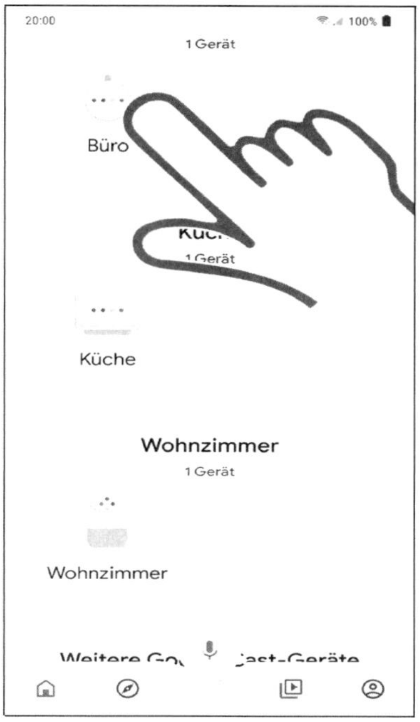

❶ Gehen Sie in der Home-App auf das ⌂-Register, sofern es nicht bereits aktiv ist.

❷❸ In der Geräteauflistung blättern Sie mit einer Wischgeste und wählen ein beliebiges Home-Gerät aus (Sie legen später noch fest, welche Geräte Sie sperren möchten).

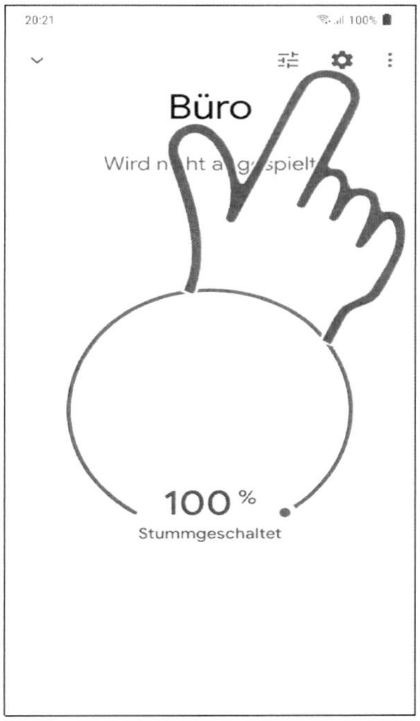

❶ Betätigen Sie ✲.

❷ Rufen Sie *Digital Wellbeing* auf.

10.8.1 Erste Einrichtung

❶❷ Betätigen Sie *Einrichten* und dann *Weiter*

❸ Wählen Sie, welche Nutzer betroffen sind:

- *Alle*: Umfasst alle Nutzer, darunter auch solche, die einem Family Link-Konto zugewiesen sind. In diesem Buch gehen wir auf Family Link nicht weiter ein.
- *Nur gemeinsam verwaltete Konten und Gäste*: Alle Personen im Haushalt die ihre Stimme registriert haben (siehe Kapitel *12 Mehrere Nutzer*), sowie Gäste.

Wir empfehlen die voreingestellte letzte Option. Gehen Sie auf *Weiter.*

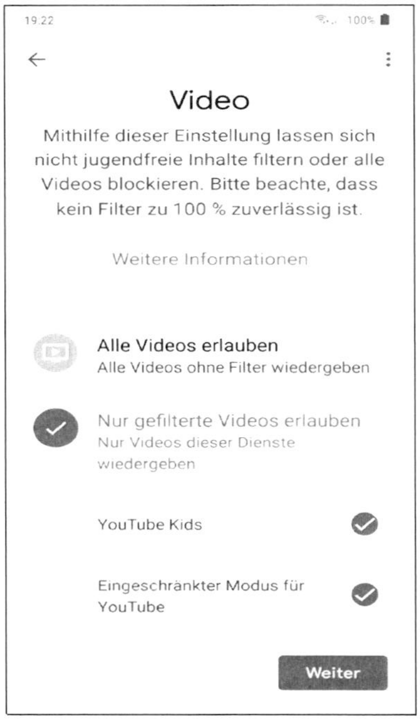

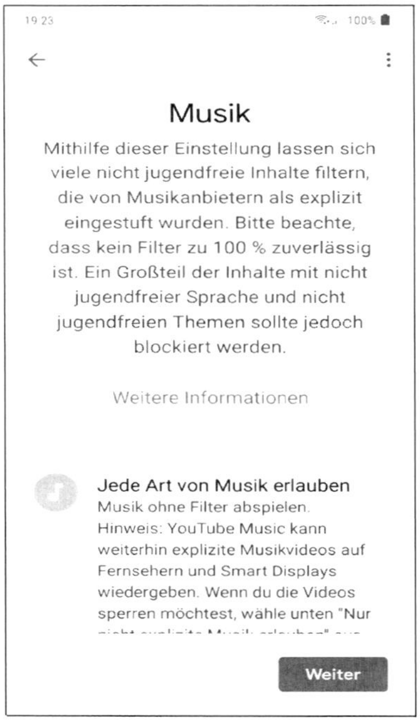

❶ Stellen Sie die erlaubten Videos von YouTube (siehe Kapitel *13.6 YouTube*) ein:

- *Alle Videos erlauben*
- *Nur gefilterte Videos erlauben*:

- *YouTube Kids*: Es lassen sich nur von YouTube für Kinder explizit freigegebene Videos abspielen.
- *Eingeschränkter Modus für YouTube*: Blockiert nicht jugendfreie Inhalte.
- *Alle Videos sperren*

Betätigen Sie *Weiter.*

❷ Der *Musik*-Bildschirm kontrolliert die Musikwiedergabe über YouTube Music (siehe Kapitel *7 Musik*):

- *Jede Art von Musik erlauben*
- *Nur nicht explizite Musik erlauben* (separat für jeden eingerichten Streamingdienst auswählbar)
- *Alle Musiktitel sperren*: Deaktiviert die Musikwiedergabe.

Die Videowiedergabe spielt natürlich nur beim Nest Hub und bei Chromecast (siehe Kapitel *14 Chromecast*) eine Rolle.

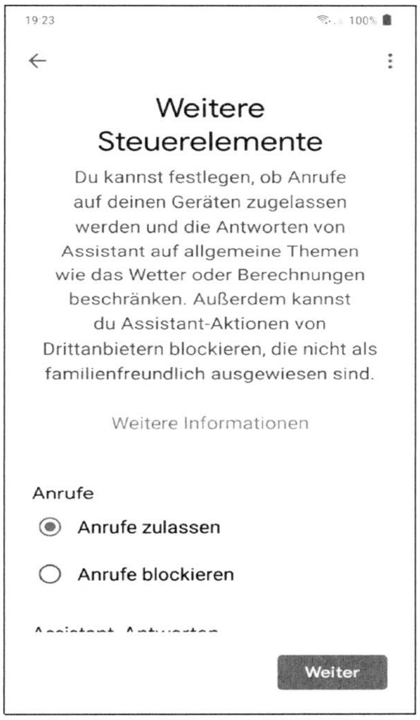

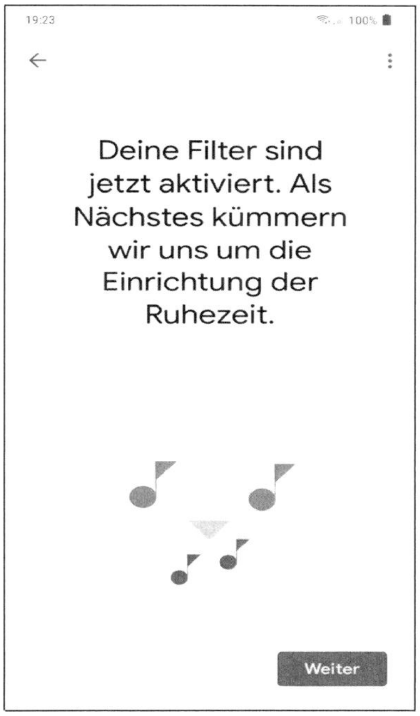

❶ Der *Weitere Steuerelemente*-Bildschirm verwaltet die Telefonie auf dem Home-Gerät. Derzeit wird Telefonie in Deutschland von Google nicht unterstützt, weshalb Sie *Weiter* betätigen.

❷❸ Gehen Sie auf *Weiter* und dann *Einrichten.*

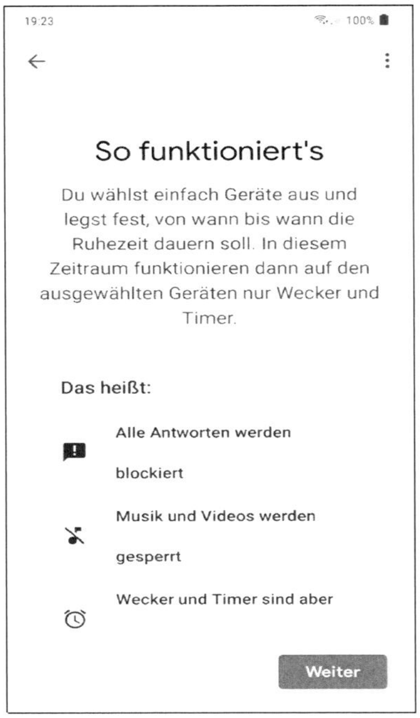

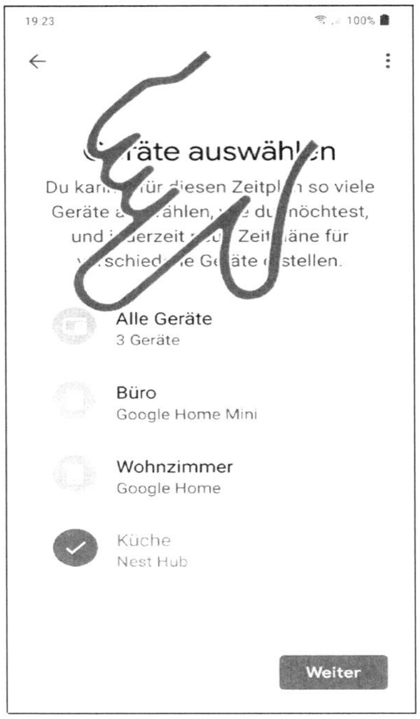

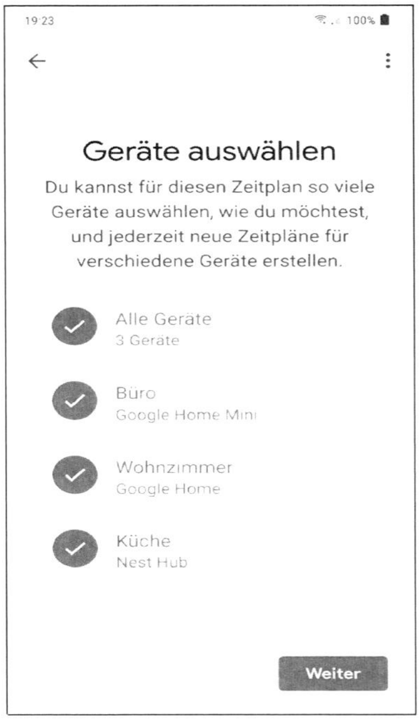

Sie richten nun die Ruhezeit ein, während der unter Musik und Videos gesperrt sind.

❶ Schließen Sie den Bildschirm mit *Weiter.*

❷❸ Wählen Sie aus, welche Home-Geräte von der Zeitsperre betroffen sind. In unserem Fall wählen wir *Alle*. Gehen Sie auf *Weiter.*

❶ Die Home-App schlägt sinnvolle Ruhezeiten vor, wovon wir als Beispiel *Abende vor Schultagen* markieren. Betätigen Sie *Abende vor Schultagen.*

❷ Anschließend stellen Sie die Uhrzeit ein und gehen auf *Weiter.*

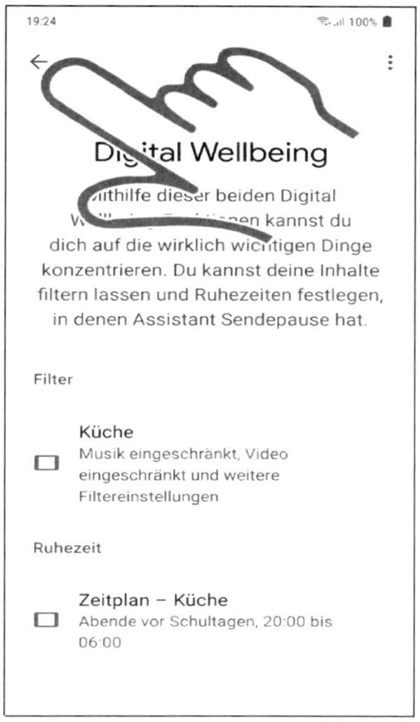

❶ Schließen Sie mit *Fertig* ab.

❷ Die Übersicht verlassen Sie mit der ←-Taste.

10.8.2 Digital Wellbeing bearbeiten

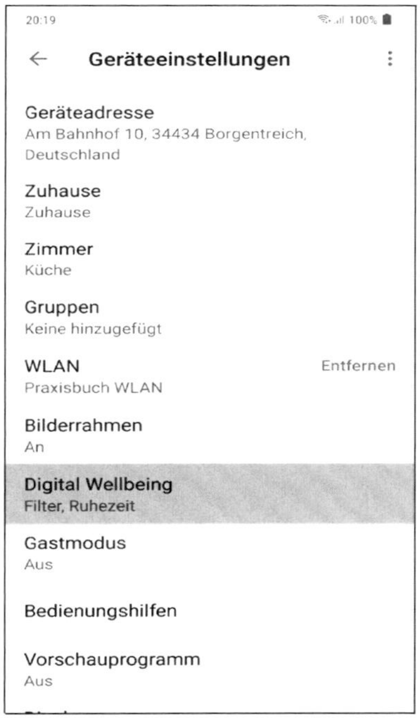

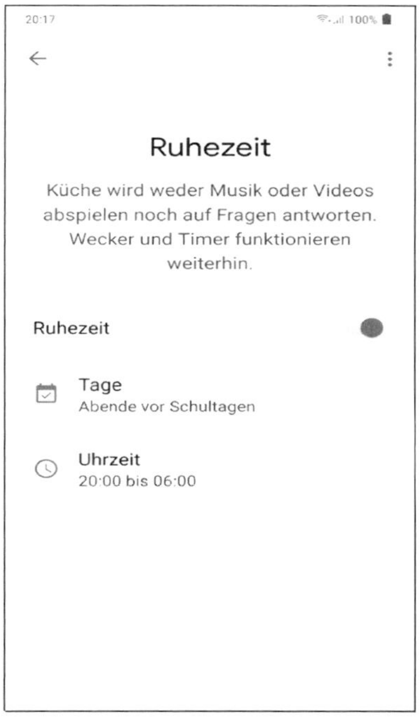

❶ Rufen Sie, wie im Kapitel *10.8.1 Erste Einrichtung* beschrieben, *Digital Wellbeing* auf.

❷❸ Wählen Sie das Menü unter *Filter* beziehungsweise *Ruhezeit* aus, worauf Sie deren Parameter ändern können.

10.9 Standort

Auf den ersten Blick erscheint es ungewöhnlich, dass Google schon bei der Ersteinrichtung nach der genauen Adresse Ihres Home-Geräts fragt. Durch die Standortangabe erleichtern Sie allerdings die Bedienung. Statt »*Ok, Google, wie wird das Wetter* ***in [Standort]***« sprechen Sie »Ok *Google,* *wie wird das Wetter?*«. Auch für Entfernungsfragen wie »*Ok Google, wie weit ist es bis Leipzig*« wird der Standort ausgewertet.

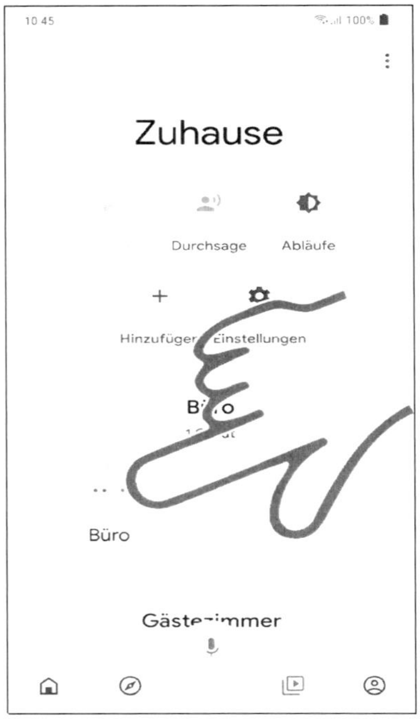

Den Standort legen Sie für jedes einzelne Home-Gerät separat fest. Wie erwähnt, haben Sie dies bereits bei der Ersteinrichtung getan.

❶ Gehen Sie in der Home-App auf das ⌂-Register, sofern es nicht bereits aktiv ist und wählen Sie das Gerät aus, dessen Standort Sie einstellen möchten.

❷❸ In der Geräteauflistung blättern Sie mit einer Wischgeste und wählen ein das Home-Gerät aus.

Tippen Sie in das Eingabefeld und geben Sie die Adresse ein. Schließen Sie den Vorgang mit *Adresse festlegen* ab.

10.10 Fahrzeiten ermitteln

Dieses Feature ist für Pendler interessant, die längere Strecken zurücklegen und dabei häufiger im Stau stehen. »*Ok Google, wie lange dauert es zur Arbeit?*« liefert eine gute Abschätzung, damit Sie rechtzeitig losfahren, denn Google berücksichtigt das aktuelle Verkehrsgeschehen.

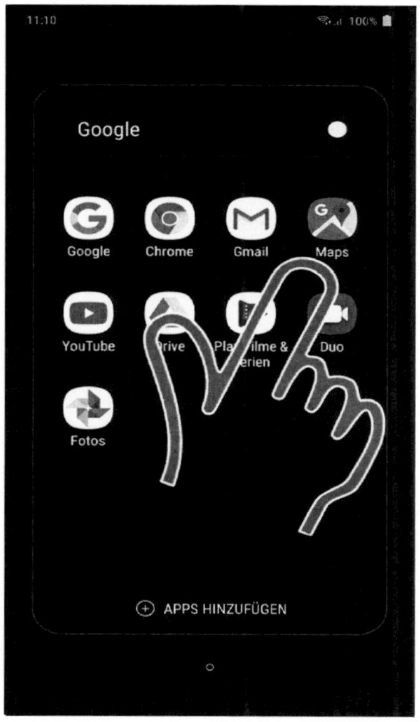

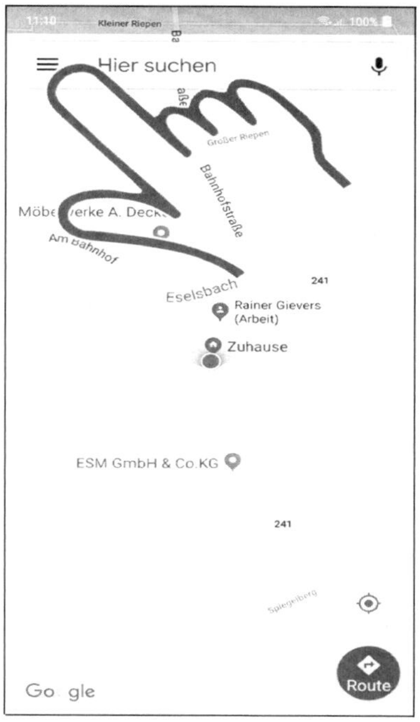

Zur Eingabe von Heim- und Arbeitsadresse greifen Sie auf die Google Maps-App zurück, welche auf allen Android-Handys vorhanden ist. iPhone-Nutzer installieren die kostenlose Google Maps-App aus dem App Store.

❶❷ Auf Ihrem Android-Handy finden Sie *Google Maps* in der Regel im *Google*-Ordner.

❸ Den Wohnort und die Adresse des Arbeitsplatzes sollten Sie zunächst abspeichern. Aktivieren Sie dazu das Ausklappmenü.

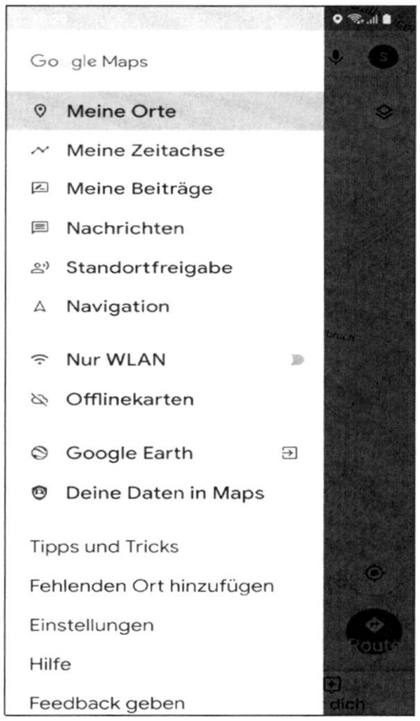

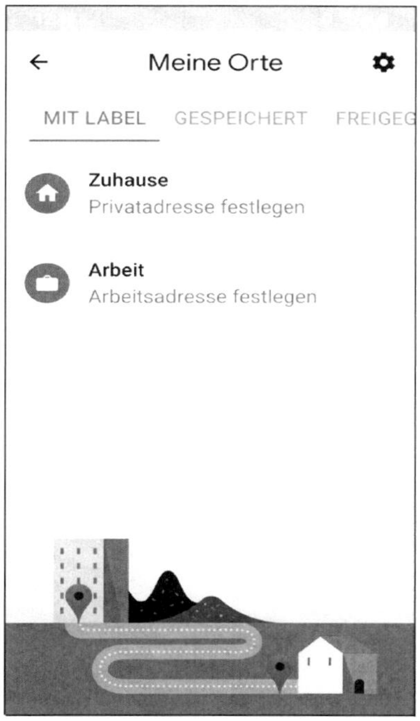

❶ Wählen Sie *Meine Orte*.

❷ Gehen Sie nun auf *Zuhause* beziehungsweise *Arbeit* und geben Sie die Adressen ein.

❸ Sobald Sie eine Adresse erfasst haben, startet der Assistent. Betätigen Sie *Pedelstrecke einrichten* und wählen Sie in den folgenden Bildschirmen Pendelzeit und Verkehrsmittel aus.

Künftig informiert Sie »*Ok Google, wie lange dauert es zur Arbeit?*« morgens über die Fahrtzeit.

10.11 Letzte Aktivitäten

Google führt Buch über alle Befehle, die Sie Ihren Home-Geräten geben.

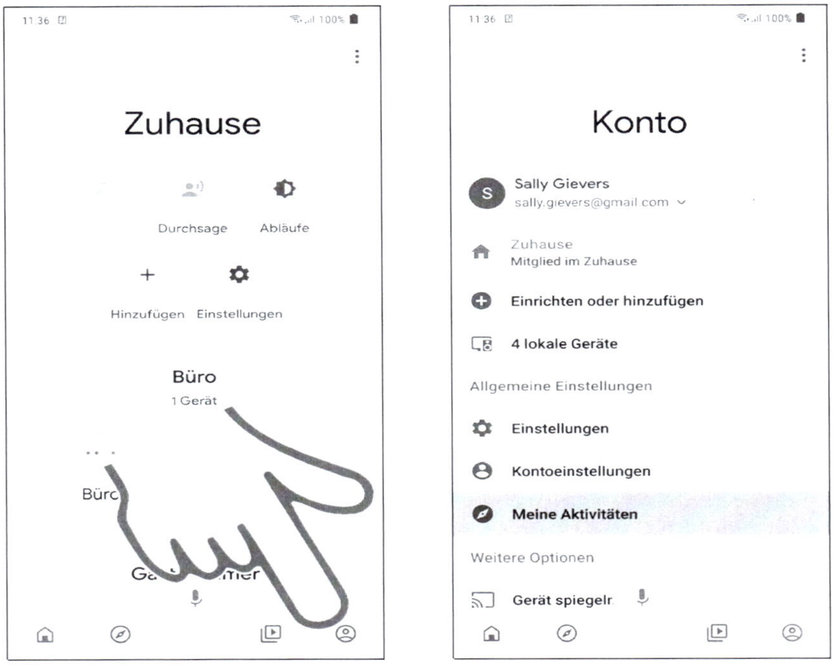

❶ Gehen Sie in das ㊂-Register der Home-App.

❷ Wählen Sie *Meine Aktivitäten* aus.

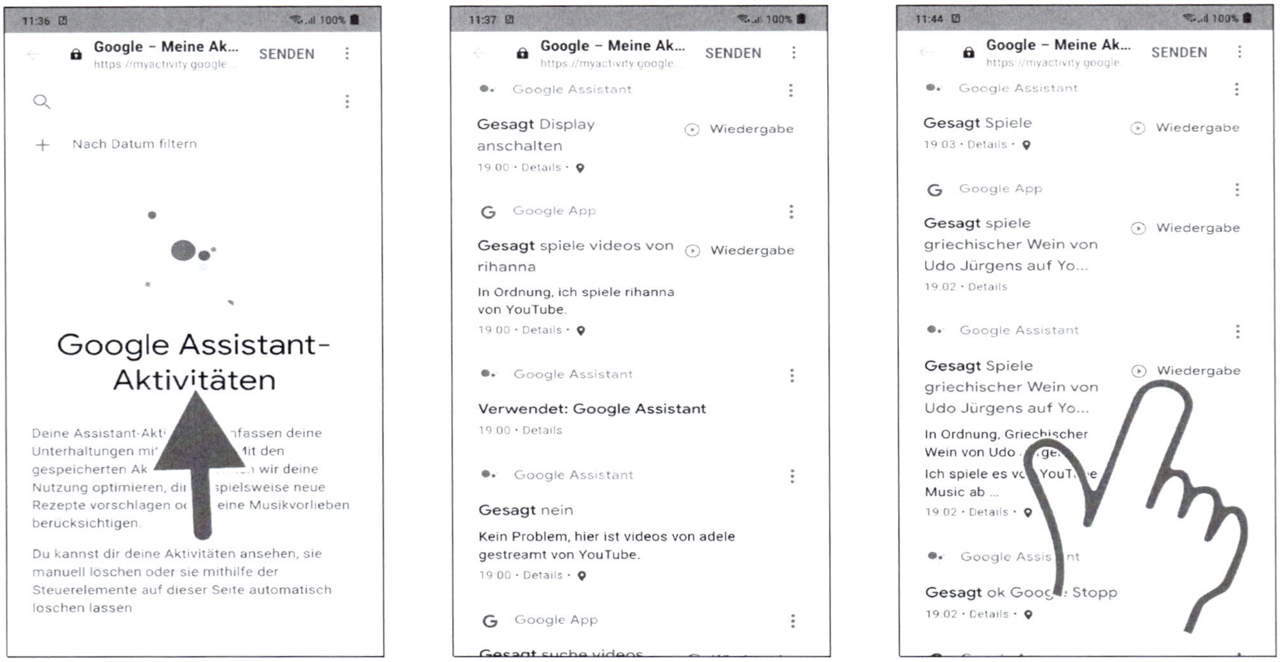

❶❷ Wischen Sie durch die Auflistung.

❸ *Wiedergabe* (Pfeil) wiederholt den Befehl.

> Tipp: Rufen Sie die Webadresse *takeout.google.com* in Ihrem Webbrowser auf, wenn Sie einen Überblick Ihrer Aktivitäten bei allen Google-Diensten erhalten möchten. Sie müssen sich dann mit Ihrem Google-Konto identifizieren.

11. Abläufe

In den sogenannten Abläufen[33] (»Routinen«) sind mehrere Befehle zusammengefasst, die nacheinander abgearbeitet werden. Dieses Kapitel ist deshalb nur für fortgeschrittene Nutzer geeignet, die sich bereits einige Zeit mit den Google Assistant-Befehlen auseinandergesetzt haben.

11.1 Vordefinierte Abläufe

Damit Sie einen schnellen Einstieg in die Abläufe finden, hat Google einige vordefiniert, mit denen typische Aufgaben erledigt werden. In der folgenden Auflistung berücksichtigen wir nur in den Abläufen vorhandene Befehle, die tatsächlich ausgeführt werden. Sie können natürlich weitere Befehle hinzufügen oder entfernen. Probieren Sie ruhig mal einige Befehle aus! Mit »*Ok Google, stopp*« brechen Sie, wie schon von den Befehlen gewohnt, einen Ablauf ab.

»Ok Google, guten Morgen«

- Wetterbericht
- Mein Weg von und zur Arbeit: Sofern Sie Heim- und Arbeitsplatzadresse angegeben haben, informiert Sie der Google Assistant über die Fahrtzeit
- Meine Termine für heute (siehe Kapitel *9.4 Kalender*)
- Meine Erinnerungen für heute (siehe Kapitel *9.5 Erinnerungen*)
- Schlagzeilen (Nachrichten) abspielen

»Ok Google, Schlafenszeit« oder **»Ok Google, ab ins Bett«**

- Gewünschte Weckzeit abfragen: Stellt den Wecker
- Geräusche zum Einschlafen abspielen (optional Musik oder nichts)

»**Ok Google, bin jetzt weg**« oder »**Ok Google, ich gehe jetzt aus dem Haus**«

- Keine Befehle eingestellt

»Ok Google, bin jetzt zuhause«

- Spielt Musik ab

»**Ok Google, bin auf dem Weg zur Arbeit**«

- Mein Weg zur Arbeit: Sofern Sie Heim- und Arbeitsplatzadresse angegeben haben, informiert Sie der Google Assistant über die Fahrtzeit
- Wetterbericht
- Meine Termine für heute (siehe Kapitel *9.4 Kalender*)
- Musik abspielen

»**Ok, Google bin auf dem Weg nach Hause**«

- Mein Weg nach Hause: Sofern Sie Heim- und Arbeitsplatzadresse angegeben haben, informiert Sie der Google Assistant über die Fahrtzeit.

Als Alternative zu den Abläufen können Sie auch in Ihren Sprachbefehlen mehrere Kommandos kombinieren. Statt nacheinander »*Ok Google, Lautstärke 4*« und »*Ok Google, spiele Musik*« sagen Sie einfach »*Ok Google, Lautstärke 4* ***und*** *spiele Musik*«.

33 https://support.google.com/googlenest/answer/7029585

❶❷ Auch direkt in der Home-App lösen Sie Abläufe aus. Gehen Sie ins ⌂-Register und dann auf *Abläufe.*

❸ Die vordefinierten Abläufe listet die App leider in englischer Sprache auf. Wählen Sie davon einen aus.

❶❷ Auf Ihrem Android-Handy rufen Sie alternativ den Google Assistant mit »*Ok Google*« oder »*Hey Google*« auf (siehe Kapitel *6 Google Assistant auf dem Android-Handy*) und sagen den Ablaufnamen, im Beispiel »*guten Morgen*«.

11.2 Abläufe erstellen und bearbeiten

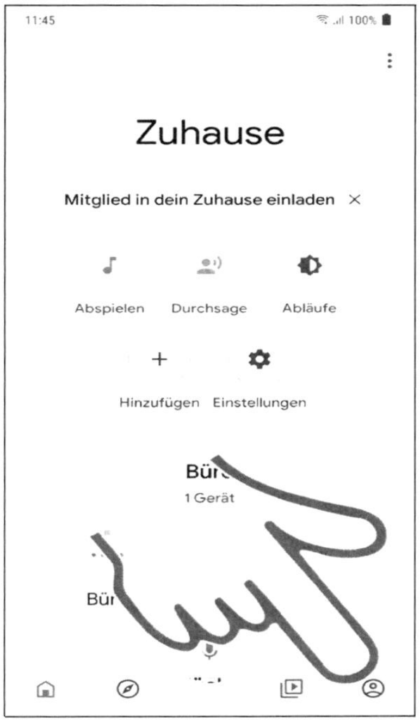

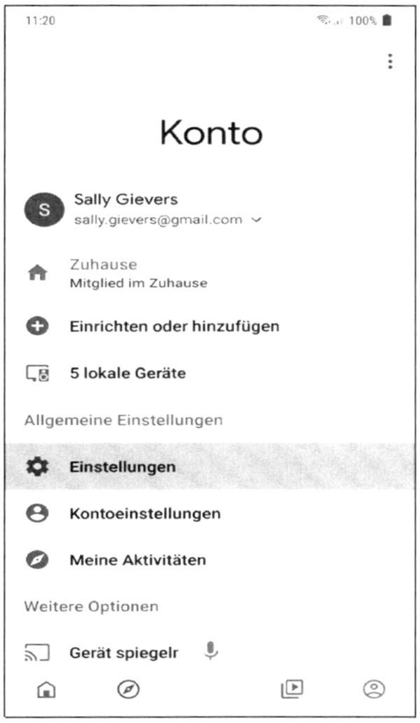

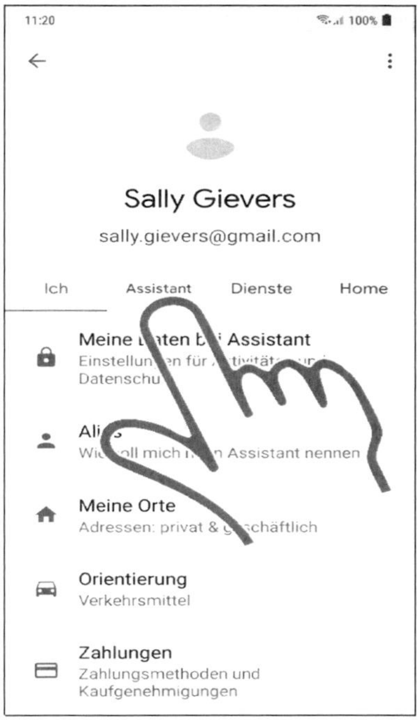

❶ Aktivieren Sie das ☺-Register.

❷ Gehen Sie auf *Einstellungen.*

❸ Aktivieren Sie das *Assistant*-Register.

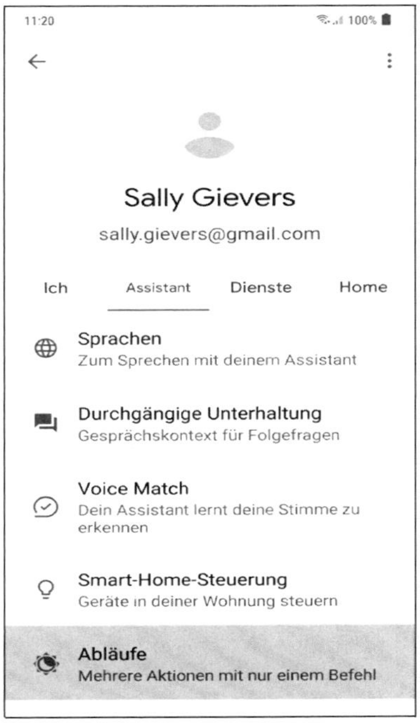

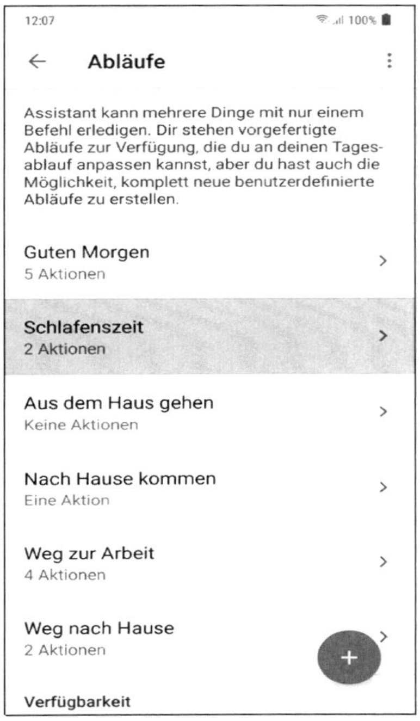

❶ *Abläufe* listet die vordefinierten Abläufe auf.

❷ In unserem Beispiel möchten wir *Schlafenszeit* bearbeiten, das wir antippen.

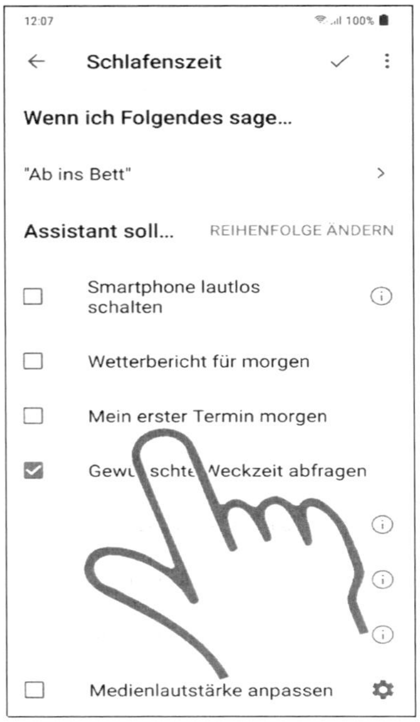

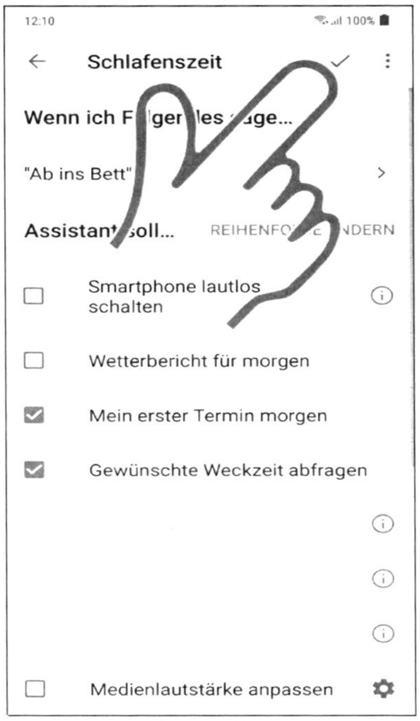

❶❷ Kurzes Antippen eines Befehls aktiviert/deaktiviert ihn.

❸ Bestätigen Sie Ihre Änderungen mit der ✓-Schaltleiste.

11.2.1 Ablauf erstellen

Der Google Assistant unterstützt zwei verschiedene Abläufe: Neben den mit einem Sprachbefehl ausgelösten Abläufen sind auch tageszeitabhängige möglich.

In unserem Beispiel soll der Befehl *»Praxisbuch«* den Text *»das Praxisbuch hilft weiter«* ausgeben.

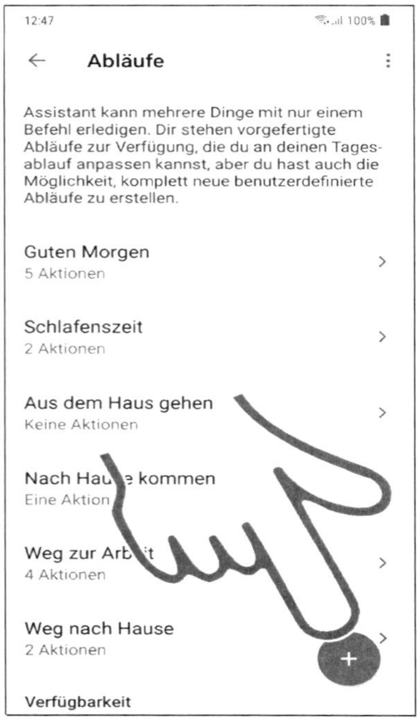

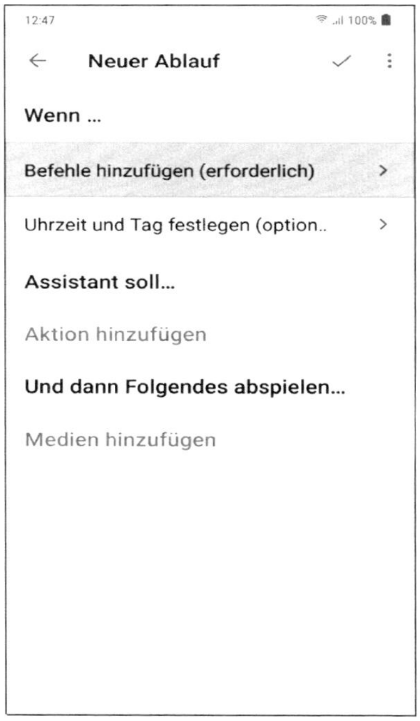

❶ In der Abläufe-Auflistung betätigen Sie +.

❷ Wählen Sie *Befehle hinzufügen (erforderlich)*.

❸ Erfassen Sie den Befehl, mit dem Sie später den selbstdefinierten Ablauf starten möchten und betätigen Sie *OK*.

Der Ablaufbefehl sollte keinem Google-Standardbefehl entsprechen. Es wäre also eine schlechte Idee, beispielsweise »spiele Musik« oder »Abbruch« als Ablaufbefehl einzustellen.

Für die leichtere Unterscheidbarkeit von den Standardbefehlen empfehlen wir die Verwendung von mehreren Wörtern, zum Beispiel »*ich will musik*«, »*ich will party*«, usw.

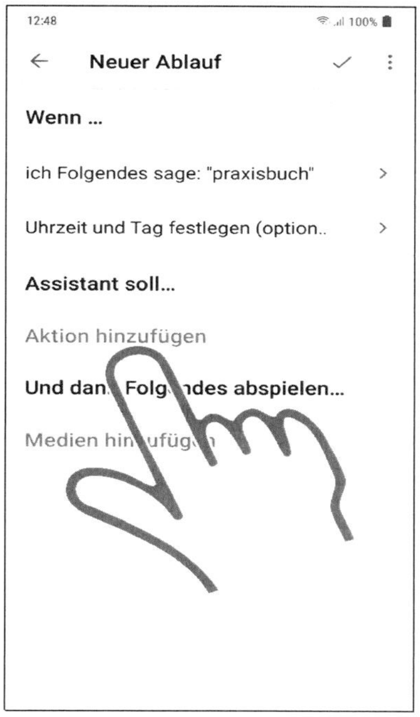

❶ Falls Sie möchten, legen Sie mit + noch weitere Schlüsselwörter an, über die der Ablaufbefehl später aufgerufen wird. In unserem Beispiel reicht aber »praxisbuch« aus (Klein- und Großschreibung spielt keine Rolle). Schließen Sie den Bildschirm mit ←.

❷ Jetzt legen wir mit *Aktion hinzufügen* den auszuführenden Befehl fest.

❸ In unserem Beispiel geben wir den Befehl nicht direkt ein, sondern gehen auf *Beliebte Aktionen auswählen*.

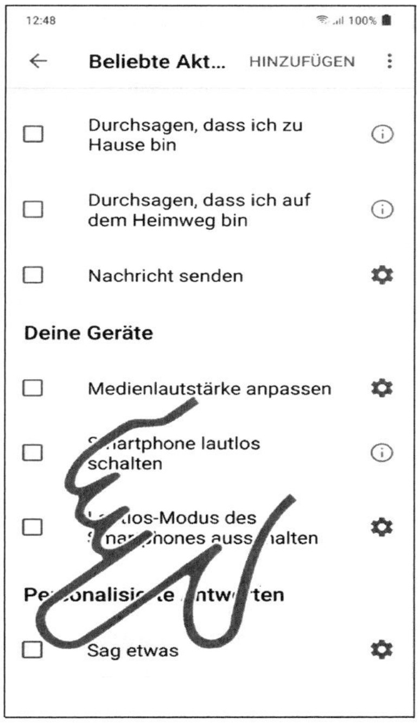

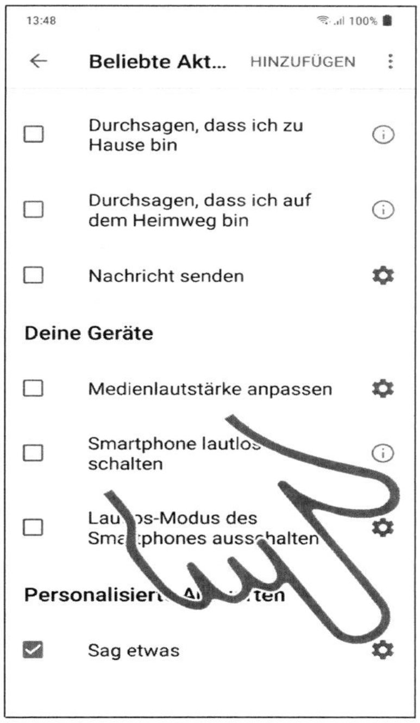

❶❷ Hier aktivieren wir *Sag etwas* und betätigen die ⚙-Schaltleiste.

❸ Erfassen Sie den Text und schließen Sie den Bildschirm mit ←.

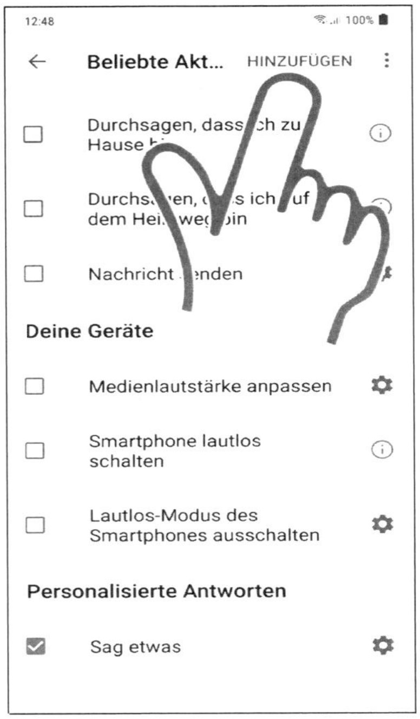

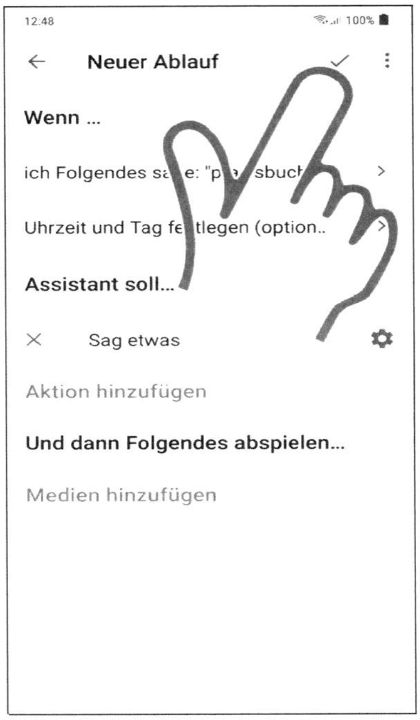

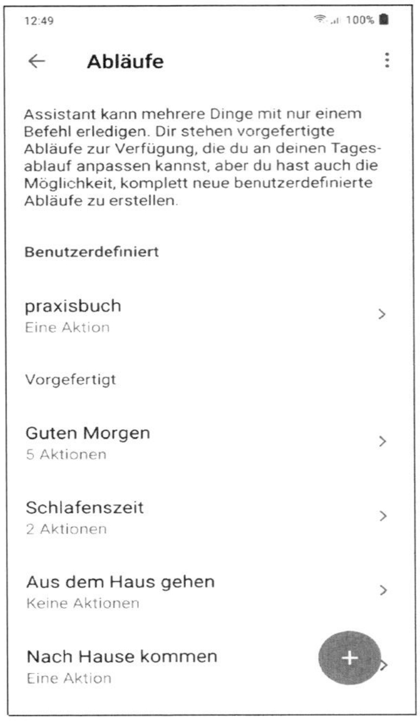

❶ Betätigen Sie *HINZUFÜGEN*.

❷❸ ✓ erstellt den Ablauf, worauf Sie sich wieder in der Befehlsauflistung befinden.

Probieren Sie jetzt mal Ihren neuen Ablaufbefehl aus: »*Ok Google, Praxisbuch*«

11.2.2 Ablauf bearbeiten oder löschen

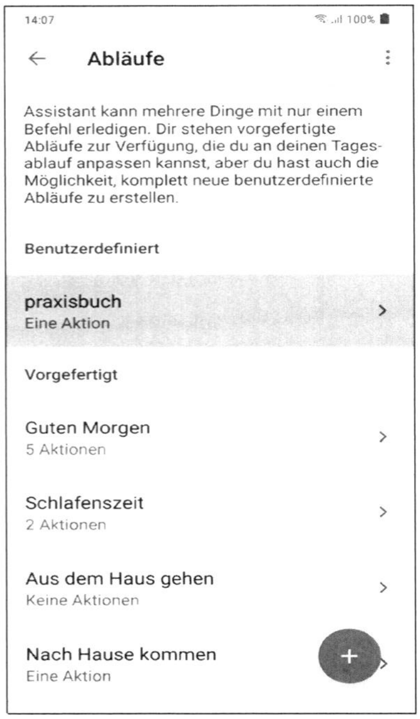

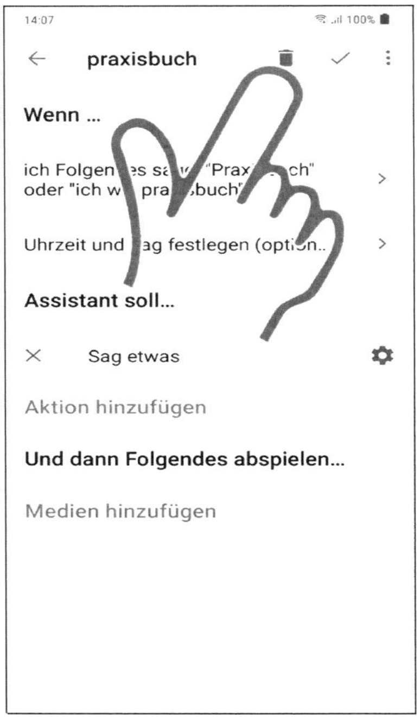

❶ Rufen Sie, wie im Kapitel *11.2 Abläufe erstellen und bearbeiten* beschrieben, die Abläufe auf und wählen Sie einen Ablauf aus, den Sie bearbeiten möchten.

❷ Hier fügen Sie weitere Aktionen hinzu oder löschen mit 🗑 (Pfeil) den Ablauf.

12. Mehrere Nutzer

Wenn Sie Ihr Home-Gerät in einem Single-Haushalt verwenden, brauchen Sie dieses Kapitel nicht durchzuarbeiten. Haben dagegen Familienmitglieder, Mitbewohner oder Arbeitskollegen ebenfalls Zugriff, dann sollten Sie Sie den Mehrnutzerbetrieb einrichten.

Es werden bis zu 5 weitere Nutzer unterstützt, die jeweils ein Google-Konto besitzen müssen.

12.1 Einrichtung

Sorgen Sie dafür, dass die künftigen Mitnutzer die Google-Home-App auf Ihrem Gerät installiert und sich dort mit Ihrem Google-Konto angemeldet haben (siehe Kapitel *4.2 Google-Konto*). Falls noch kein Google-Konto vorhanden ist, muss sich der künftige Mitnutzer erst eines anlegen.

12.1.1 Einladung senden

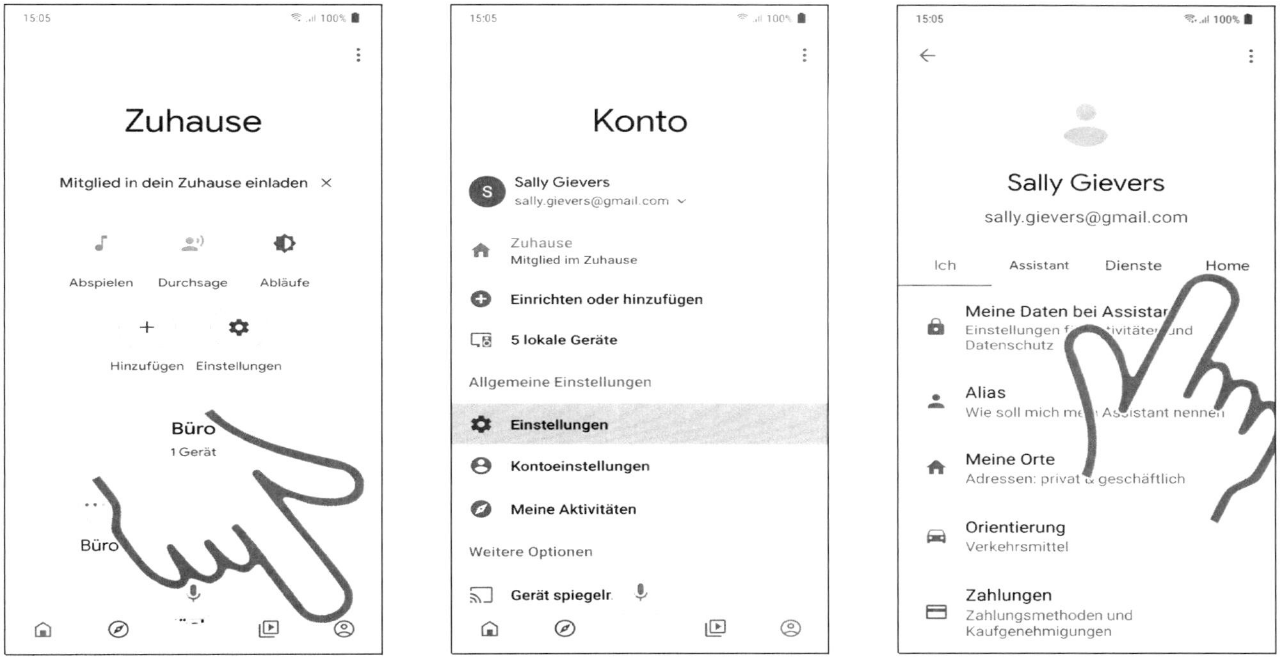

❶ Aktivieren Sie das ☺-Register.

❷ Wählen Sie *Einstellungen.*

❸ Aktivieren Sie das *Home*-Register.

❶ Rufen Sie *Haushaltsmitglieder* auf.

❷ Betätigen Sie + (Pfeil).

❸ Nach Erfassen des Namens betätigen Sie *SPEICHERN*.

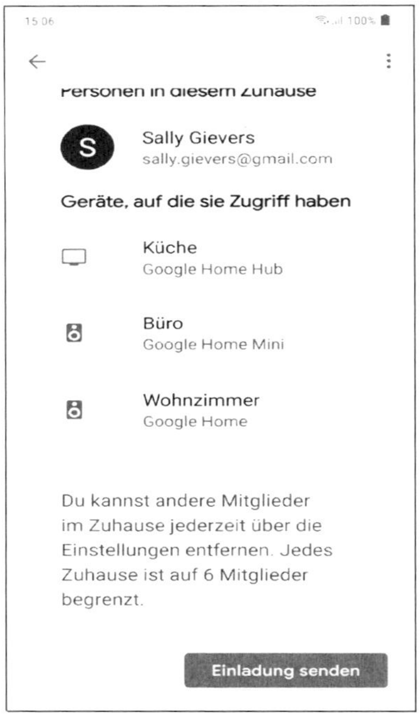

❶❷ Betätigen Sie *Mehr* und dann *Einladung senden*.

❸ Jetzt muss die eingeladene Person aktiv werden.

12.1.2 Einladung annehmen

Wie erwähnt, muss der Empfänger auf seinem Handy die Home-App installiert und ein Google-Konto eingerichtet/angemeldet haben.

❶❷ Der Empfänger aktiviert das ⌂-Register, wo er auf *x ausstehende Einladung* tippt.

❸ Nun betätigt er *Mehr.*

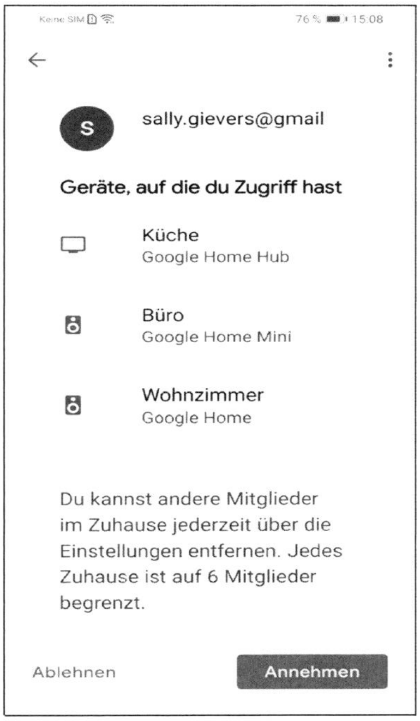

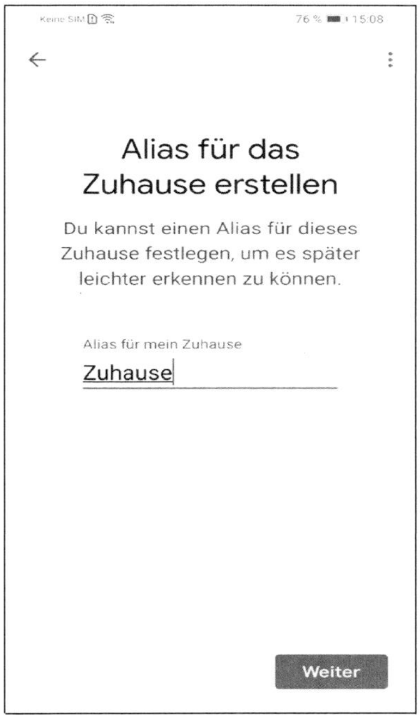

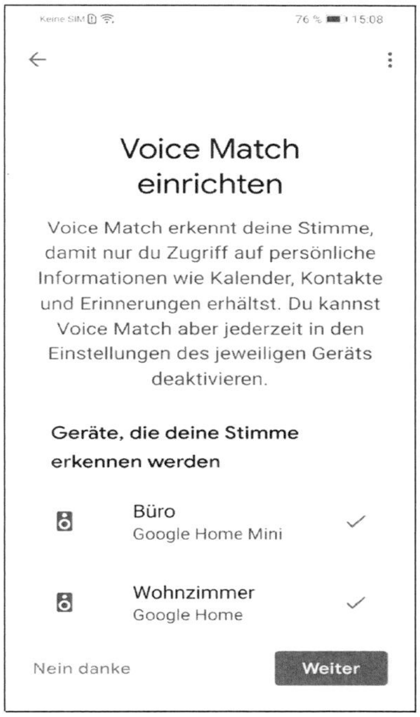

❶❷❸ Nach Betätigen von *Annehmen* führt die App durch alle Einrichtungsschritte, die bereits Kapitel *4.4.3 Weitere Einrichtung der Google Home-App* beschreibt.

Je nach Voreinstellungen beziehungsweise vorheriger Nutzung, fordert die Home-App zwischendurch zum Sprachtraining von »*Ok Google*« und »*Hey Google*« auf. Es ist **extrem wichtig**, dass dann der jeweilige Google-Konto-Inhaber das Sprachtraining durchführt. Der Google Assistant kann durch das Sprachtraining später die verschiedenen Nutzer auseinander halten.

12.1.3 Haushaltsmitglieder entfernen

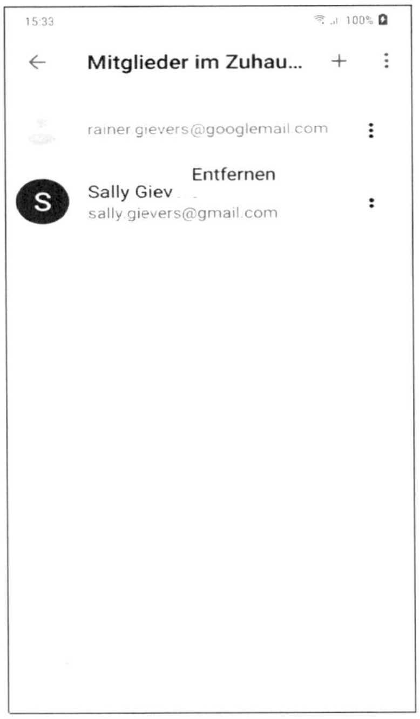

❶❷ Ehemalige Haushaltsmitglieder entfernen Sie ebenfalls über das *Haushaltsmitglieder*-Menü (wie Sie dieses aufrufen, erfahren Sie im Kapitel *12.1 Einrichtung*). Öffnen Sie mit ⋮ hinter dem Google-Konto-Namen das Menü und gehen Sie auf *Entfernen*.

12.2 Mehrnutzerbetrieb in der Praxis

Der Google Assistant erkennt anhand der Stimme den jeweiligen Nutzer und verwaltet beispielsweise Termine (siehe Kapitel *9.4 Kalender*), Erinnerungen (siehe Kapitel *9.5 Erinnerungen*), Musikvorlieben und vieles mehr separat im zugehörigen Google-Konto.

Ist Schlager beispielsweise Ihre Lieblingsmusik und ihr Mitbewohner bevorzugt Jazz, dann hört jede Person passende Songs, wenn sie »*Ok Google, spiele meine Musik*« sagt.

Ein Nutzer, dessen Stimme vom Home-Gerät nicht erkannt wird, in der Regel ein Besucher in Ihrem Haushalt, wird automatisch als »Gast« behandelt. Das kann natürlich auch passieren, wenn ein registrierter Nutzer erkältet ist.

13. Google Nest Hub

Der Nest Hub nutzt das eingebaute Display zur Visualisierung der Sprachausgaben des Google Assistant. Fragen Sie beispielsweise »*Ok Google, wie wird das Wetter?*« dann erhalten Sie zusätzliche Infos.

Auch wenn Sie die Sprachausgabe mit »*Ok Google, stopp*« abbrechen, zeigt das Gerät weiterhin die angeforderten Infos an. Stattdessen können Sie auch einfach kurz auf das Display tippen.

> Bitte beachten Sie, dass Google seinen Home-Geräten laufend weitere Funktionen hinzufügt. Es besteht daher die Möglichkeit, dass einige Anzeigen auf Ihrem Gerät anders aussehen.

13.1 Allgemeine Funktionen

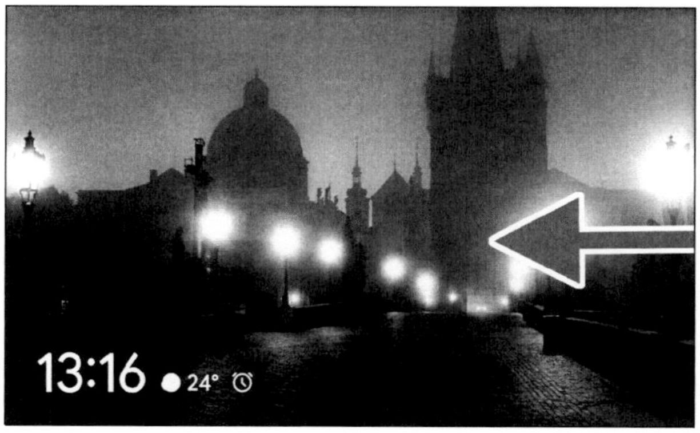

❶ Wischen Sie von rechts außerhalb des Displays nach links.

❷ Das Gerät zeigt die anstehenden Termine, Erinnerungen, zuletzt durchgeführte Aktionen, usw. an, durch die Sie mit einer Wischgeste rollen.

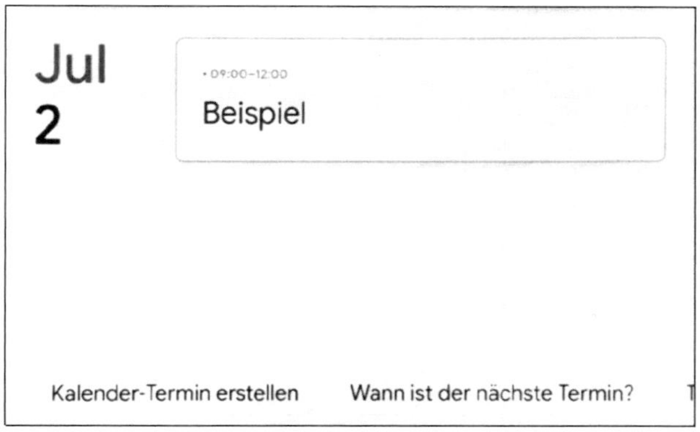

❶❷ Rufen Sie beispielsweise weitere Infos zu einem Termin auf, indem Sie ihn antippen. Am unteren Bildschirmrand zeigt das Gerät verwandte Befehle an.

> Mit einer Wischgeste von links nach rechts verlassen Sie eine Bildschirmanzeige. Wird das Gerät einige Sekunden nicht genutzt, schaltet es auf den Startbildschirm zurück.
>
> Sofern Sie auf dem Bildschirm durch Berührung Eingaben vornehmen oder Aktionen auslösen können, gehen wir in den einzelnen Kapiteln dieses Buchs darauf ein.

13.2 Menü

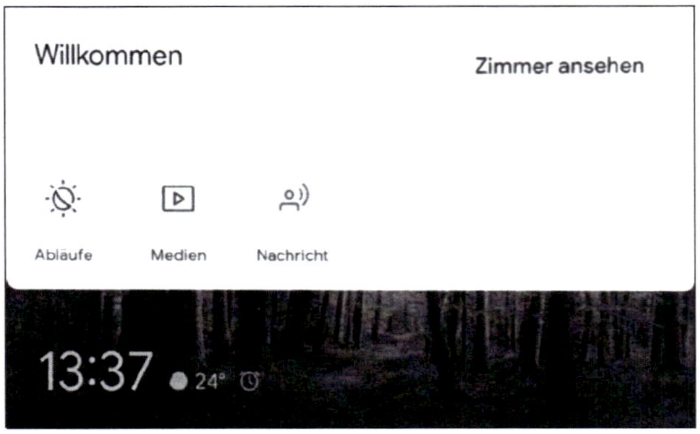

❶ Das Menü öffnen Sie mit einer Wischgeste von oben außerhalb des Displays nach unten.

❷ Die Schaltleisten:

- *Abläufe*: Mehrere Befehle nacheinander ausführen. Siehe Kapitel *11 Abläufe*.
- *Medien*: Gerät auswählen, auf dem Sie Musik abspielen möchten.
- *Nachricht*: Löst die im Kapitel *Nachricht an Alle* beschriebene Aktion aus.
- *Zimmer ansehen* (oben rechts): Geräteinfos anzeigen.

13.2.1 Musikwiedergabe

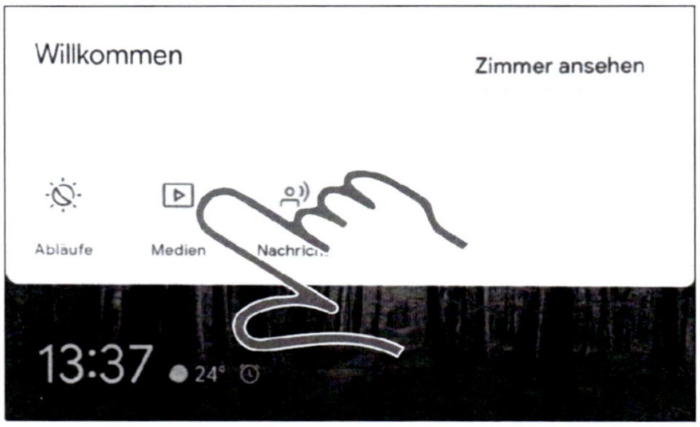

❶ Betätigen Sie *Medien*.

❷ Wählen Sie ein Home-Gerät aus.

❶❷ Betätigen Sie *Musik abspielen*, worauf die Wiedergabe erfolgt.

Es ist leider nicht dokumentiert, welche Songs der Google Assistant abspielt und Sie können auch nicht frei Songs oder Playlists auswählen. Statt den Weg über Bildschirmgesten empfehlen wir daher die Nutzung der Sprachbefehle mit Angabe des Ausgabegeräts (siehe Kapitel *4.8 Gerätenamen*). Sprechen Sie einfach »*Ok Google, spiele Udo Jürgens* ***auf Büro***«

13.3 Einstellungen

❶❷ Die Einstellungen öffnet eine Wischgeste von unten außerhalb des Displays nach oben:

- ☼: Displayhelligkeit regeln. Sie können stattdessen auch »*Ok Google Display [heller / dunkler]*« sprechen.
- 🔉: Lautstärke. Die Lautstärke lässt sich auch mit Sprachbefehlen festlegen, was Kapitel *5.1.1 Lautstärke* erläutert.
- ⊖: Nicht stören ein/ausschalten: Darauf geht Kapitel *10.2 Bitte nicht stören* ein.
- ⏰: Wecker anzeigen. Siehe auch Kapitel *9.1 Wecker* auf dem Google Nest Hub.
- ⚙: Informiert über den verbundenen WLAN-Zugangspunkt und den Gerätenamen (siehe Kapitel *4.8 Gerätenamen*).

❶❷ 🔉 öffnet die Lautstärkeeinstellungen.

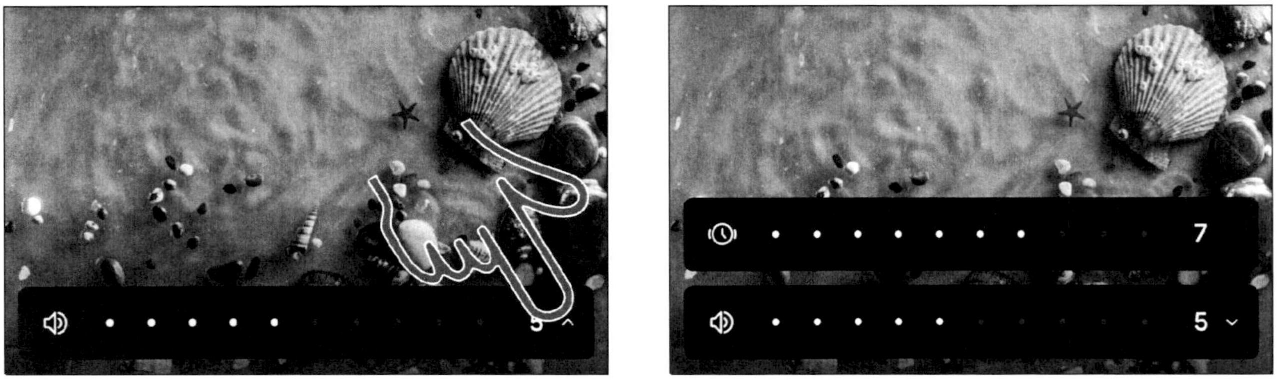

❶❷ Die Weckerlautstärke (siehe Kapitel *9.1 Wecker*) lässt sich ebenfalls einstellen. Dies ist aber auch in der Home-App (siehe Kapitel Weckerlautstärke) möglich.

13.4 Bilderrahmen

Bereits bei der Ersteinrichtung (siehe Kapitel *4.5.2 Google Nest Hub einrichten*) haben Sie festgelegt, ob der Nest Hub Fotos oder ein großes Uhrziffernblatt bei Nichtverwendung (sogenannter Standby) anzeigt[34].

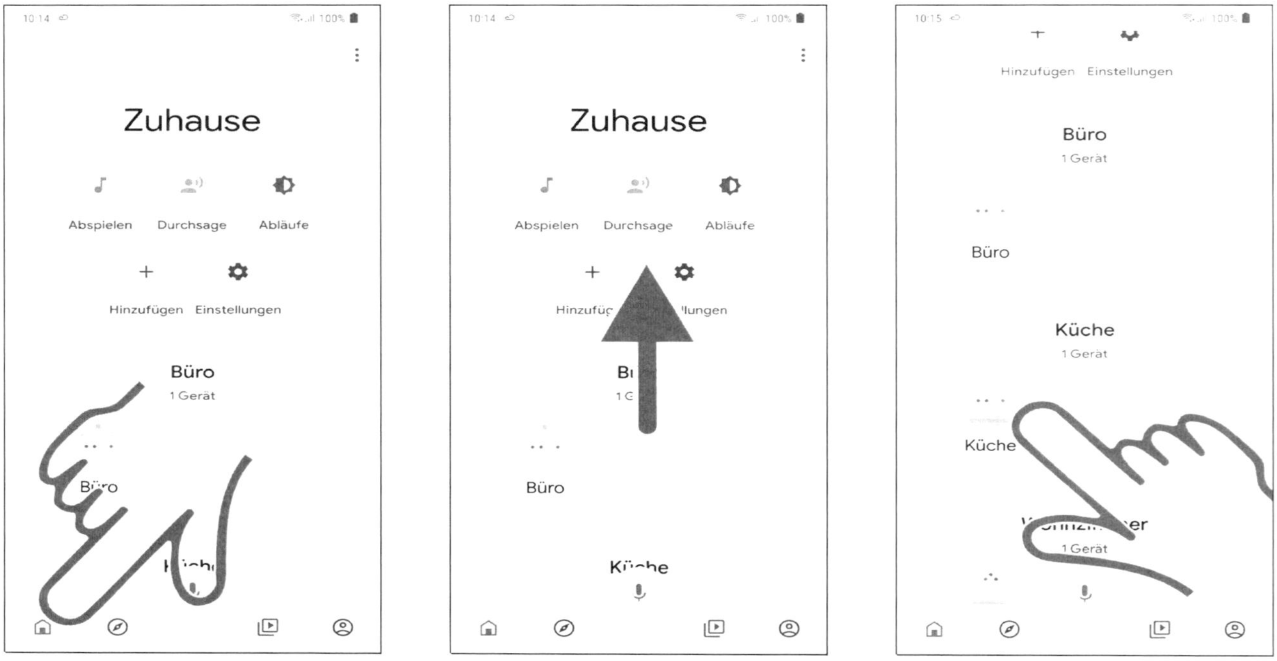

❶ Gehen Sie in der Home-App auf das -Register, sofern es nicht bereits aktiv ist.

❷❸ In der Geräteauflistung blättern Sie mit einer Wischgeste und wählen den Nest Hub aus.

34 https://support.google.com/googlenest/answer/9136992

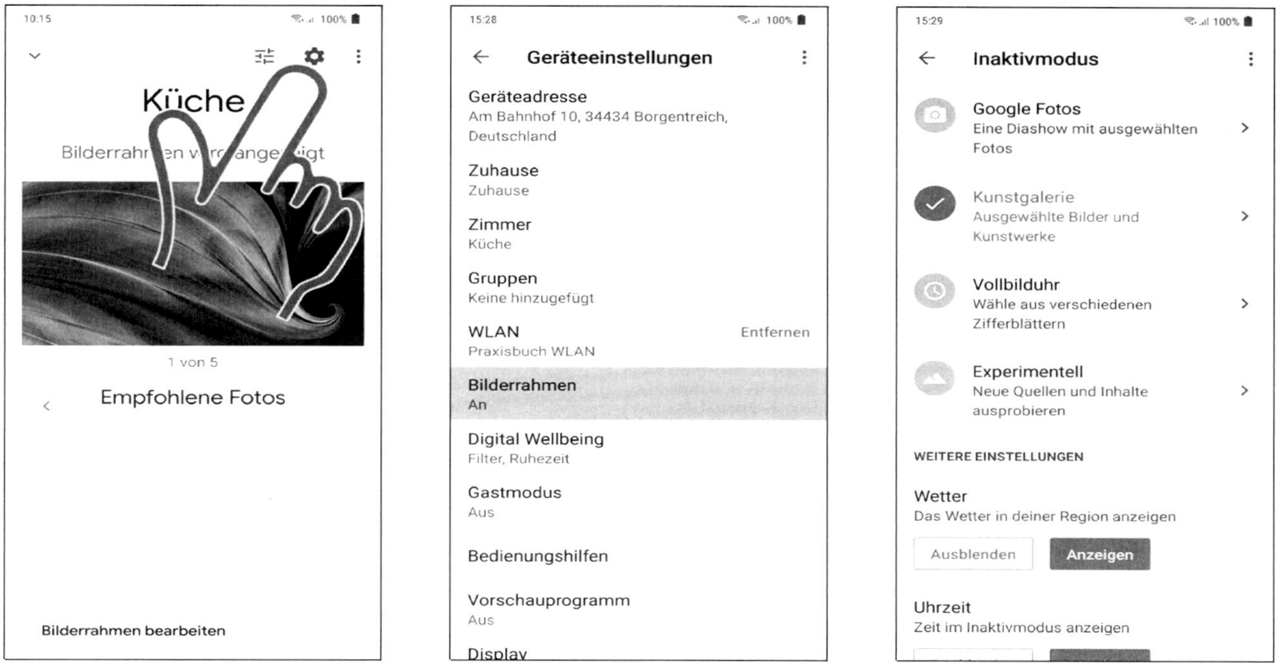

❶❷ Gehen Sie auf ⚙ und dann *Bilderrahmen.*

❸ Zur Auswahl stehen:

- *Google Fotos*: Bilder aus der Google-Fotos-Anwendung, die auf jedem Android-Handy vorinstalliert ist.
- *Kunstgalerie*: Bildergalerien von verschiedenen Anbietern.
- *Vollbilduhr*: Statt Bildern zeigt der Nest Hub eine großformatige Uhr an.
- *Experimentell*: Fotos aus Ihrem Konto bei den sozialen Netzwerken Facebook oder Flickr.

13.4.1 Vollbilduhr

❶ Rufen Sie *Vollbilduhr* auf.

❷❸ Markieren Sie einen der Vorschläge, dann kehren Sie mit ← ins Hauptmenü zurück.

Die Uhr wird auf dem Nest Hub angezeigt.

13.4.2 Kunstgalerie

❶❷ In der Kunstgalerie stehen die folgenden »Galerien« zur Verfügung:

- *Empfohlene Fotos*: Von Google kuratierte Fotosammlung.
- *Bildende Kunst*: Gemälde und Grafiken.
- *Erde und Weltraum*: Spektakuläre Bilder aus dem Weltall und von Naturphänomenen.
- *Street-Art*: Kunst auf und neben der Straße.

Sie dürfen auch mehrere Galerien gleichzeitig markieren.

❸ Mit ← kehren Sie ins Hauptmenü zurück.

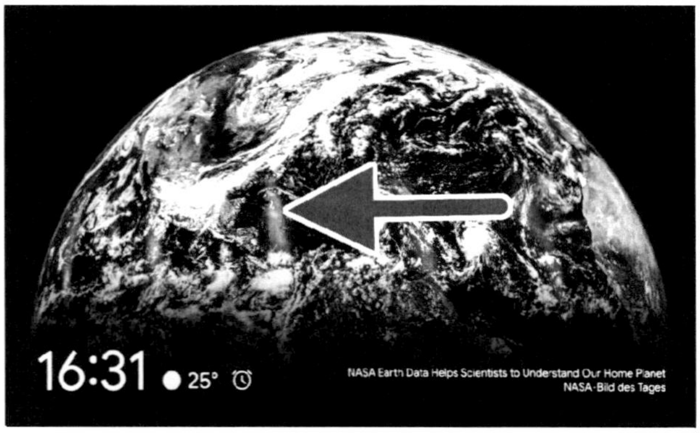

Der Nest Hub schaltet standardmäßig im Minutentakt zwischen den Bildern um.

Mit einer Wischgeste nach links/rechts blättern Sie selbst durch die Bilder. Am unteren Bildschirmrand erfahren Sie Näheres zum Fotografen und der Bildquelle.

13.4.3 Google Fotos

Der Google Nest zeigt wahlweise auch Fotos an, die Sie auf Ihrem Android-Handy erstellt hatten.

In diesem Buch gehen wir ausschließlich auf die Google Fotos-App für Android-Handys ein. Als iPhone-Nutzer dürfen Sie daher dieses Kapitel überlesen.

❶ Rufen Sie *Google Fotos* auf.

❷❸ Aktivieren Sie *Recent Highlights,* dann kehren Sie mit ← ins Hauptmenü zurück. Der Nest Hub zeigt nun eine Diashow mit Ihren selbst geknipsten Fotos an.

13.4.3.a Start und erste Einrichtung der Google Fotos-App

Ihr Android-Handy sichert, wie bereits erwähnt, alle Ihre mit der Kamera-App erstellten Fotos und Videos automatisch im Internet auf Google-Servern. Dabei werden die Mediendateien in Ihrem Google-Konto (siehe Kapitel *4.2 Google-Konto*) hinterlegt. Für Sie hat dies den Vorteil, auf jedem Android-Gerät, auf dem Sie mit Ihrem Google-Konto angemeldet sind, auf alle Ihre Fotos und Videos zugreifen zu können. Eine umständliche Datensicherung, beispielsweise vom Handy auf dem PC, ist deshalb nicht nötig.

Beachten Sie bitte, dass es fast allen Android-Handys einen weiteren Bildanzeiger gibt, mit dem die Google Fotos-App aber nichts zu tun hat.

In diesem Buch gehen wir aus Platzgründen nur auf einige Grundfunktionen der Google Fotos-App ein.

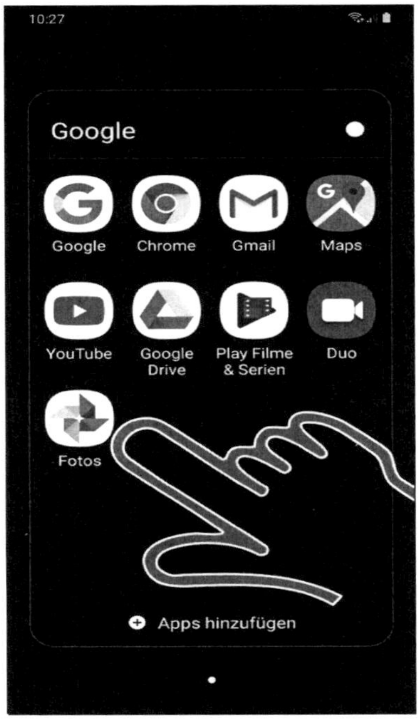

➊ Gehen Sie auf den *Google*-Ordner im Hauptmenü oder Startbildschirm (wo Sie den *Google*-Ordner finden, hängt von Ihrem Handy ab).

➋ Rufen Sie *Fotos* auf.

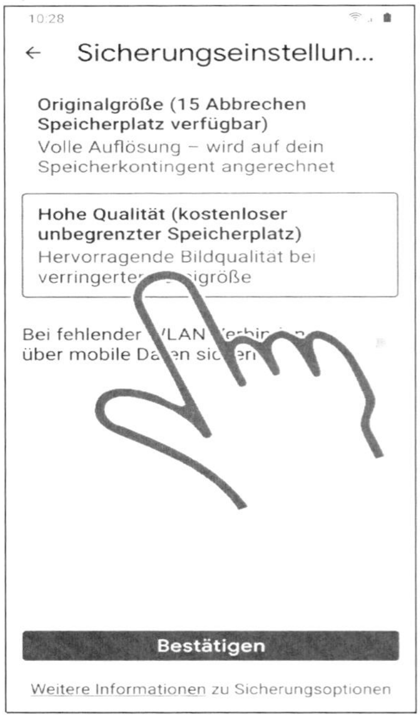

➊ Schließen Sie den einmalig angezeigten Dialog mit *Zulassen.*

➋ Betätigen Sie *Weiter.*

➌ Im folgenden Bildschirm müssen Sie auf jeden Fall *Hohe Qualität* auswählen, damit Sie unbegrenzt Fotos im Google-Konto speichern können. Gehen Sie danach auf *Bestätigen.*

13.4.3.b Die Benutzeroberfläche

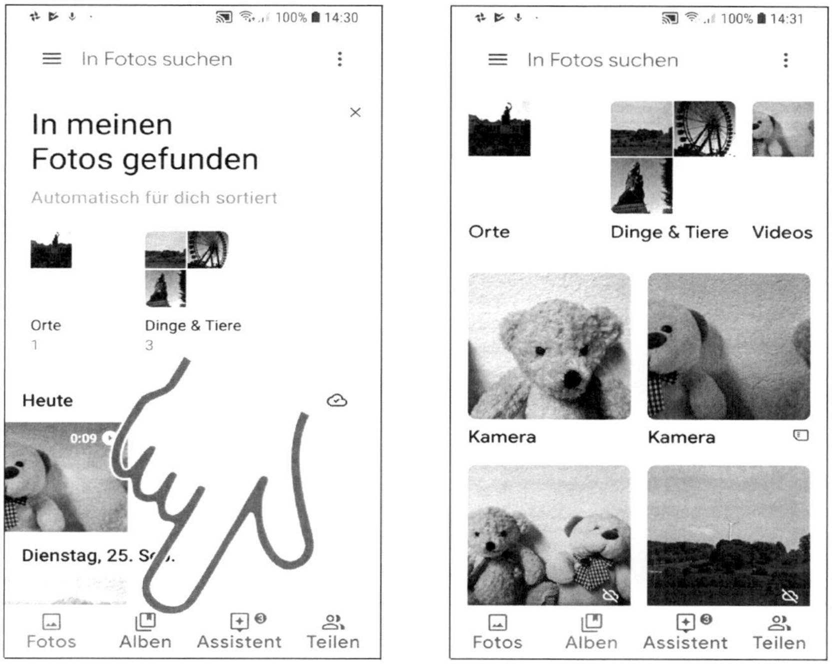

❶ Mit den Schaltleisten *Fotos* und *Alben* wechseln Sie zwischen der standardmäßigen Fotoauflistung und der Albenansicht (❷).

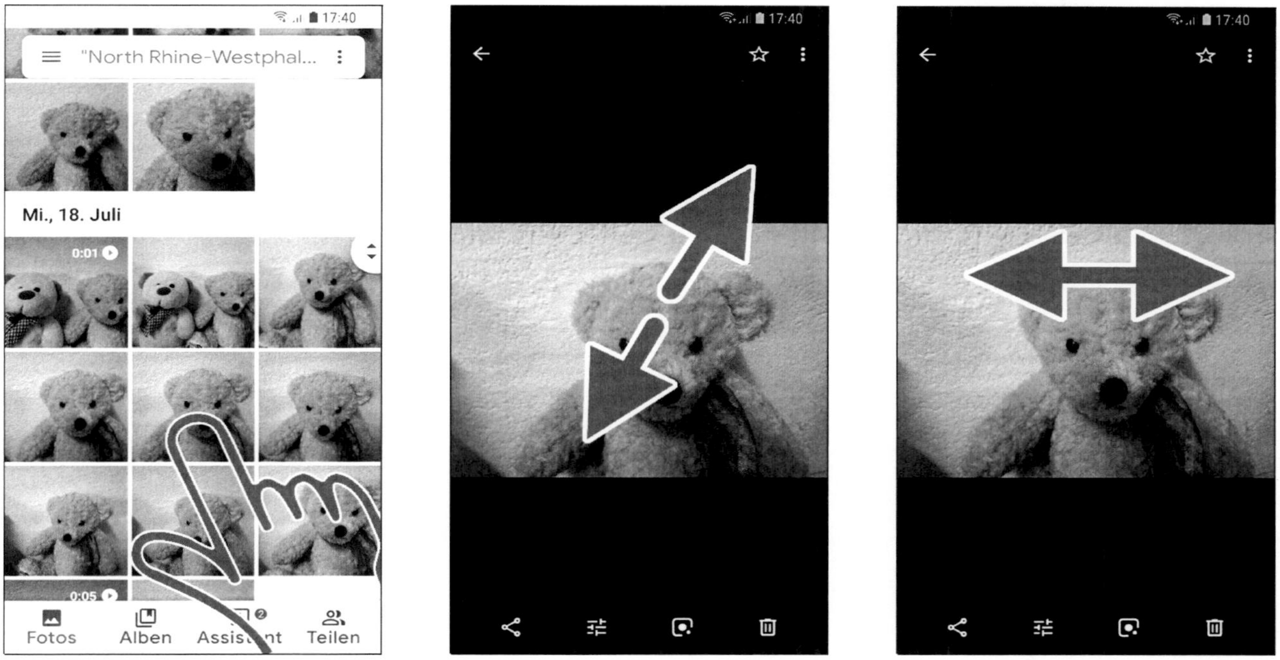

❶ Für die Vollbildansicht tippen Sie ein Foto in der Auflistung an.

❷ Die verfügbaren Funktionen:

- Doppeltippen (zweimal schnell hintereinander auf den Bildschirm tippen): Vergrößert/Verkleinert die Bildschirmdarstellung. Mit einer Wischgeste ändern Sie in der vergrößerten Ansicht den Bildschirmausschnitt.
- Kneifgeste (zwei Finger einer Hand gleichzeitig auf den Bildschirm setzen und dann auseinander/zusammenziehen, wie im Bild gezeigt): Bild vergrößern oder verkleinern.

❸ In der Normalansicht (keine Bildvergrößerung aktiv) können Sie mit einer Wischgeste nach rechts/links das nächste/vorherige Foto anzeigen.

Tippen Sie auf die ←-Schaltleiste oben links für die Rückkehr ins Hauptmenü. Alternativ betätigen Sie die <-Taste unterhalb des Displays.

Die Schaltleisten:

- ⋖: Foto per E-Mail, Bluetooth, usw. senden.
- ☰: Bild-Editor aufrufen, in dem Sie Farbe und Kontrast anpassen, sowie einige Bildeffekte anwenden können.
- ⊡: Bild mit Google Lens analysieren.
- 🗑: Bild löschen.

13.4.4 Weitere Funktionen

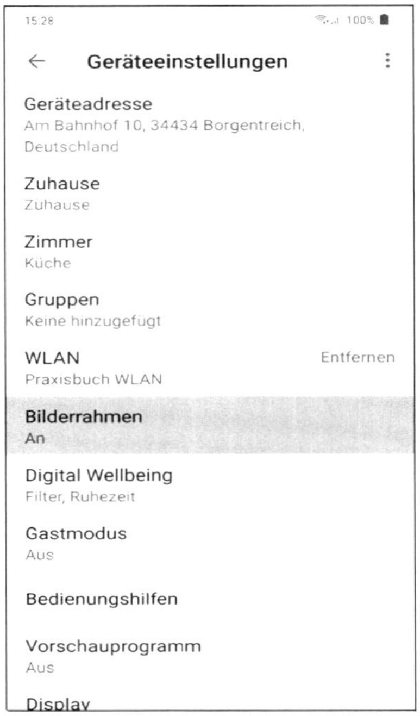

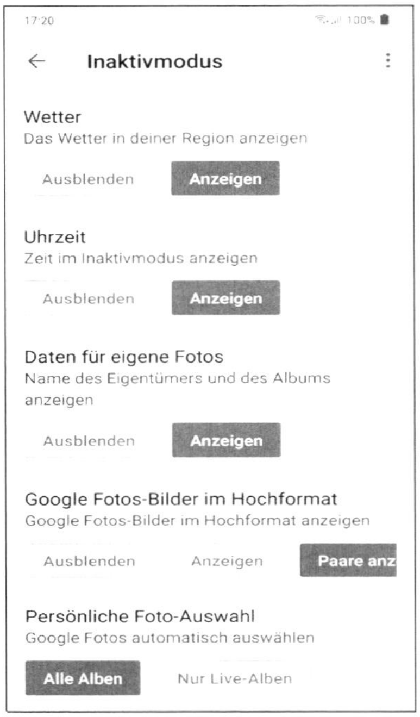

❶❷❸ Wischen Sie im *Bilderrahmen*-Menü (siehe Kapitel *13.4 Bilderrahmen*) für die weiteren Einstellungen des Nest Hub:

- *Wetter*: Unten links erscheint auf dem Display neben der aktuellen Uhrzeit auch ein Wetter-Symbol mit der aktuellen Temperatur.
- *Uhrzeit*: Uhrzeit unten links im Display anzeigen.
- *Daten für eigene Fotos*: Blendet unten rechts weitere Infos zum Fotourheber ein.
- *Google Fotos-Bilder im Hochformat*: Sofern Sie Bilder aus Google Fotos (siehe Kapitel *13.4.3 Google Fotos*) anzeigen lassen, werden Hochformat-Bilder entweder ausgeblendet oder paarweise angezeigt.
- *Persönliche Foto-Auswahl*: Nicht von Google dokumentiert.
- *Geschwindigkeit des Bildwechsels*: Standardmäßig zeigt der Nest Hub jede Minute ein neues Bild an. Wählen Sie hier die gewünschte Geschwindigkeit aus.

13.5 Displayeinstellungen

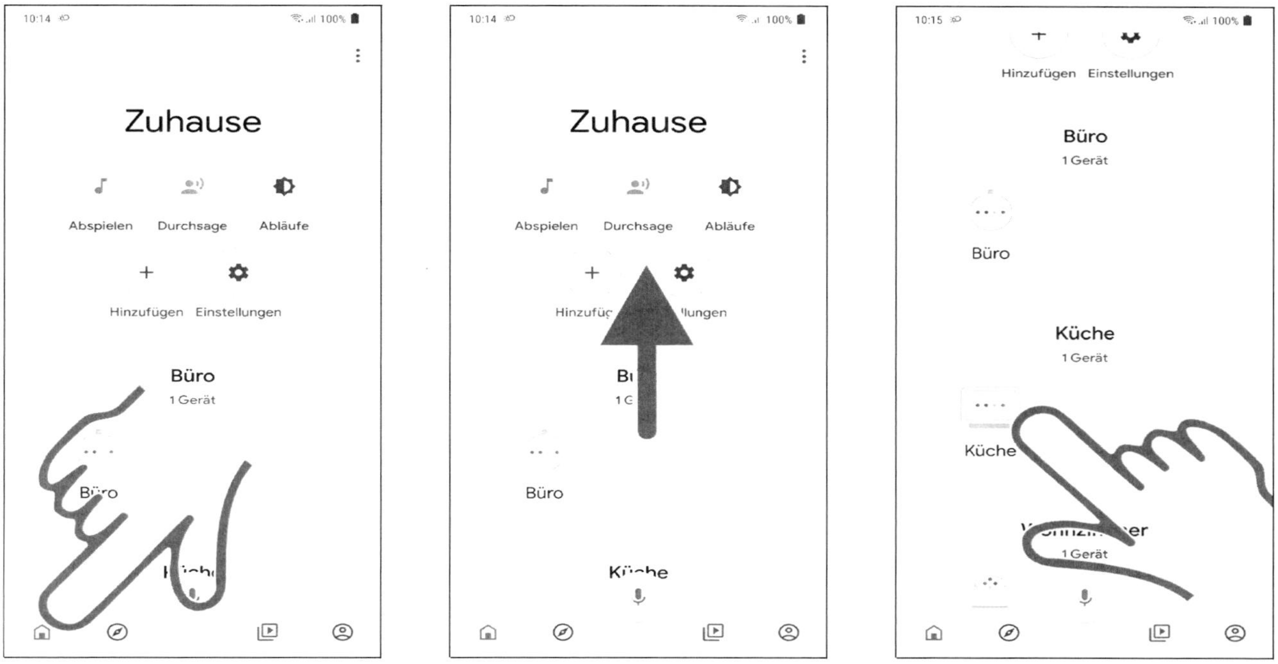

❶ Gehen Sie in der Home-App auf das ⌂-Register, sofern es nicht bereits aktiv ist.

❷❸ In der Geräteauflistung blättern Sie mit einer Wischgeste und wählen den Nest Hub aus.

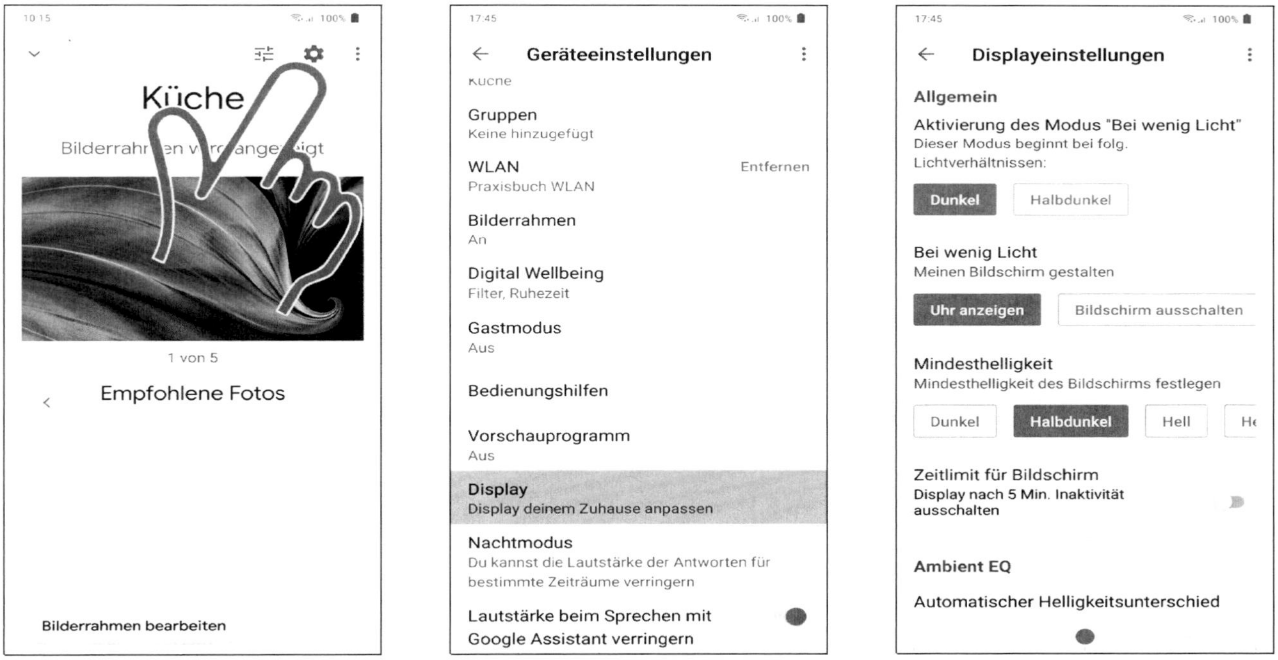

❶❷ Gehen Sie auf ⚙ und dann *Display.*

❸ Der Nest Hub besitzt einen Helligkeitssensor, anhand dessen sich das Display ausschaltet oder nur die Uhrzeit angezeigt wird. Dieser Modus wird als "Bei wenig Licht" bezeichnet.

- *Dunkel; Halbdunkel*: Legt fest, wann das Gerät in den "Bei wenig Licht"-Modus schaltet.
- *Uhr anzeigen; Bildschirm ausschalten*: Ist "Bei wenig Licht" aktiv, wird entweder auf die Uhrzeitanzeige umgeschaltet oder das Display ausgeschaltet.
- *Mindesthelligkeit*: Displayhelligkeit im "Bei wenig Licht"-Modus.

Die weiteren Optionen:

- *Zeitlimit für Bildschirm*: Erfolgt innerhalb von 5 Minuten keine Interaktion mit dem Nest Hub, dann schaltet sich das Display ab.
- *Ambient EQ*: Automatische Helligkeitsanpassung, empfohlen, wenn Sie der Nest Hub in einem Raum mit stark wechselndem Lichteinfall befindet.
- *Farbe anpassen*: Passt die Bildschirmfarbe an die Umgebungshelligkeit an.

Wenn Sie Strom sparen möchten und auf die automatische Bilderanzeige (siehe Kapitel *13.4 Bilderrahmen*) keinen Wert legen, dann sollten Sie *Zeitlimit für Bildschirm* aktivieren.

13.6 YouTube

Die nachfolgend vorgestellten Befehle[35] gelten analog auch für die YouTube-Wiedergabe auf einem TV über Chromecast (siehe Kapitel *14 Chromecast*). Vor jedem Befehl müssen Sie jeweils »*Ok Google*« oder »*Hey Google*« sprechen.

- »*Spiele Videos von Jan Böhmermann*«
  »*Spiele Videos von Sarah Connor*«
  Videos von bestimmten Kanälen/Interpreten abspielen.
- »*Spiele lustige Videos ab*«
  »*Spiele Musikvideos ab*«
  Videos einer Kategorie abspielen.
- »*Spiele den Trailer von 'Deadpol 3' ab*«
  »*Spiele das Musikvideo 'Africa' von 'Toto' ab*«
  Bestimmtes Video abspielen.

Beachten Sie:

- Sie können Videos auch von anderen Home-Geräten starten, indem Sie Ihrem Befehl »*auf [Gerätename des Nest Home]*« hinzufügen.
- Wenn Sie neben Ihrem Nest Hub auch Chromecast einsetzen, erfolgt die Wiedergabe eventuell ausschließlich auf dem TV, an dem der Chromecast-Stick angeschlossen ist. Um dies zu umgehen, sollten Sie den Standardfernseher (siehe Kapitel *14.2.2.a Standard-Wiedergabegerät*) auf Nest Hub setzen.
- Ist es möglicherweise für den Google Assistant nicht deutlich, dass Sie ein Video erwarten, dann geben Sie im Befehl »*auf YouTube*« an.

Die bereits bei der Musikwiedergabe vorgestellten Befehle (siehe Kapitel *7.5 Befehle*), um vor- oder zurückzuspulen, usw. funktionieren bei YouTube ebenfalls.

35 https://support.google.com/googlenest/answer/7029380

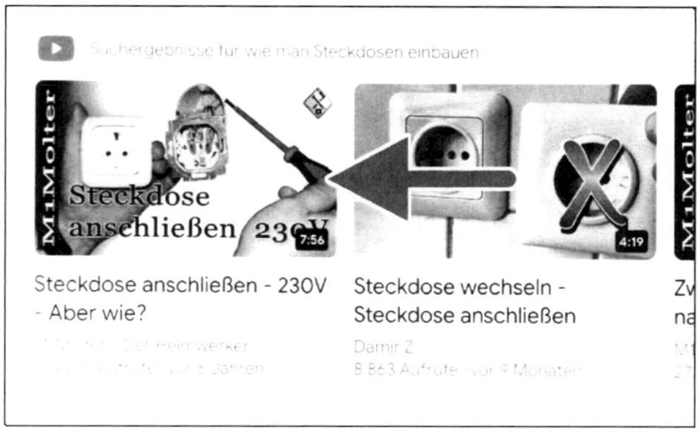

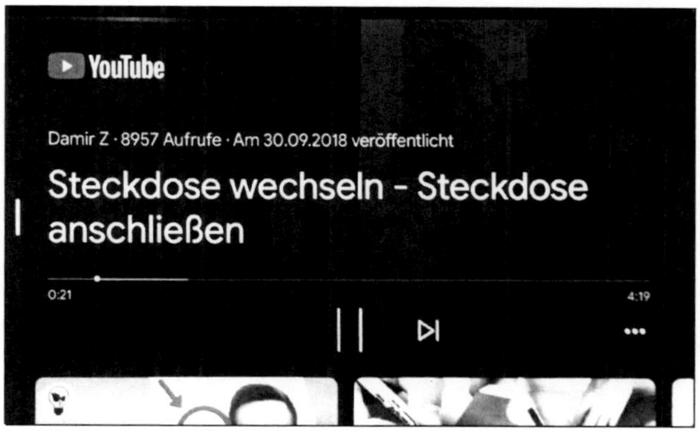

➊ Sofern mehrere Videos gefunden worden, blättern sie mit einer Wischgeste in der Liste und tippen eines an.

➋ Die Steuerung ist auch über den Bildschirm möglich. Damit die Bedienelemente erscheinen, tippen Sie einmal darauf.

14. Chromecast

Für Google ist es wichtig, dass sich seine Mediendienste »Spielfilme & Serien« und »YouTube Music« problemlos nicht nur auf dem Handy, sondern auch auf TVs, Stereoanlagen oder Smart Home-Geräten nutzen lassen. Deshalb wurde die Google Cast-Technologie entwickelt, über die man Audio und Video vom Handy oder Tablet problemlos auch auf anderen Geräten abspielt.

Zwar integrieren inzwischen einige TV-Hersteller die Google Cast-Technologie in ihren Geräten, ein Großteil der vorhandenen Geräte bleibt aber außen vor. Deshalb hat Google unter dem Namen »Chromecast« verschiedene Adapter auf den Markt gebracht, über die sich jeder TV nachrüsten lässt.

Beim Kauf eines Chromecast-Adapters sollten Sie darauf achten, dass Sie zur aktuellsten Version greifen, denn inzwischen ist die dritte Generation erhältlich[36]. Für Sie interessant sind der **Chromecast 3. Generation** für 39 Euro und der **Chromecast Ultra** für 79 Euro. Letzterer unterstützt neben HD-Video zusätzlich 4K-Video und HDR, hat dafür aber auch einen höheren Stromverbrauch. Falls Sie ohnehin nur einen HD-TV im Haushalt stehen haben, reicht der Chromecast 3. Generation vollkommen für Ihre Zwecke aus.

14.1 Chromecast mit Handy und Home-Gerät

Die in diesem Kapitel vorgestellte Funktion ist unter anderem für Besucher in Ihrem Haushalt interessant, die Videos oder Musik vom mitgebrachten Handy/Tablet auf Ihren Home-Geräten wiedergeben möchten. Haushaltsmitglieder haben ja bereits, wie im Kapitel *12 Mehrere Nutzer* erläutert, Zugriff auf die Home-Geräte und benötigen deshalb kein Chromecast.

Damit Chromecast nutzbar ist, muss der Besucher mit dem gleichen WLAN-Zugangspunkt wie die Home-Geräte (siehe Kapitel *4.1 WLAN*) verbunden sein. Google bietet zwar einen sogenannten Gastmodus an, bei dem dies nicht nötig ist, bei unseren Tests hat er aber nicht funktioniert, weshalb wir in diesem Buch nicht auf ihn eingehen.

Android-Apps von Google, die Chromecast unterstützen:

- Play Filme & Serien
- YouTube
- YouTube Music (nur wenn Premium-Abo aktiv ist)
- Google Fotos
- Play Musik

Zahlreiche weitere Apps von Drittanbietern unterstützen ebenfalls Chromecast. Achten Sie bei diesen einfach auf die -Schaltleiste, über die Chromecast gesteuert wird.

Video-Apps unterstützen nur Chromecast-Geräte mit Bildschirm, das heißt, Videowiedergabe ist nur auf dem Nest Hub möglich. Musik können Sie dagegen auf allen Home-Geräten abspielen.

Die Chromecast-Funktionsweise ist genau genommen bei jeder Medien-App ähnlich, weshalb wir an dieser Stelle nur YouTube auf einem Android-Handy als Beispiel vorstellen.

36 https://de.wikipedia.org/wiki/Chromecast

❶❷ Rufen Sie auf dem Android-Handy *YouTube* auf (in der Regel aus dem *Google*-Ordner).

❶ Starten Sie ein Video. Sofern die Schaltleisten ausgeblendet sind, tippen Sie kurz auf den Bildschirm.

❷ Gehen Sie auf .

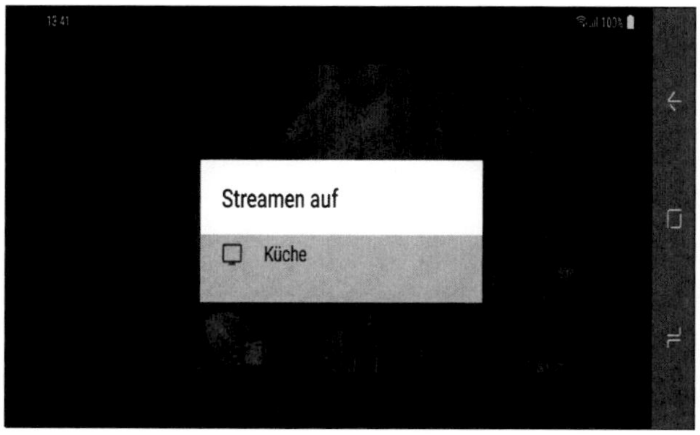

❶ In unserem Beispiel ist der Nest Hub unter dem Namen »*Küche*« vorhanden. Wählen Sie ihn aus.

❷ Es erscheint der Hinweis »*Wiedergabe auf Küche*«.

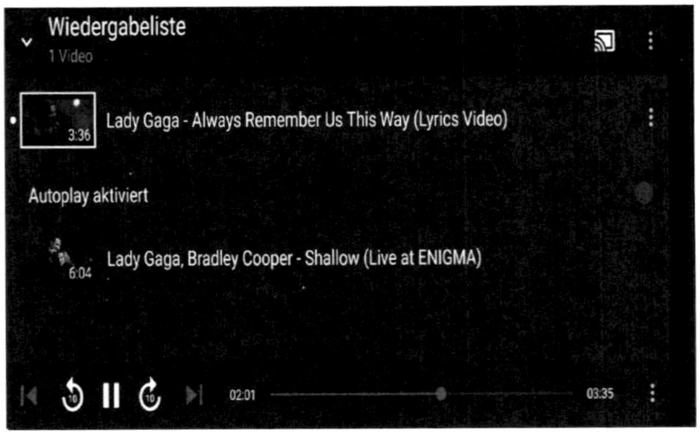

Die Wiedergabe können Sie direkt über das Display des Nest Hub steuern.

❶❷ Alternativ öffnet Antippen der Leiste am unteren Bildschirmrand die Wiedergabeoptionen.

❶❷ So beenden Sie Chromecast: Tippen Sie in die Bildschirmmitte, worauf YoutTube die Schaltleisten einblendet. Betätigen Sie erneut….

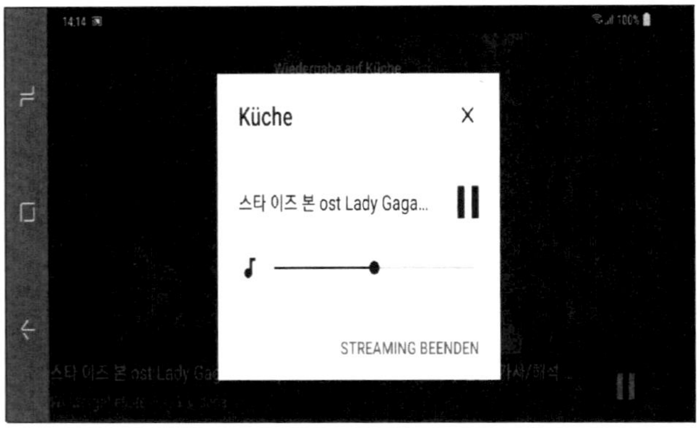

… *STREAMING BEENDEN* entkoppelt den Nest Hub und das Video wird wieder auf dem Handybildschirm abgespielt.

14.2 Chromecast-Stick

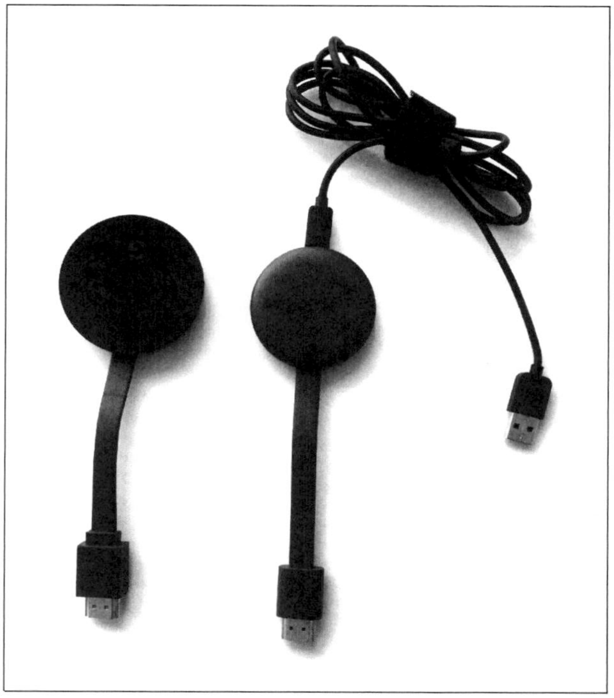

Links Chromecast Ultra, rechts der Chromecast 3. Generation mit dem USB-Kabel, das am beiliegenden Netzteil angeschlossen wird.

Die Chromecast-Sticks sind so groß wie ein Schokoriegel und verzichten bis auf einen kleinen Knopf auf Bedienelemente, denn die Steuerung erfolgt ausschließlich über damit verbundene Handys, Tablets oder Home-Geräte. Alle Daten holt sich der Stick aus dem Internet über eine WLAN-Verbindung.

Im Internet werden die Chromecast-Sticks sehr häufig mit ausländischem Netzteil verkauft. Achten Sie darauf, dass Sie tatsächlich die Version mit deutschem Netzteil erhalten.

14.2.1 Einrichtung

Schließen Sie Ihren Chromecaststick am mitgelieferten Netzteil an und stecken Sie ihn in eine der HDMI-Buchsen Ihres TVs. Vergessen Sie nicht, den Fernseher anzuschalten und mit der zugehörigen Fernbedienung den richtigen HDMI-Eingang einzuschalten.

Das herunterbaumelnde Stromkabel des Chromecast-Sticks ist natürlich kein schöner Anblick, wenn der Fernseher an einer Wand angebracht ist oder frei im Raum steht. An einigen Fernsehern funktioniert aber folgender Trick: Ziehen Sie das USB-Kabel aus dem Netzteil und stecken Sie es in eine freie USB-Buchse an Ihrem Fernseher, die dann die Stromversorgung übernimmt. Falls es nach einiger Zeit zu Bildstörungen oder Abstürzen kommt, wird die Stromversorgung nicht ausreichen, weshalb Sie wieder das Netzteil anschließen müssen. Die Ersteinrichtung Ihres Chromecast-Sticks sollten Sie aber auf jedem Fall mit angeschlossenem Netzteil durchführen.

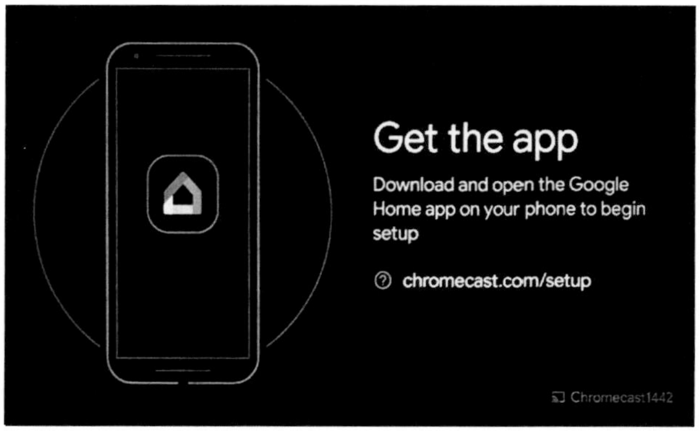

Wenn dieser Hinweis auf dem Fernseher erscheint, funktioniert der Stick einwandfrei und muss nur noch eingerichtet werden.

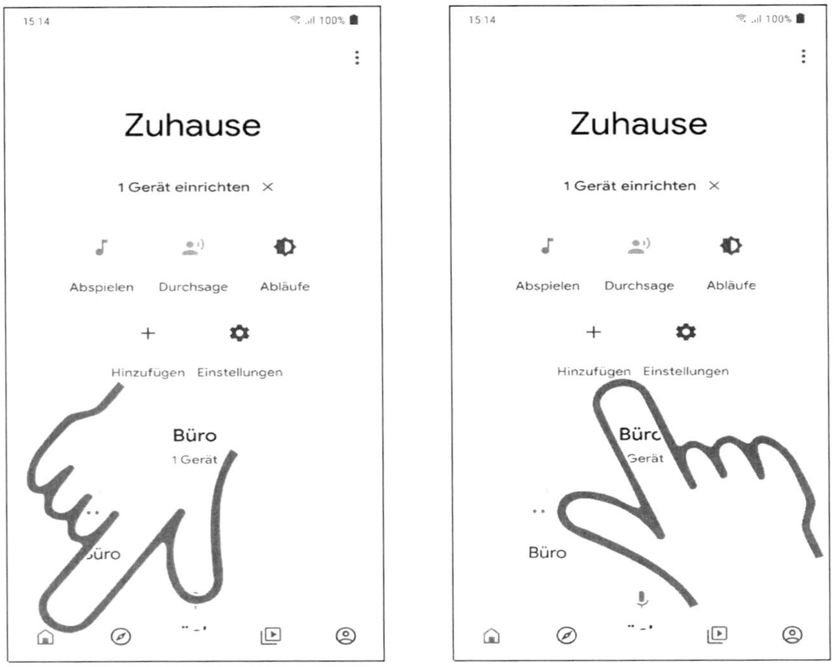

❶❷ Gehen Sie in der Home-App auf das ⌂-Register, sofern es nicht bereits aktiv ist.

❸ Betätigen Sie +.

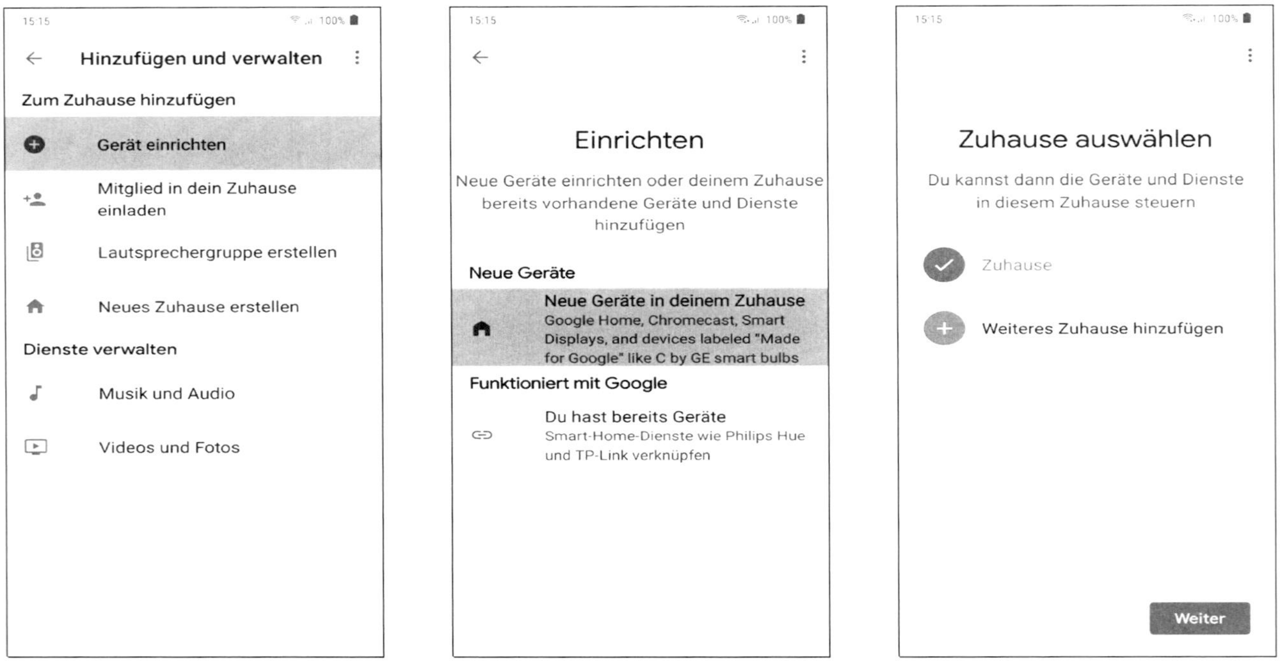

❶❷ Rufen Sie *Gerät einrichten* und dann *Neue Geräte in deinem Zuhause* aus.

❸ Betätigen Sie *Weiter*.

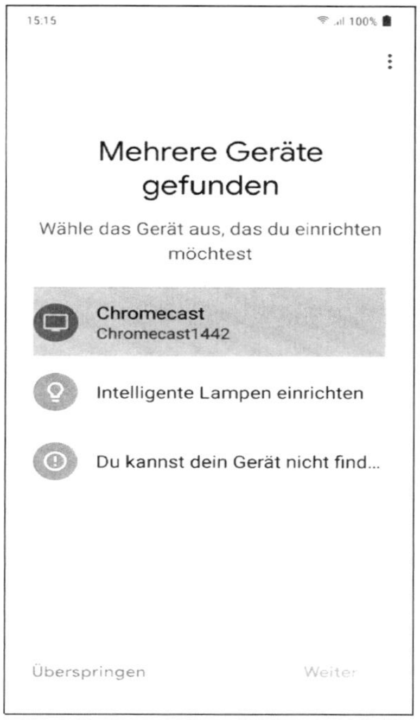

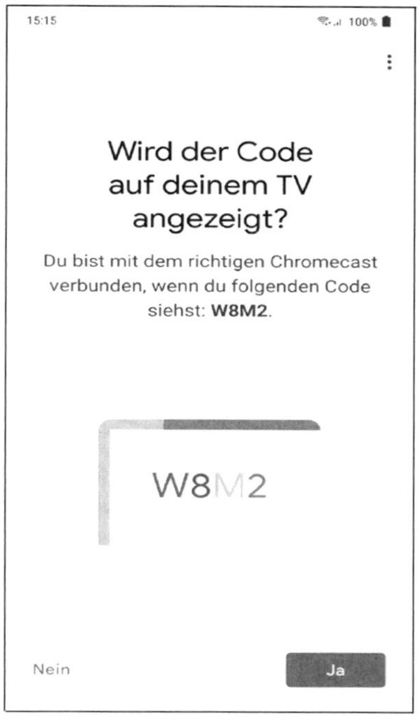

❶❷ Nach einigen Sekunden listet die Home-App die gefundenen Geräte auf, wovon Sie *Chromecast* auswählen. Betätigen Sie dann *Weiter.*

❸ Prüfen Sie, ob der auf dem TV angezeigte Code mit dem in der Home-App übereinstimmt, dann gehen Sie auf *Ja*.

Der auf dem TV angezeigte Code.

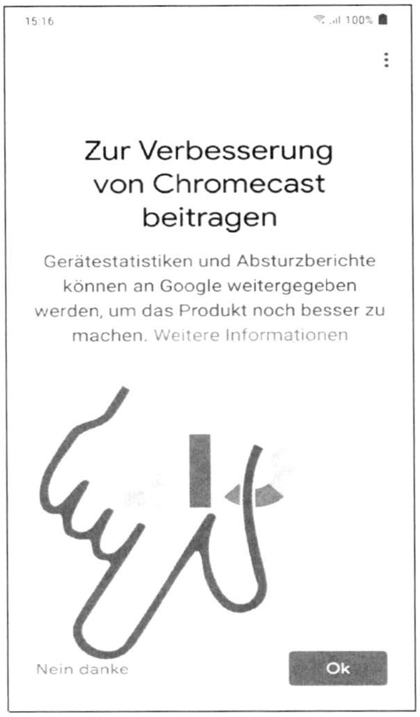

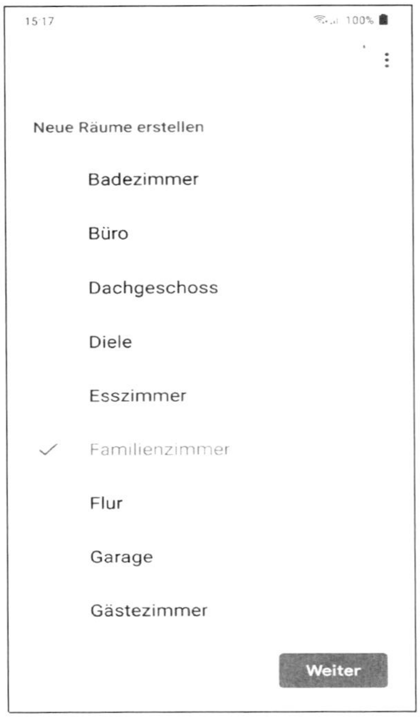

❶ In diesem Bildschirm können Sie *Ok* oder *Nein danke* betätigen, falls Sie keine Nutzungsstatistiken an Google übermitteln möchten.

❷❸ Der Chromestick erhält nun einen Raumnamen, den Sie in der Liste auswählen. Schließen Sie mit *Weiter* ab.

❶ Der Chromecast-Stick benötigt eine WLAN-Verbindung, weil er unabhängig von anderen Geräten Medieninhalte aus dem Internet lädt und wiedergibt. Weil der Stick im gleichen WLAN angemeldet sein muss wie die bereits eingerichteten Home-Geräte, müssen Sie den vorgeschlagenen WLAN-Zugangspunkt mit *Weiter* übernehmen.

❷ Auch das WLAN-Kennwort ist bereits der Home-App bekannt. Betätigen Sie *Ok*.

WLAN-Zugangspunkt und zugehöriges Kennwort hatten Sie bei der Ersteinrichtung der Home-App beziehungsweise der Home-Geräte angegeben.

❶ Schließen Sie den Bildschirm mit *Weiter.*

❷ Diesen Bildschirm können Sie mit *Nein danke* schließen.

❸ Auf die Einrichtung von Videostreamingdiensten gehen wir später noch ein und gehen deshalb auf *Später.*

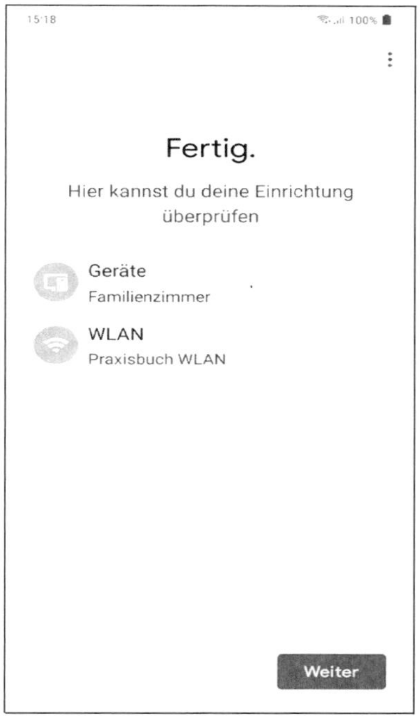

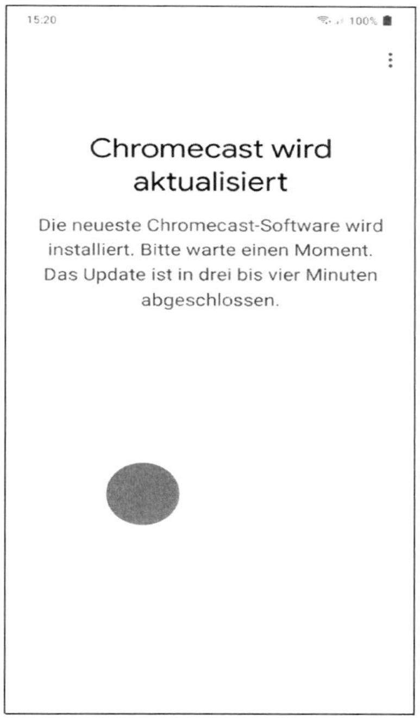

❶ Betätigen Sie *Weiter*.

❷ Eventuell führt Google eine Aktualisierung der Software auf dem Stick durch, was 5 Minuten dauern kann.

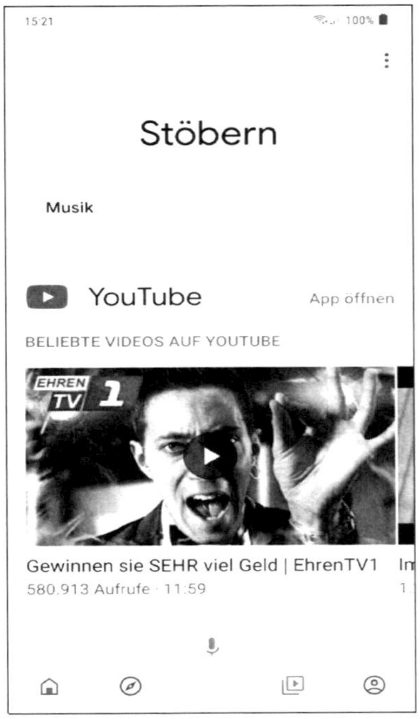

❶❷ Nach Betätigen von *Weiter* bietet die Home-App einige Videoanleitungen, gehen Sie auf *Anleitung überspringen.*

❸ Damit ist die Einrichtung abgeschlossen und Sie befinden sich wieder im Hauptmenü der Home-App.

14.2.2 Chromecast in der Praxis

Alle Befehle zur Video- und Audiowiedergabe, die unter anderem Kapitel *7.5 Befehle* und *13.6 YouTube* vorstellen, funktionieren auch unter Chromecast. Sie müssen nur den während der Einrichtung vergebenen Namen des Chromecast-Sticks, in unserem Beispiel »Familienzimmer« in Ihren Befehlen angeben:

- »*Ok Google, spiele lustige YouTube-Videos* ***auf Familienzimmer***«
- »*Ok Google, spiele meine Musik* ***auf Familienzimmer***«
- »*Ok Google, spiele New York von Frank Sinatra* ***auf Familienzimmer***«

Der Google Assistant wertet automatisch den Kontext aus. Falls Sie auf dem Home-Gerät, von dem Sie die Wiedergabe gestartet haben, »*Ok Google, nächster Song*«, »*Ok, Google, Pause*«, »*Ok Google, fortsetzen*«, usw. sprechen, brauchen Sie nicht »***auf Familienzimmer***« anzugeben.

Viele TVs unterstützen eine direkte Fernsteuerung[37]:

- »*Ok Google, schalte [den/meinen] Fernseher ein*«
  »*Ok, Google, schalte [den/meinen] [Gerätename] ein*«
- »*Ok, Google, schalte [den/meinen] Fernseher aus*«
  »*Ok, Google, schalte [den/meinen] [Gerätename] aus*«
- »*Ok, Google, Lautstärke auf [dem/meinen] Fernseher auf 5*«
  »*Ok, Google, Fernseher auf lautlos*«
  usw.

Sobald der TV ausgeschaltet ist, beendet sich automatisch das Streaming.

Sind mehrere TVs im Haushalt vorhanden, so müssen Sie den gewünschten im Befehl angeben. Alternativ stellen Sie, wie im nächsten Kapitel beschrieben, den Standard-Fernseher ein.

37 https://support.google.com/googlenest/answer/7498991

Wie Sie den Gerätenamen des Chromecast-Sticks ändern, erfahren Sie im Kapitel *4.8 Gerätenamen*.

14.2.2.a Standard-Wiedergabegerät

Es ist natürlich ziemlich lästig, immer das Zielgerät in den Sprachbefehlen anzugeben. Deshalb können Sie für Audio und Video ein sogenanntes Standardgerät festlegen. Dies geschieht für jedes Home-Gerät separat.

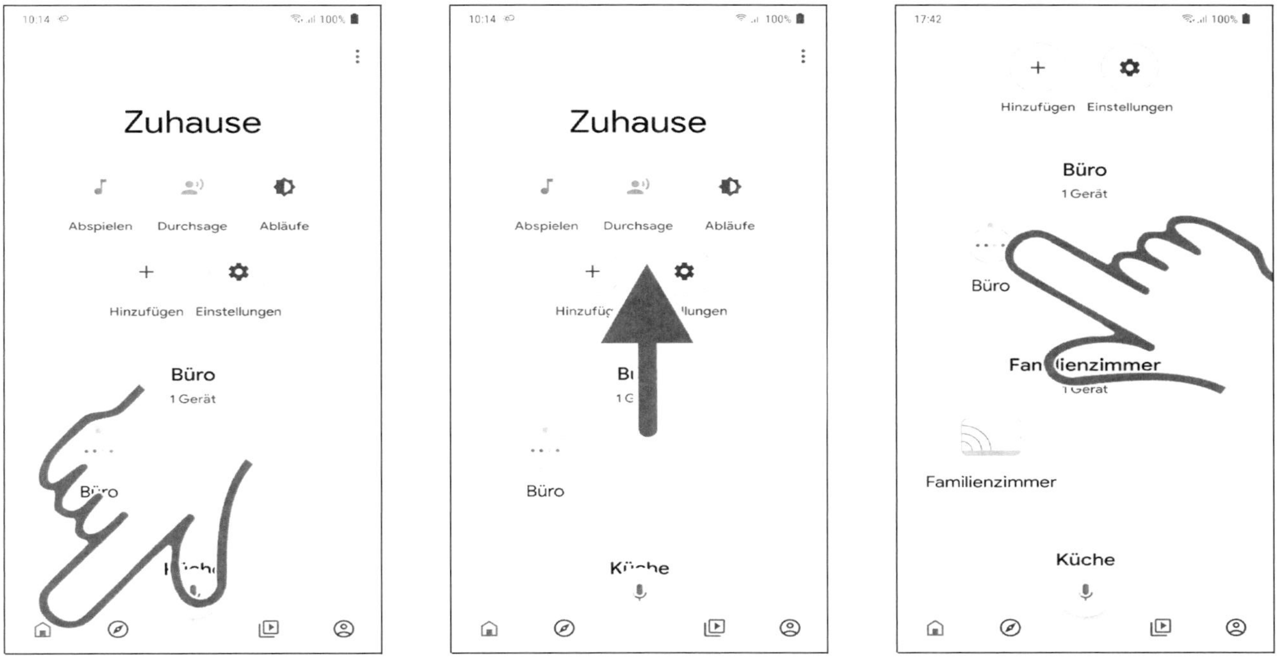

❶ Gehen Sie in der Home-App auf das ⌂-Register, sofern es nicht bereits aktiv ist.

❷❸ In der Geräteauflistung blättern Sie mit einer Wischgeste und wählen ein Home-Gerät aus für das Sie das Musik- oder Videostandardgerät einstellen möchten.

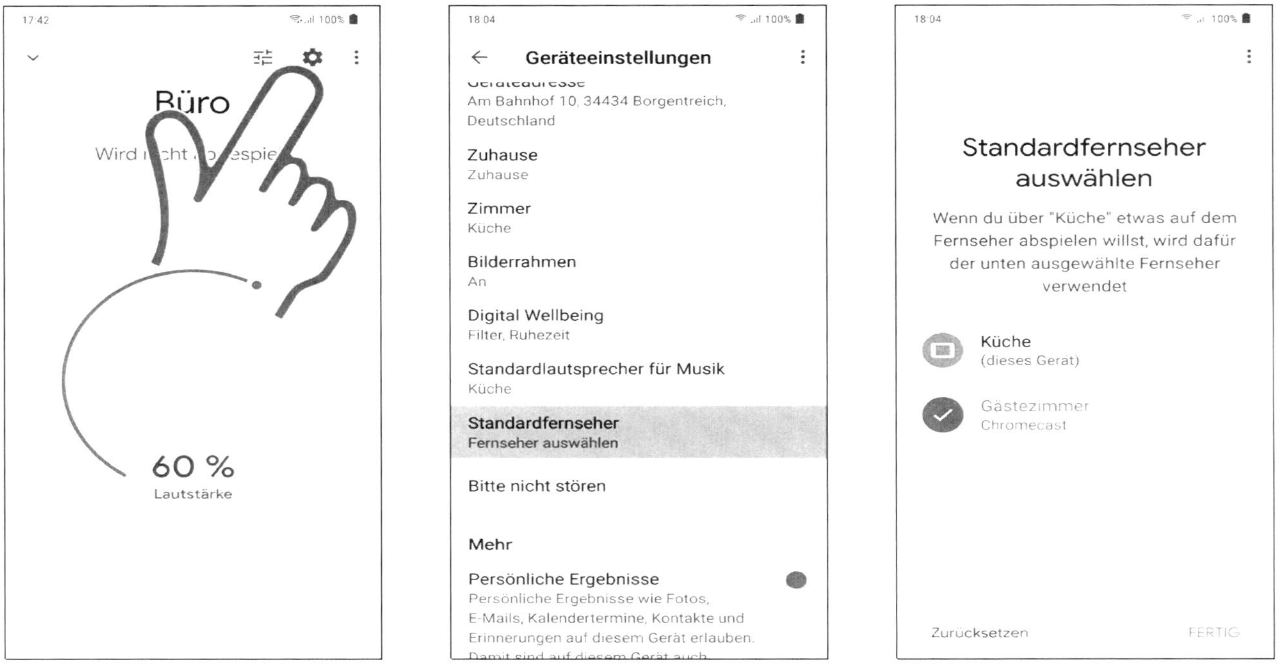

❶ Gehen Sie auf ⚙.

❷❸ Nach Aufruf von *Standardlautsprecher für Musik* oder *Standardfernseher* wählen Sie den Chromestick aus und schließen mit *FERTIG* ab.

Künftig weiß der Google Assistant automatisch, auf welches Gerät sich Ihre Medienbefehle beziehen. Statt beispielsweise »*Ok Google, spiele lustige Videos **auf Familienzimmer***« reicht auch einfach »*Ok Google, spiele lustige Videos*«.

14.2.2.b Chromecast über eine Medien-App

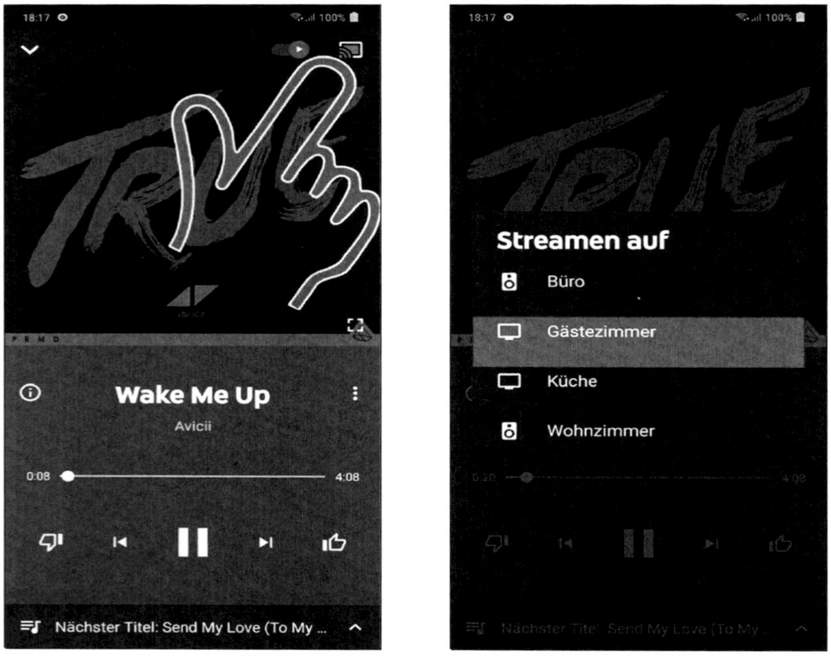

❶❷ Die bereits im Kapitel *14.1 Chromecast mit Handy und Home-Gerät* beschriebenen Möglichkeiten zur Medienwiedergabe mit Apps stehen auch mit dem Chromecast-Stick zur Verfügung. Im Beispiel leiten wir in YouTube Music die Wiedergabe auf den Stick mit dem Namen *Gästezimmer* um.

14.2.2.c Inaktivmodus

Sie können selbst einstellen, was der Chromecast-Stick auf Ihrem Fernseher anzeigt, wenn Sie ihn gerade nicht nutzen.

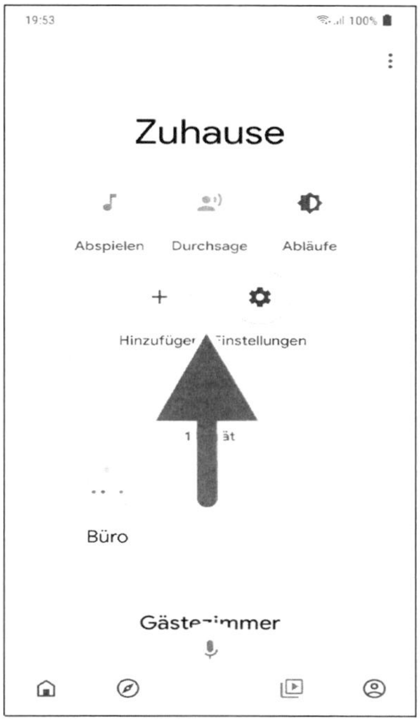

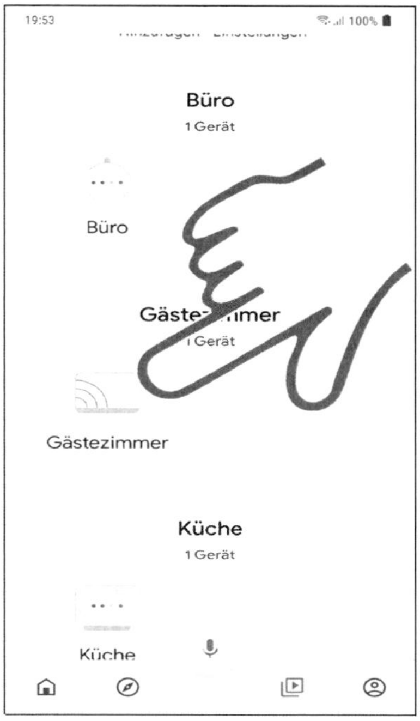

❶ Gehen Sie in der Home-App auf das ⌂-Register, sofern es nicht bereits aktiv ist.

❷❸ In der Geräteauflistung blättern Sie mit einer Wischgeste und gehen auf das Chromecast-Gerät (zu erkennen an den blauen Streifen).

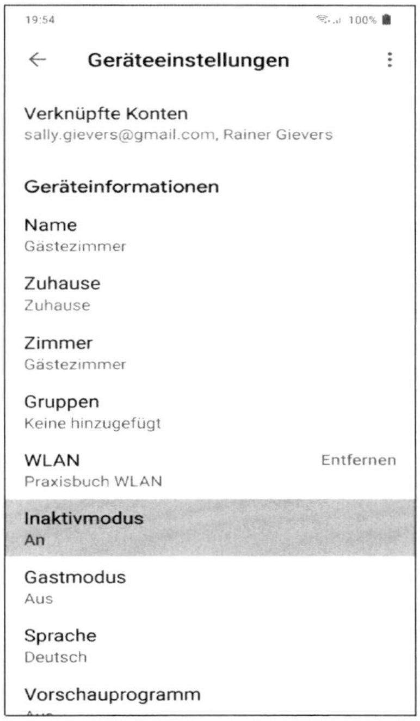

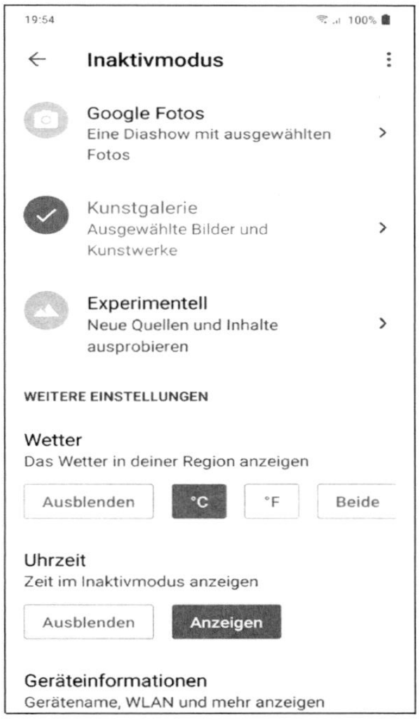

❶ Gehen Sie auf ⚙.

❷ In *Inaktivitätsmodus* finden Sie die Optionen:

- *Google Fotos*: Bilder aus der Google-Fotos-Anwendung, die auf jedem Android-Handy vorinstalliert ist.
- *Kunstgalerie*: Bildergalerien von verschiedenen Anbietern.
- *Experimentell*: Fotos aus Ihrem Konto bei den sozialen Netzwerken Facebook oder Flickr.

Unter *WEITERE EINSTELLUNGEN*:

- *Wetter*: Unten rechts erscheint auf dem Bildschirm neben der aktuellen Uhrzeit auch ein Wetter-Symbol mit der aktuellen Temperatur.
- *Uhrzeit*: Uhrzeit unten rechts auf dem Bildschirm anzeigen.
- *Geräteinformationen*: Oben rechts den Gerätenamen anzeigen
- *Daten für eigene Fotos*: Blendet unten rechts weitere Infos zum Fotourheber ein.
- *Google Fotos-Bilder im Hochformat*: Sofern Sie Bilder aus Google Fotos (siehe Kapitel *13.4.3 Google Fotos*) anzeigen lassen, werden Hochformat-Bilder entweder ausgeblendet oder paarweise angezeigt.
- *Persönliche Foto-Auswahl*: Nicht von Google dokumentiert.
- *Geschwindigkeit des Bildwechsels*: Standardmäßig zeigt der Chromecast-Stick jede Minute ein neues Bild an. Wählen Sie hier die gewünschte Geschwindigkeit aus.

Auf die Optionen *Google Fotos* und *Kunstgalerie* geht bereits Kapitel *13.4 Bilderrahmen* ein.

14.3 Streamingdienste mit Chromecast nutzen

In diesem Kapitel stellen wir anhand Netflix vor, wie Sie einen Streamingdienst konfigurieren und nutzen.

Es gibt zwei Möglichkeiten:

- Sie melden sich direkt auf dem Home-Gerät beim Streamingdienst an. Anschließend können Sie die Wiedergabe per Spracheingabe steuern. Beachten Sie, dass nur größere Streaminganbieter wie Netflix, Maxdome und Zattoo direkt von Google unterstützt werden.
- Sie installieren eine App des Streamingdienstes auf Ihrem Handy und führen darüber die Wiedergabe durch.

YouTube ist als Standard-Streamingdienst sozusagen »vorinstalliert«. Sie werden automatisch dort angemeldet, wenn Sie sich in der Home-App mit Ihrem Google-Konto einloggen (siehe Kapitel *4 Erste Einrichtung*).

14.3.1 Netflixkonto auf Google Home

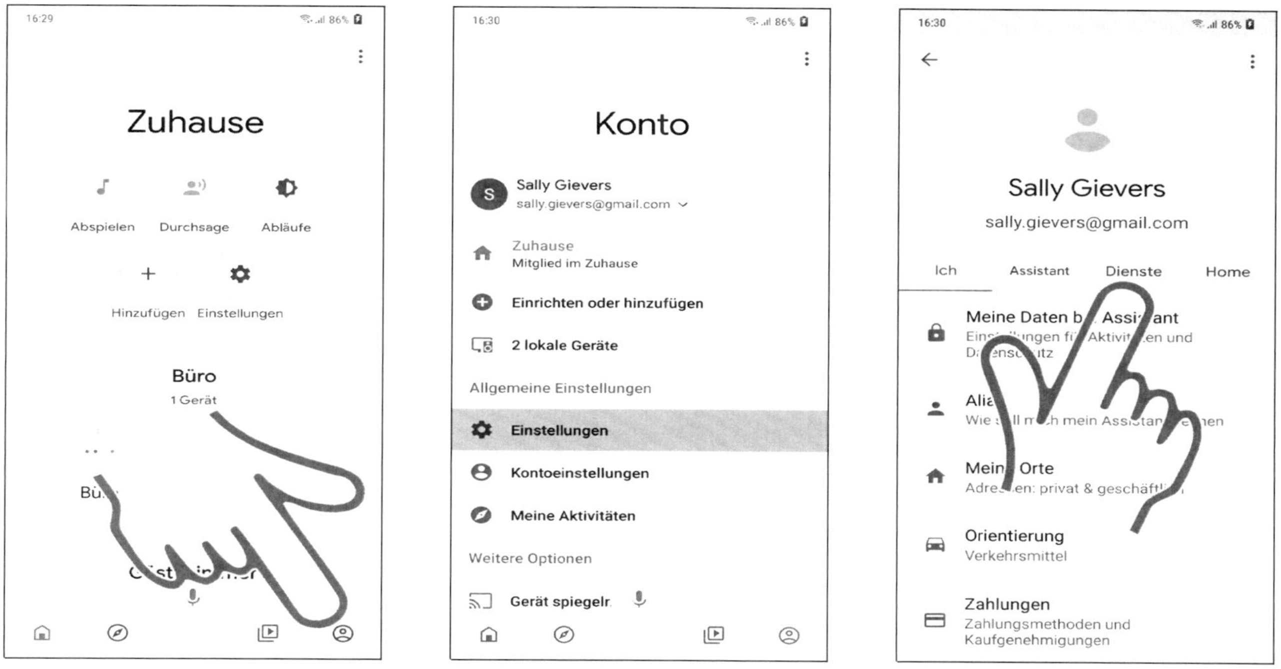

❶ In der Home-App rufen Sie das ☺-Register auf, sofern es nicht bereits aktiv ist.

❷ Wählen Sie *Einstellungen.*

❸ Aktivieren Sie das *Dienste*-Register.

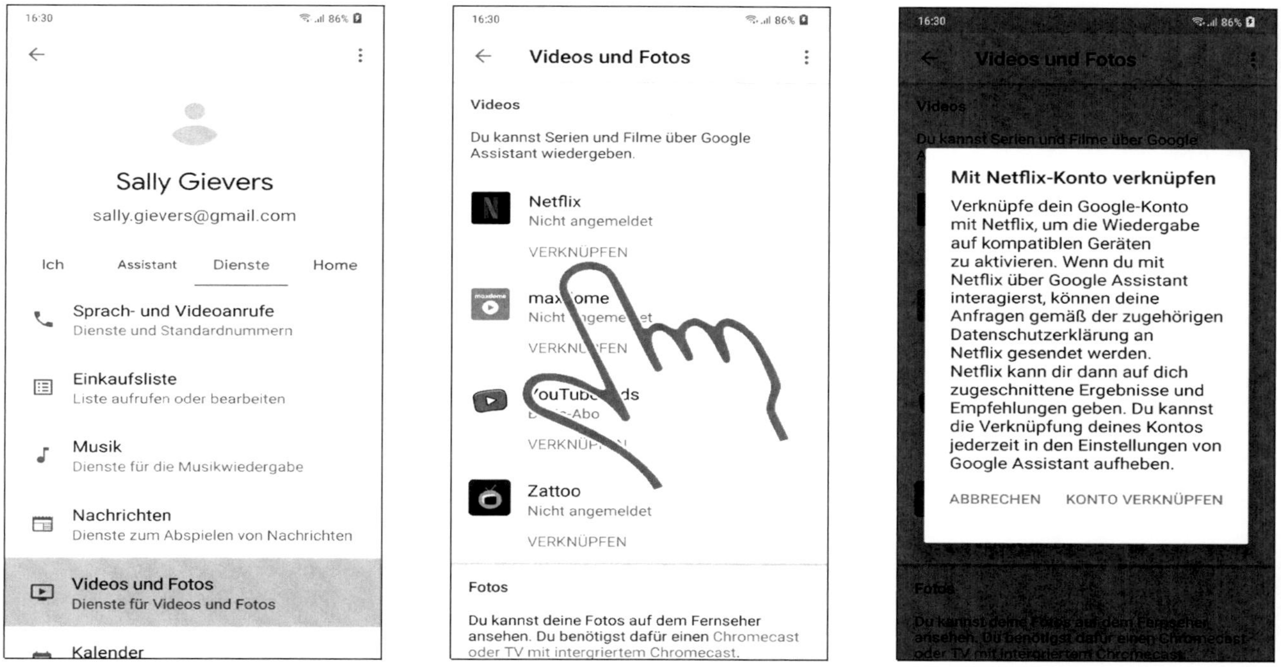

❶ Gehen Sie auf *Videos und Fotos.*

❷ Betätigen Sie bei *Netflix* die *VERKNÜPFEN*-Schaltleiste.

❸ Schließen Sie den Datenschutzhinweis mit *KONTO VERKNÜPFEN.*

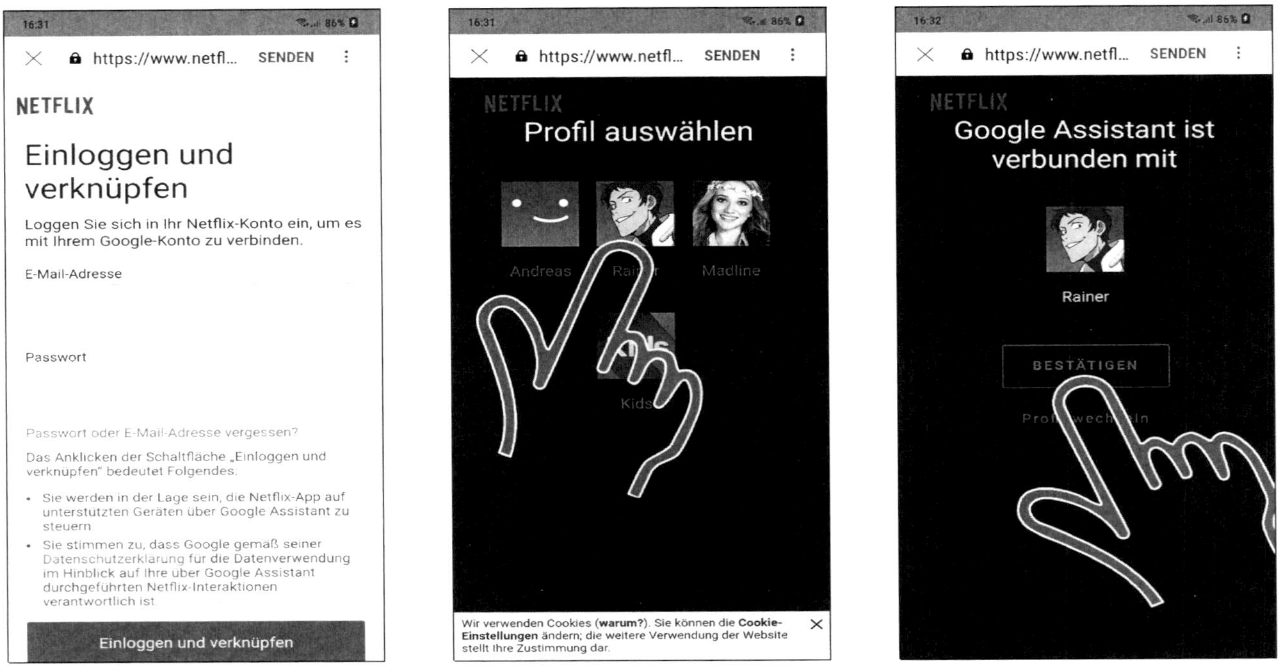

➊ Geben Sie die Login-Daten zu Ihrem Netflix-Konto ein und betätigen Sie *Einloggen und verknüpfen.*

➋ Auf Netflix nutzen Sie ein eigenes Profil, das Sie nun auswählen.

➌ Schließen Sie den Vorgang mit *BESTÄTIGEN* ab. Falls Sie sich vertan haben, können Sie die Profilauswahl später noch jederzeit ändern.

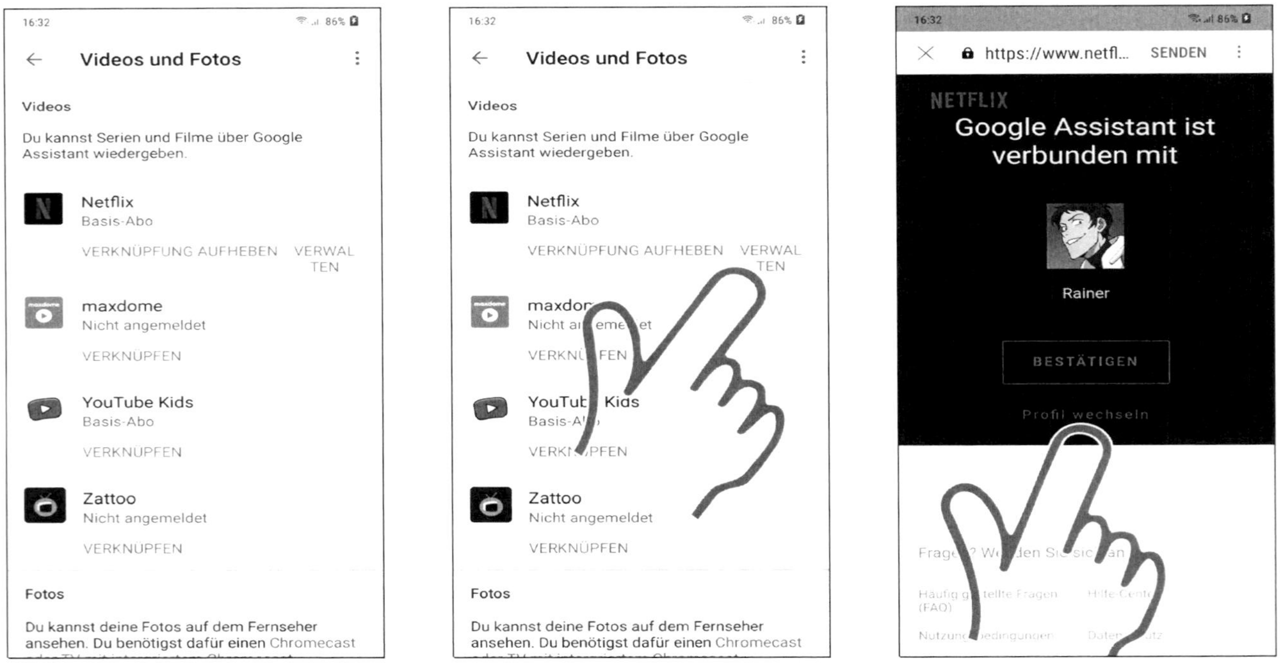

➊ Damit ist die Einrichtung abgeschlossen und Netflix lässt sich nun über den Google Assistant nutzen.

➋➌ Sie möchten später mal das verwendete Profil wechseln? Dann rufen Sie das Menü, wie oben beschrieben, erneut auf und betätigen *VERWALTEN* und dann *Profil wechseln.*

14.3.1.a Sprachbefehle

- *»Ok, Google, ich möchte [Name der Serie oder des Films] auf dem Fernseher ansehen«*
  »Ok Google, ich möchte [Name der Serie oder des Films] auf Chromecast ansehen«

Startet die Wiedergabe. Wurde ein Film oder eine Serie bereits teilweise angesehen, dann setzt Netflix die Wiedergabe an dieser Stelle fort.

- *»Ok, Google, Pause«*
  »Ok Google, fortsetzen«
  »Ok Google, [Zahl][Sekunden/Minuten] [vorspulen/zurückspulen]«
  Wiedergabe steuern.
- *»Ok, Google, nächste Folge«*
  »Ok, Google, vorherige Folge«
  Das direkte Anspringen einer bestimmten Serienfolge ist derzeit nicht möglich. Behelfen Sie sich damit, dass Sie mehrmals zur nächsten/vorherigen Folge springen.

14.3.2 Netflix-App

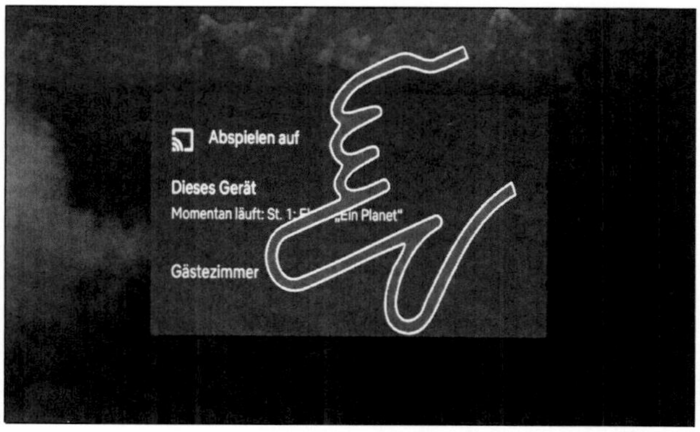

❶❷ Sofern Sie die Netflix-App auf Ihrem Handy installiert haben, starten Sie während der Wiedergabe die Chromecast-Funktion über (Pfeil). Wählen Sie anschließend das Chromecast-Gerät aus. Die Steuerung erfolgt nun über die im Kapitel *14.3.1.a Sprachbefehle* beschriebenen Kommandos, sofern ein Home-Gerät im selben Raum steht.

14.4 Gerät spiegeln

Die Funktion »Gerät spiegeln« sorgt dafür, dass der Bildschirminhalt ihres Android-Handys oder Tablets auf einem Nest Hub-Gerät oder über Chromecast auf einem TV angezeigt wird.

Im Gegensatz zu Chromecast beschränkt sich die Übertragung allerdings nicht auf bestimmte Inhalte wie Videos oder Musik, sondern es wird tatsächlich der komplette Bildschirminhalt live wiedergegeben. Auf dem Wege können Sie praktisch jede Handy-App auf Ihrem TV anzeigen. Einziger Wermutstropfen: Die Übertragung ist nur von Android-Handys oder Tablets, nicht aber vom iPhone möglich.

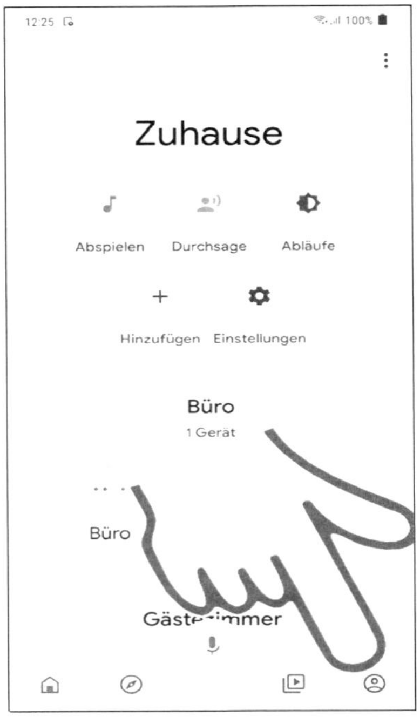

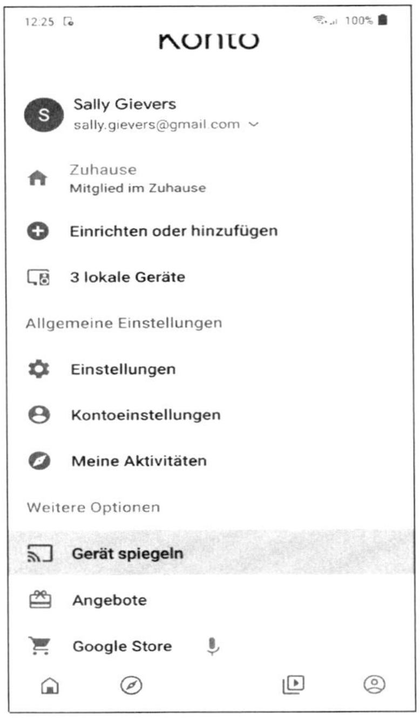

❶ Aktivieren Sie in der Home-App das -Register.

❷ Rufen Sie *Gerät spiegeln* auf.

❸ Betätigen Sie *BILDSCHIRM/AUDIO STREAMEN.*

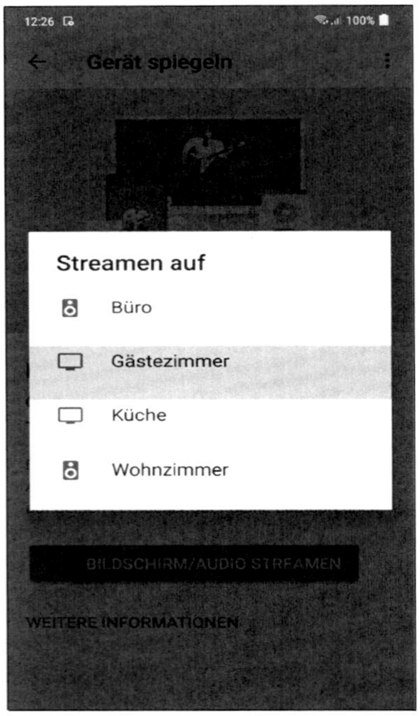

❶ Wählen Sie ein Wiedergabegerät aus – bei Geräten ohne Display wird später natürlich nur Audio übertragen! Auf dem gewählten Gerät, im Beispiel ein per Chromecast angeschlossener Fernseher, erscheint das Livebild von Ihrem Handy.

❷ *VERBINDUNG TRENNEN* beendet später die Übertragung.

Probieren Sie jetzt einmal verschiedene Apps auf Ihrem Handy aus und halten Sie das Handy waagerecht, damit das Display des empfangenen Geräts voll ausgenutzt wird (bei einigen Handys ist die automatische Bildschirmausrichtung deaktiviert und muss erst, siehe Benutzerhandbuch, aktiviert werden).

Eventuell benötigen Sie mehrere Anläufe, bis die Verbindung steht. In unserem Fall hat der Neustart des Handys und kurzzeitiges Trennen der Stromversorgung des Chromesticks geholfen.

15. Smart Home

Die Einbindung und Ansteuerung von weiteren Smart Home-Geräten läuft in mehreren Schritten ab, wie wir am Beispiel einer schaltbaren Steckdose aufzeigen möchten.

Unser Tipp: Auch wenn es verlockend ist, das eigene Haus mit Billigsteckdosen von Ebay oder Amazon auszustatten, empfehlen wir den Griff zu Markenprodukten. Weil jeder Hersteller eine eigene Handy-App voraussetzt, wird es sonst schnell kompliziert. Der Nachkauf identischer Steckdosen gestaltet sich zudem bei Noname-Anbietern schwierig.

Produkte seriöser Anbieter sind unter anderem[38] [39]:

- Itead Sonoff S20; Sonoff S26
- TP-Link HS100
- D-Link DSP-W115; DSP-W215
- Gosund SP1
- Belkin WeMo Switch; WeMo Insight Switch

Alternativ verwenden Sie sogenannte Steckdosen nach dem ZigBee-Funkstandard, die aber einen sogenannten Hub benötigen, der mit Google kommuniziert. Hubs sind beispielsweise von Philips (Hue)[40] oder Ikea (Trafri)[41] erhältlich.

15.1 Steckdose

Unsere – als Beispiel verwendete – schaltbare Steckdose Gosund SP1 enthält Technik des chinesischen Zulieferers Tuya[42], weshalb in der beiliegenden Anleitung auf die Smart Life-App von Tuya verwiesen wird.

15.1.1 Steckdose beim Hersteller anmelden

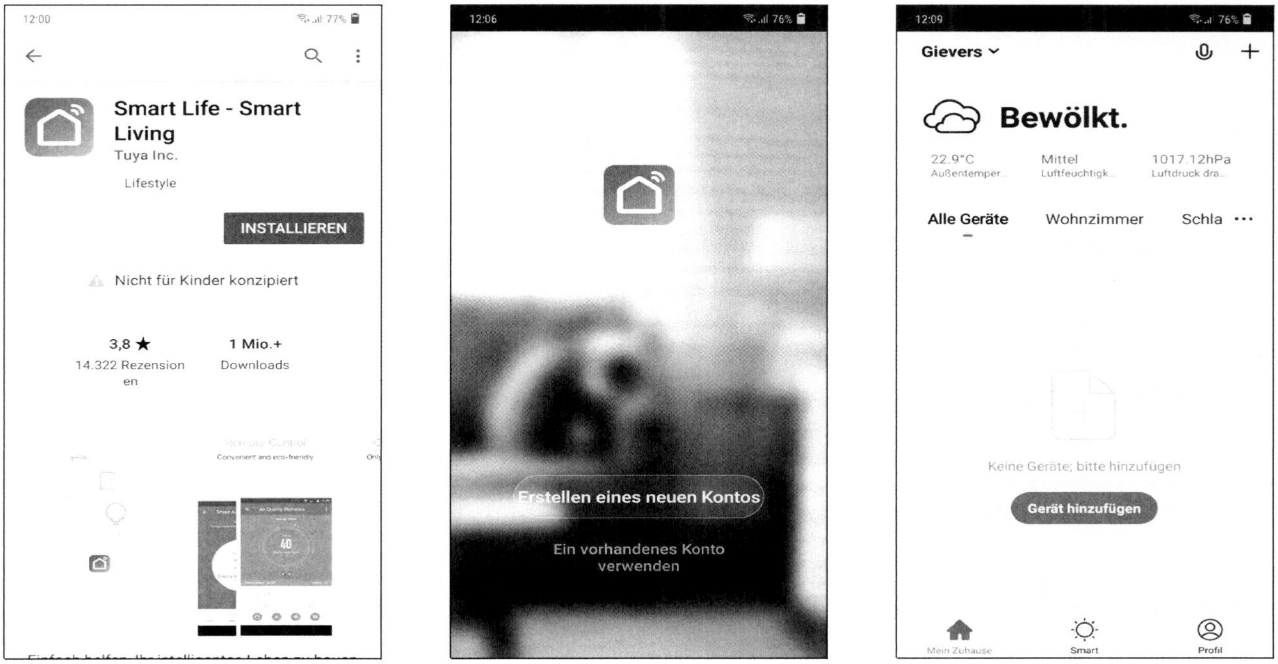

➊ Installieren Sie die *Smart Life*-App aus dem Play Store beziehungsweise Play Store.

38 https://www.giga.de/zubehoer/google-home/specials/die-4-besten-google-home-steckdosen-fuer-euer-smart-home
39 https://www.smarthomeassistent.de/smarte-wlan-steckdosen-fuer-den-google-home-in-der-uebersicht
40 https://www2.meethue.com/de-de
41 https://www.ikea.com/de/de/cat/smart-home-beleuchtung-36812
42 https://smart-leuchten.de/was-ist-tuya/

❷ Sie müssen sich beim ersten Aufruf anmelden, was mit *Erstellen eines neuen Kontos* erfolgt. Folgen Sie einfach den Anweisungen.

❸ Nun schließen Sie die Gosund-Steckdose am Stromnetz an, worauf eine LED blinken sollte. Ist dies nicht der Fall, dann halten Sie den Ein/Ausschalter solange gedrückt, bis die LED blinkt. Betätigen Sie dann in der App *Gerät hinzufügen.*

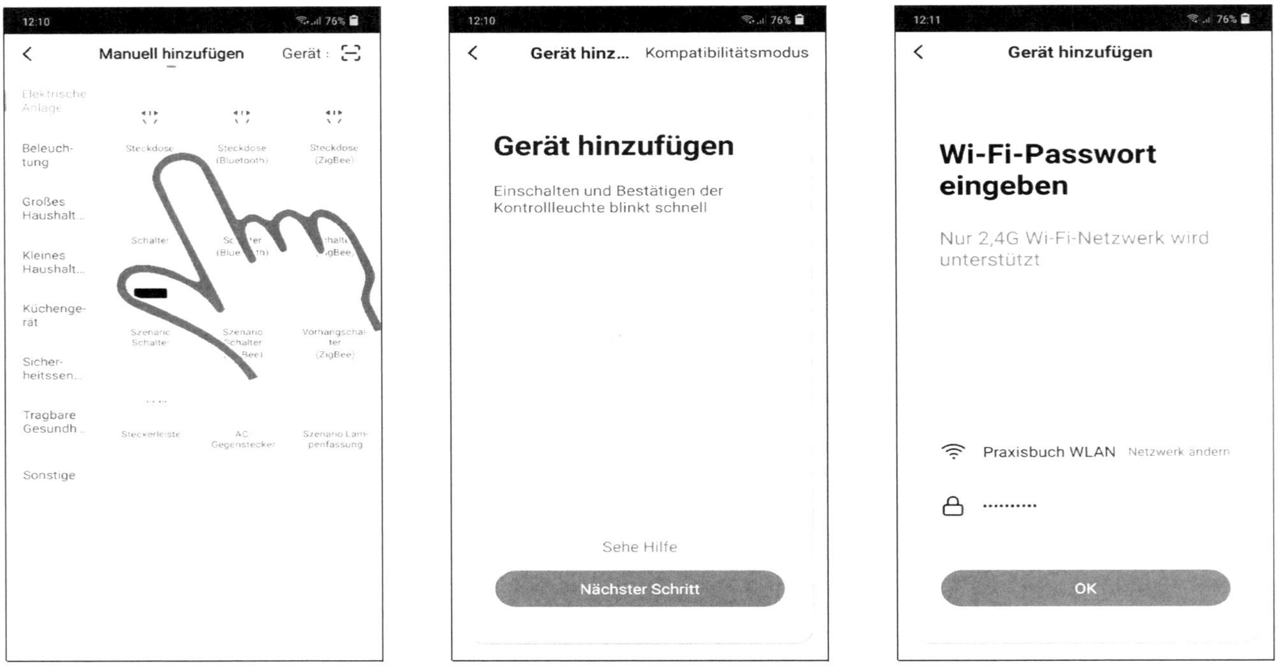

❶❷ Wählen Sie den Steckdosentyp in der Liste aus und betätigen Sie *Nächster Schritt.*

❸ Erfassen Sie das Kennwort Ihres WLAN-Zugangspunkts und schließen Sie mit *OK* ab.

In der Steckdose ist ein kleiner Computer enthalten, der selbsttätig über WLAN mit dem Internetserver des Herstellers kommuniziert und von dort auch die Befehle zum Ein/Ausschalten erhält.

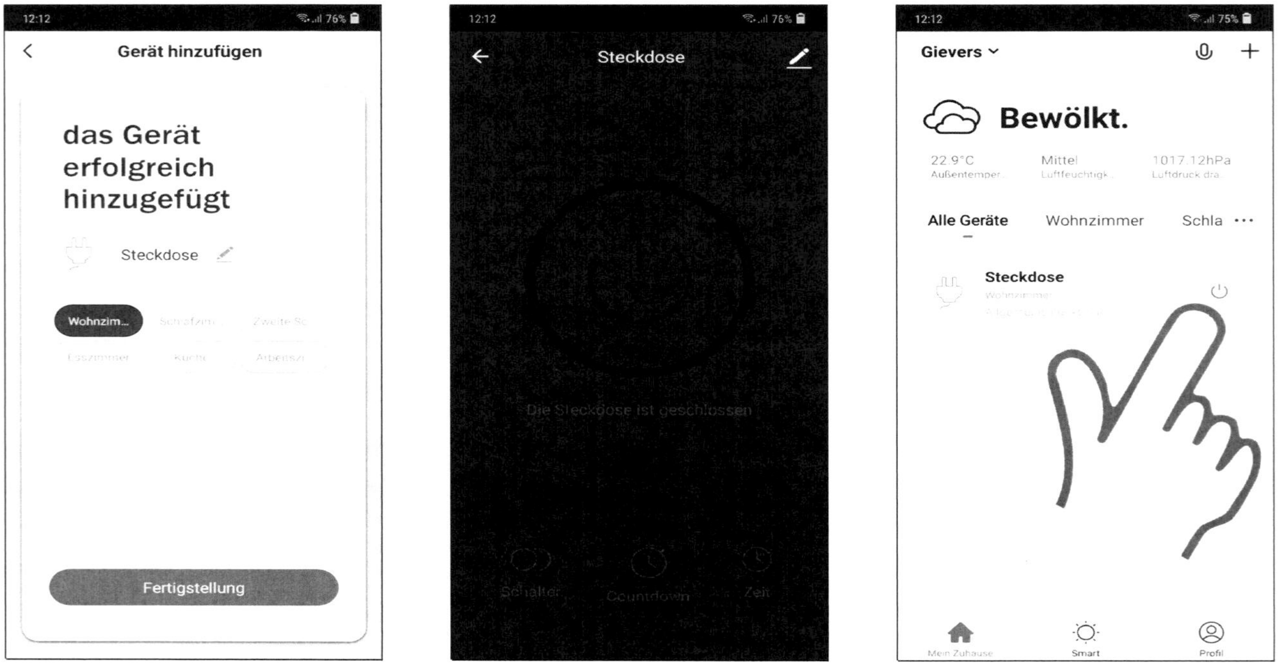

❶ Wir empfehlen, der Steckdose in diesem Bildschirm noch einen aussagekräftigen Namen zu geben. Betätigen Sie *Fertigstellung.*

❷ Den folgenden Bildschirm schließen Sie.

❸ Künftig schalten Sie die Steckdose über die Schaltleiste (Pfeil) in der App ein/aus.

15.1.2 Steckdose bei Google anmelden

Im nächsten Schritt müssen Sie die Steckdose noch bei Google bekannt machen.

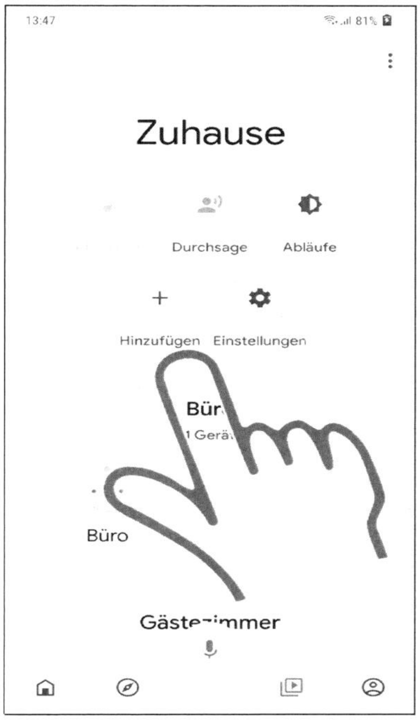

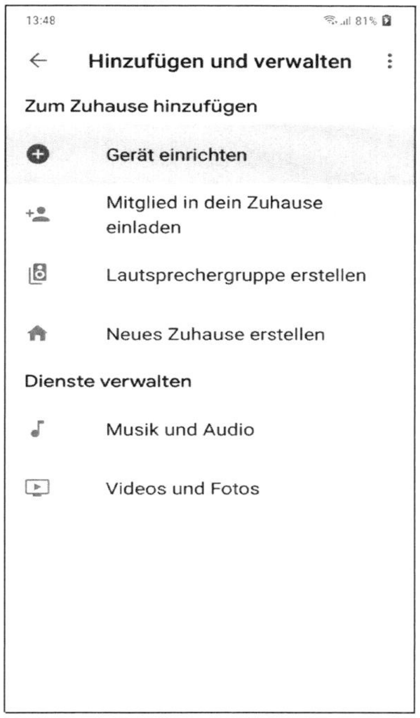

❶ In der Home-App gehen Sie im ⌂-Register auf +.

❷ Wählen Sie *Gerät einrichten*.

❸ Rufen Sie *Du hast bereits Geräte* auf.

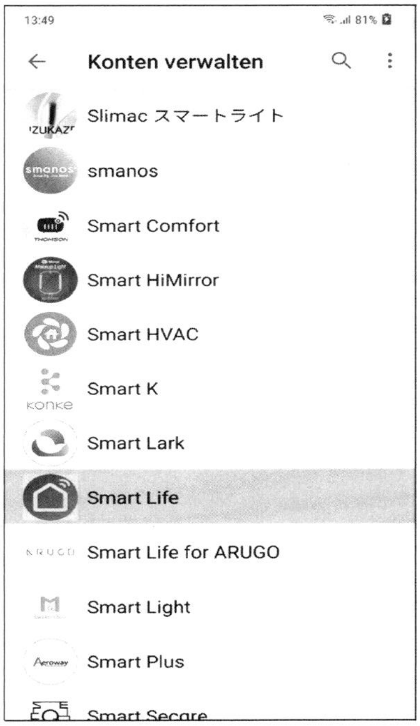

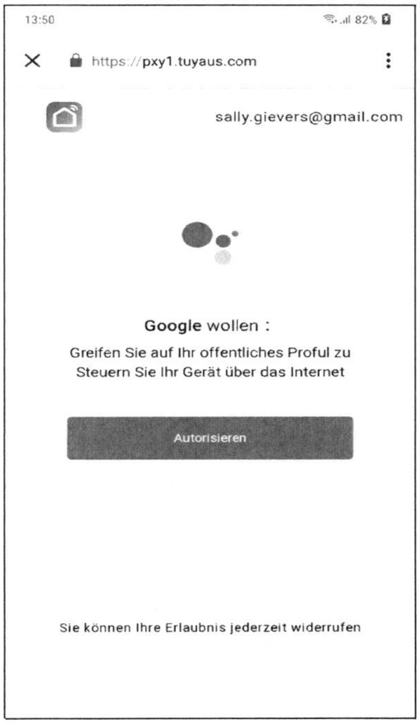

❶ Rollen Sie durch die riesige Anbieterliste bis zum Hersteller der Steckdose, in unserem Beispiel *Smart Life*.

❷ Nach Eingabe der zuvor in der *Smart Life*-App erstellten Kontodaten (Ihre E-Mail-Adresse und das Kennwort) betätigen Sie *Sofort verbinden*.

❸ Schließen Sie mit *Autorisieren* ab.

15.1.3 Steckdose in der Praxis

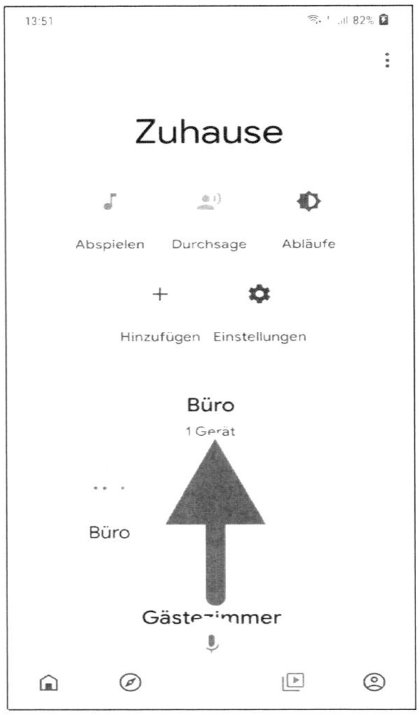

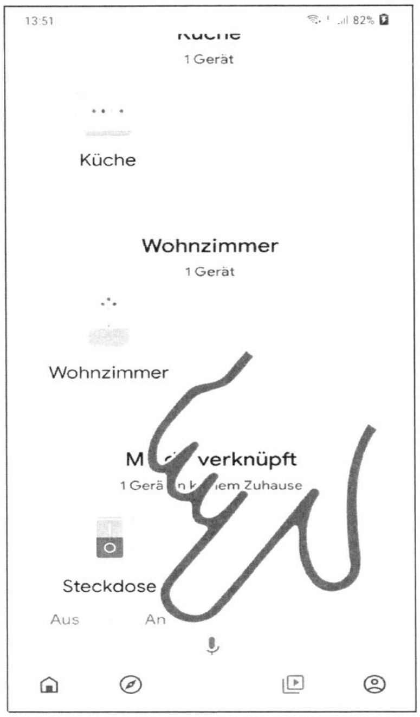

❶ Die Steckdose finden Sie nun im ⌂-Register der Home-App. Wischen Sie durch die Geräteauflistung bis zur Steckdose.

❷ Über *Aus* und *An* schalten Sie die Steckdose.

> Die Steckdose verhält sich wie ein Home-Gerät, das heißt, Sie können beispielsweise, wie im Kapitel *4.8 Gerätenamen* beschrieben, dessen Gerätename ändern.

Zusätzlich steuern Sie die Steckdose über die Sprachbefehle:

- »*Ok Google, ist [Gerätename] an?*«
  Beispiel: »*Ok Google, ist Steckdose an?*«
- »*Ok Google, [Gerätename] [anschalten/ausschalten]*«

15.1.4 Steckdose über Abläufe steuern

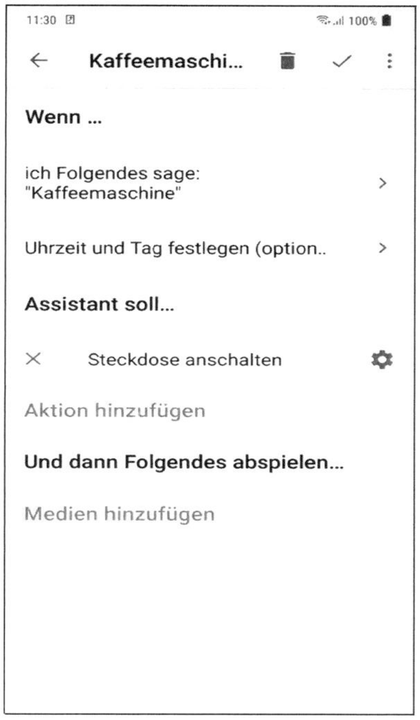

Im Kapitel *11 Abläufe* haben wir die sogenannten Abläufe vorgestellt, über die Sie mehrere Sprachbefehle zusammenfassen. Sie können darin auch den Befehl zur Steckdosensteuerung verwenden.

Im Beispiel ruft »*Ok Google, Kaffeemaschine*« den Ablauf mit dem Befehl »*Steckdose einschalten*« auf.

15.2 Smart Home-System

In diesem Kapitel binden wir als Beispiel für ein Smart Home-System den Philips Hue-Hub in Google Home ein. Wir gehen davon aus, dass Sie den Hue-Hub bereits eingerichtet und daran mindestens ein Hue-Gerät (in unserem Beispiel eine Hue-Lampe) angeschlossen haben.

Damit es problemlos mit der Einrichtung klappt, muss sich die Philips Hue-Basis im gleichen Netzwerk wie das Handy mit der Home-App befinden.

❶ Im ⌂-Register tippen Sie auf *Philips Hue verbinden.*

❷❸ Alternativ gehen Sie auf + und wählen *Gerät einrichten.*

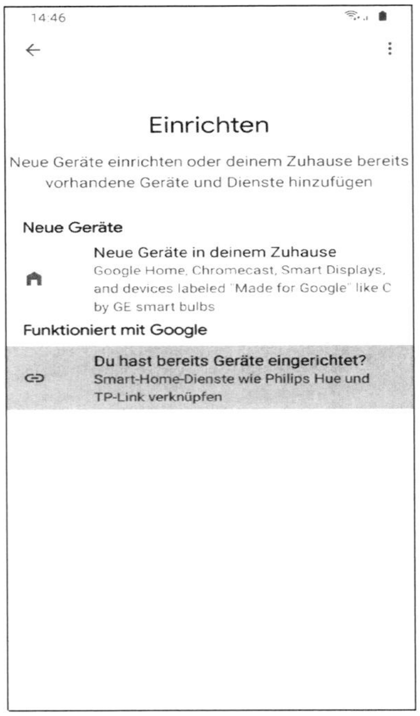

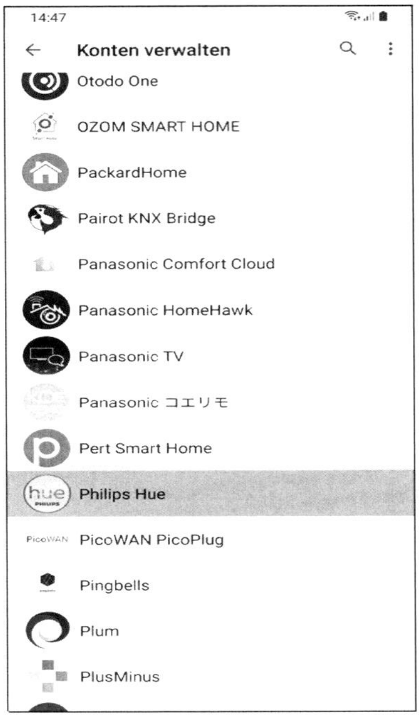

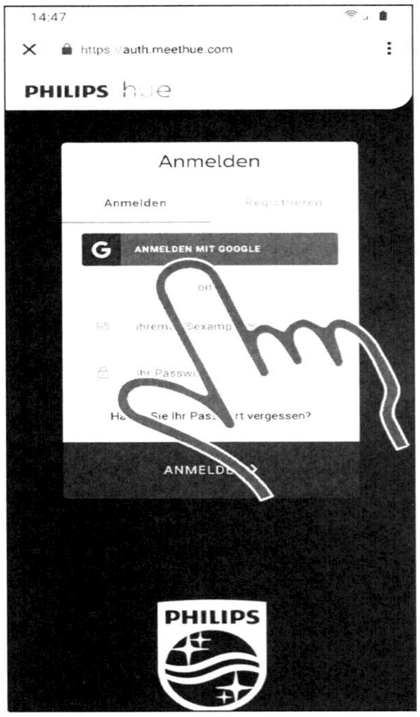

❶❷ Nachdem Sie *Du hast bereits Gerät eingerichtet* ausgewählt haben, gehen Sie auf *Philips Hue.*

❸ Bei Google Home sind Sie mit Ihrem Google-Konto angemeldet, weshalb Sie nun auf *ANMELDEN MIT GOOGLE* gehen.

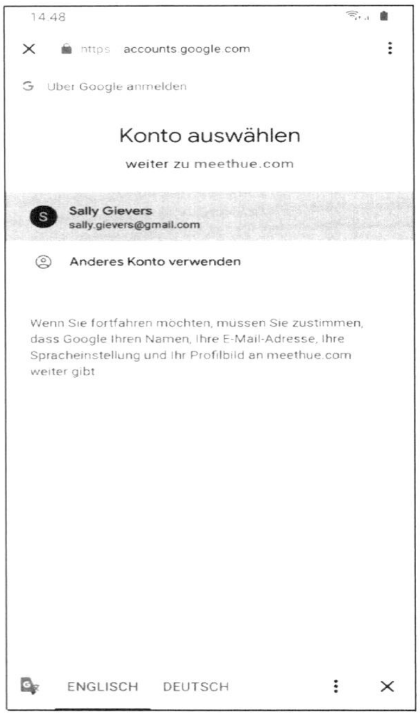

❶ Tippen Sie den Namen Ihres Google Kontos an.

❷ Sie müssen dann noch Ihren Namen eingeben und das Abhakkästchen bei *Ich stimme den Nutzungsbedingungen…* aktivieren. Betätigen Sie *Fortsetzen.*

❶❷ Halten Sie die große Taste an Ihrem Hue-Hub gedrückt, bis die Rückmeldung *Ihre Bridge wurde erfolgreich verknüpft* erscheint. Gehen Sie auf *Fortsetzen*.

❸ Schließen Sie den Hinweis mit *Ja*. Der Philips Hue-Hub ist erfolgreich mit Google Home verknüpft – eventuell befinden Sie sich nun wieder im *Einrichten*-Bildschirm, den Sie verlassen dürfen.

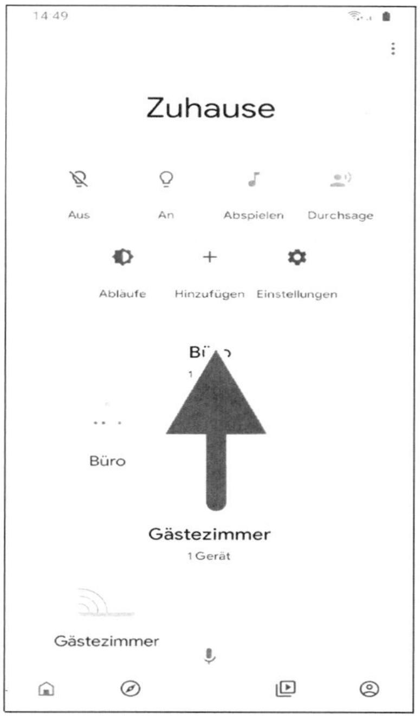

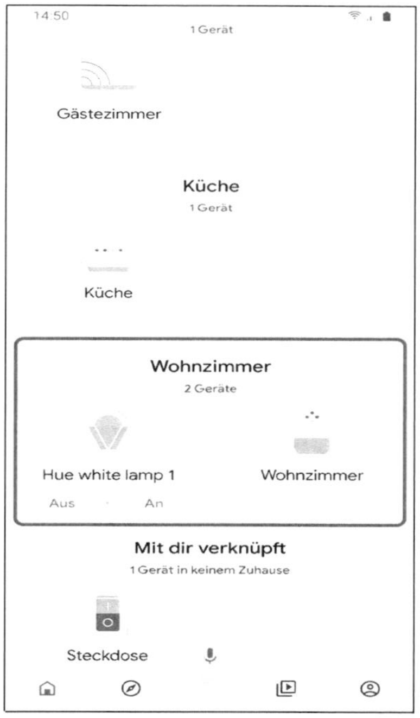

❶❷ Die mit dem Hue-Hub verbundenen Geräte, in unserem Beispiel eine Lampe erscheinen in der Geräteauflistung des ⌂-Registers und können dort ein- und ausgeschaltet werden.

16. Google Home und Amazon Alexa im Vergleich

Vielleicht haben Sie sich vor dem Kauf Ihres Google Home-Geräts auch bei der Konkurrenz vom Amazon umgeschaut.

Wir müssen anmerken, dass der folgende Vergleich nur eine Momentaufnahme darstellt, denn beide Anbieter erweitern laufend den Funktionsumfang.

16.1 Hardware

An den Amazon Echo-Geräten gefällt uns das aufeinander abgestimmte Design und die eindeutigen Tasten auf der Geräteoberseite, während bei Google jedes Gerät anders bedient wird.

Google und Amazon lizenzieren ihre Sprachassistenten, weshalb Sie »smarte« Lautsprecher mit Sprachsteuerung inzwischen auch von anderen Herstellern im Handel finden.

16.2 Sprachsteuerung

Bei der Sprachsteuerung geben sich Alexa und Google Assistant keine Blößen, es fällt aber auf, dass Alexa zumindest in unserem Haushalt auch unter ungünstigen Bedingungen (Umgebungsgeräusche oder Steuerung aus größerer Entfernung) zuverlässiger reagierte. Die Google-Stimme ist extrem plauderfreudig und erscheint uns einen Tick zu aggressiv. Wenn Sie regelmäßig über den Schalter die Spracherkennung ein/ausschalten, wissen Sie, was wir meinen. »*Du hast das Mikrofon ausgeschaltet*« hört sich fast schon so an, als ob der Google Assistant beleidigt ist, dass wir nicht mit ihm sprechen wollen.

16.3 Musik

Hervorragend gelöst ist die Musikwiedergabe auf Google Home. Auch ohne extra Anmeldung nutzen Sie standardmäßig den kostenlosen YouTube Music-Dienst. Zwar können Sie dann nur bestimmte »Sender« abspielen und nicht beliebig häufig Songs überspringen, aber das dürfte vielen Nutzern ausreichen. Bei den Musikabos von Googles YouTube Musik Premium gibt es nur zwei Varianten für Einzelnutzer mit 9,99 oder Familien für 14,99 Euro, während hier Amazon über Amazon Prime Music und Amazon Music Unlimited diverse Varianten anbietet. Amazon Prime Music ist kostenlos für Nutzer von Amazon Prime (umfasst darüber hinaus frachtfreie Lieferung von Bestellungen im Amazon-Online-Shop sowie kostenlosen Zugriff auf diverse Spielfilme und Serien).

Amazon zeigt bei den Bildschirmgeräten von Echo Show oder Echo Spot zusätzlich bei vielen Titeln den Songtext zum Mitsingen an, was bei Google nicht der Fall ist.

Geschickt hat Google die Integration seines Videodienstes YouTube in YouTube Music realisiert, denn obwohl beide nichts miteinander zu tun haben, spielt YouTube Music auch von Dritten hochgeladene Musikvideos beziehungsweise deren Musik von YouTube ab. Somit tauchen auch Werke von Künstlern bei YouTube Music auf, die ihre Werke dafür eigentlich nicht freigegeben haben. Die YouTube Music-App erscheint gegenüber der Amazon Musik-App wesentlich übersichtlicher und ist einfacher bedienbar.

Positiv bewerten wir bei Google die Möglichkeit, die kostenlose Variante des Spotify-Streamingdienstes zu verwenden – das ist bei Amazon Alexa nur in der Spotify-Abo-Version vorgesehen. Offenbar möchte Amazon seine Nutzer zum Abschluss eines Abos des eigenen Musikdienstes zwingen.

Beide Smart Home-Systeme unterstützen die Zusammenschaltung von mehreren Geräten zur Multiroom-Musikwiedergabe. Das Koppeln von zwei Geräten zur Stereowiedergabe ist bei Google nur mit zwei Home Hub möglich, während alle Amazon Echos dies unterstützen – sofern man dazu jeweils das gleiche Modell verwendet.

16.4 Zusätzliche Funktionen

Beim Wecker hat Amazon Alexa derzeit einen Vorsprung, weil man auch Musik oder einen Radiosender als Alarmton einstellen kann.

Nur rudimentär ist dagegen bei Alexa eine Einkaufsliste realisiert, die bei Google in Form einer Listenverwaltung komfortabler ausfällt. Bei beiden kann man aber Artikel auf der Liste nicht per Sprachbefehl entfernen.

Perfekt gelöst hat Amazon die Sprach- und Videotelefonie zwischen den eigenen Geräten. Bei Google können wir dagegen nur die »Nachricht an alle« verwenden, welche keine bidirektionale Kommunikation zulässt, sondern nur Ihre Ansage auf allen Geräten abspielt.

16.5 Chromecast und Fire TV

Bei der Medienwiedergabe auf dem Fernseher nutzen Google und Amazon unterschiedliche Konzepte.

Googles Chromecast ist ein offen gelegter Standard, der von vielen TV-Herstellern in den eigenen Geräten integriert wird. Im einfachsten Fall brauchen Sie nur einmalig eine Kopplung des jeweiligen Fernsehers mit Ihrer Home-App auf dem Handy herstellen. Die Steuerung erfolgt anschließend über das Handy oder ein Home-Gerät. Ältere Fernseher werden mit einem kleinen Chromecast-Stick nachgerüstet. Viele Handy-Apps – nicht nur von Google – auf iPhone und Android unterstützen Chromecast, beispielsweise YouTube, YouTube Music, Google Fotos, usw.

Dagegen ist der von Amazon angebotene Fire TV Stick ein Computer, den Sie über die mitgelieferte Fernbedienung steuern. Netflix oder YouTube sind auf dem Stick eigenständige Apps und sogar weitere Apps lassen sich installieren. Zur Steuerung verwenden Sie wahlweise ein Echo-Gerät oder einfach die Fernbedienung, welche über das eingebaute Mikrofon auch Sprachbefehle unterstützt.

16.6 Heimautomatisierung

Es gibt mehrere Methoden, wie man ein Smart Home aufbaut:

1. Im einfachsten Fall werden Schalter, Lampen und andere Geräte per Funk an einer Zentrale gekoppelt und betrieben.
2. Viele Anbieter von »smarten« Haushaltsgeräten gehen aber einen anderen Weg. Hier muss man zunächst eine App des jeweiligen Herstellers auf dem Handy installieren, die anschließend die WLAN-Zugangsdaten Ihres Haushalts beispielsweise in der smarten Steckdose ablegt. Die Steckdose baut eine Internetverbindung zum Hersteller auf, der ihnen wiederum – vereinfacht gesagt – Sprachbefehle zur Ansteuerung bereitstellt.

Während Google nur die zweite Methode unterstützt, bietet Amazon bei den Modellen Echo Show und Echo Plus beide Methoden an. Man darf deshalb ganz klar konstatieren, dass Amazon das bessere Konzept bei der Steuerung des Smart Homes vorgelegt hat.

17. Stichwortverzeichnis

18. Weitere Bücher des Autors

Vom Technik-Journalisten Rainer Gievers sind zahlreiche Bücher zum Thema Mobile Computing erschienen. Eine Inhaltsübersicht und Bestellmöglichkeiten finden Sie auf unserer Website *www.das-praxisbuch.de*. Sie können die Bücher über die jeweilige ISBN auch direkt bei Ihrem lokalen Buchhändler bestellen.

Allgemeine Themen:

- Das Praxisbuch Google-Anwendungen (Ausgabe 2018)
  ISBN: 978-3-945680-87-2
- Das Praxisbuch Internet für Einsteiger
  ISBN: 978-3-945680-45-2
- Ebike & Pedelec - Anleitung für Einsteiger: Technik - Kaufberatung - Verkehrspraxis
  ISBN: 978-3-964690-08-1
- Das Praxisbuch Amazon Echo & Alexa
  ISBN: 978-3-964690-24-1

Huawei-Handys:

- Das Praxisbuch Huawei P30 / P30 Pro
  ISBN: 978-3-964690-37-1
- Das Praxisbuch Huawei P30 Lite
  ISBN: 978-3-964690-47-0
- Das Praxisbuch Huawei Mate 20 & Mate 20 Pro
  ISBN: 978-3-964690-19-7
- Das Praxisbuch Huawei P20 Lite
  ISBN: 978-3-945680-98-8
- Das Praxisbuch Huawei P20 / P20 Pro
  ISBN: 978-3-945680-96-4

Samsung-Handys:

- Das Praxisbuch Samsung Galaxy S10 / S10+
  ISBN: 978-3-964690-32-6
- Das Praxisbuch Samsung Galaxy S10e
  ISBN: 978-3-964690-30-2
- Das Praxisbuch Samsung Galaxy Note 9
  ISBN: 978-3-964690-13-5
- Das Praxisbuch Samsung Galaxy Note8
  ISBN: 978-3945680-86-5
- Das Praxisbuch Samsung Galaxy S9 / S9+ - 2. Auflage
  ISBN: 978-3-964690-22-7
- Das Praxisbuch Samsung Galaxy S8 - 2. Auflage
  ISBN: 978-3-964690-28-9
- Das Praxisbuch Samsung Galaxy A70
  ISBN: 978-3-964690-43-2
- Das Praxisbuch Samsung Galaxy A50
  ISBN: 978-3-964690-34-0
- Das Praxisbuch Samsung Galaxy A40
  ISBN: 978-3-964690-38-8
- Das Praxisbuch Samsung Galaxy A20e
  ISBN: 978-3-964690-45-6